MINERVA福祉ブックス

4

災害復興からの介護システム・イノベーション

地域包括ケアの新しい展開

小笠原浩一／栃本一三郎
［編著］
日本介護経営学会
［編集協力］

SOCIAL WELFARE

ミネルヴァ書房

災害復興からの介護システム・イノベーション
——地域包括ケアの新しい展開——

目　次

第Ⅱ部 復興への介護システム・イノベーション

序　章
災害復興からの介護システム・イノベーション

小笠原浩一

1　災害とシステム・イノベーション

大規模な災害からの復興過程は，それ自体が社会システムやその制御技術のイノベーションの過程でもある。クァランテリは，ハリケーン・カトリーナ災害のような，地域の基盤構造の壊滅，行政機能の不全，日常生活機能の断絶，隣接地域からの支援不能を特徴とする最重度の災害を，“emergency”，“disaster” といった通常災害と区別して特に “catastrophe” と定義している（Quarantelli, 2006）。既存の社会システムのもとでの問題処理機構が機能不全に陥るような広域大規模災害では，新たな地域社会構想やこれに対応する地域システムの開発が不可避に進むことになる。大規模災害は，時と場所を選ばず，規模の想定もなしにやってくる。災害のインパクトも，被災地域の歴史的・社会構造的な経路や経済文化的な固有性に対応して重層的で複雑な様相を呈する。しかも，復興ニーズは経時で変化していく。そのような突発性，経路性，重層性，持続性などを特徴とする複雑な災害環境（小笠原，2013，91頁）からの復興そのものが，定型軌道なきノンリニアな連続的イノベーションの過程であるといえよう。

そうしたノンリニアな連続的イノベーションは，復興後の汎用モデルとなりうるような大胆なシステム改革構想を生み出す。例えば，欧州各国，国連，国際赤十字赤新月社などが，世界的な大規模災害への経験知から開発した「心理社会的支援（Psycho-Social Support）」の仕組み（BMPH, 2001；IASC, 2007；IFRCS, 2009；小笠原，2013，90-91頁）は，いまやグローバルに共有された災害復興支援のガイドラインとなっている。また，中越地震の復興過程に構想されたサポートセンターの仕組みは，同時期に開発されていた地域分散型小規模多機能事業と一体化して，その後の大規模災害に活かされ，さらに地域包括ケアのシステム構想にとって参照モデルとみなされるようになっている（本書第1章）。

本書の主題とする介護システムは，高齢市民のその人らしい自立した生活を支えるための基盤となるものであるが，大規模災害に際し発生する介護災害に直面して，どのようなシステム進化が進むことになるのか。本書は，中越地震や東日本大震災の被災地域において現に取り組まれてきた創造的な介護サービスの取組みや復興過程にみられる介護システム再生の新たな動向について，わが国の今後の地域介護システム・イノベーションの方向性の視点から意味づけることを目的にしている。

2　介護保険制度と地域介護システム

ところで，わが国の介護保険制度は，医療費のうち高齢者の長期療養に係る費用を福祉費の高齢者介護費用と一括して独立型の公的保険制度とし，併せて，高齢者介護を公的な報酬ルールで規律される専門サービス労働として公序化すること（森川，2015）を通じて，介護サービス需給に社会的市場の仕組みを創出しようとした世界的にも希な試みである。セイブルとサクセニアンが，市場誘導型資源動員を国家戦略として推進したフィンランドの経済成長モデルを定義する際に用いた「国家的イノベーション・システム」(Sable and Saxenian, 2008）の一類に数えることができる。さらに，市町村を保険者とする地域型保険とすることで，全国一律の報酬基準をローカルなサービス実勢に基づく給付調整で運用させるという高度な社会システム制御技術の実験例でもある。ヴェルガンティは，技術的進化という機械的なプッシュ要因と新しいパラダイムに基づく革新的デザインという自律的なプッシュ要因が相乗する場合に，次世代へのメッセージ性と新しい意味（価値）と新しい機能性とを同時に具現するラディカル・イノベーションと呼ぶべき進化が可能になるとしている（Verganti, 2009)。わが国の介護保険制度は，措置制度時代からの介護サービス技術の機械的進化と介護費用調整に関する新しいパラダイムとを相乗させた斬新な社会装置であって，各保険者において改革促進的に戦略性をもってそれを運用する条件が整いさえすれば，サービス利用者・サービス提供者を学習・協働創造者としてシステムのガバナンスに参画させることのできる，まさに「本格的イノベーション（disruptive innovation）」の実例となり得るのである（小笠原，2010，3頁，表1－1）。

このラディカルで国家的なイノベーション・システムが安定的であるためには，このシステムを社会が受容し続けられるような政治力学的安定性に加え，その技術的基盤となるサービス臨床の納得性や，報酬算定体系における合理性および公平性が求められる。地域型保険としたことから，ローカルなシステムとしての持続可能性および機能的柔軟性といったもう1つの要素が求められている。

この地域システムとしての安定性という要素は2つのサブカテゴリーからなっている。1つは，制度資源の配分を規律する調整機構としての安定性である。これは，市町村というニーズ実勢に最も近接した単位を資源調整のフィールドに設定し，財源，サービス資源，サービス・プロセスの総体をニーズ実勢に最適に適応させるためのガバナンス機構としての安定性のことである。もう1つは，制度内・外の資源を統合的にマネジメントしていくための装置としての安定性である。地域における人の生活は制度サービスの仕組みだけで充足できるものではない。制度サービスが有効に運用されるためには，セミフォーマルおよびインフォーマルな資源と統合的に運用されることが必要である。介護システムは，この統合的運用のマネジメント装置と定義することができる（Ogasawara, 2012）。ローカルなシステムとしての安定性は，換言すれば，資源のガバナンス機構とそのマネジメントという要素から成り立っている。

こうした介護システムは，したがって，介護費用調整の仕組みとしても，サービス資源の開発・運営の仕組みとしても，サービス利用を媒介とする生活自立保障の仕組みとしても，サービスのリアルな現場から提起される新たな情報を，地域大で統合的に解釈し，意味づけ，新たな価値を創造する装置としての特徴をもっている。それは，介護サービスに関わる多くの異なる主体間におけるパートナーシップやステークホールディングといった参画型のメカニズムを重視するものであり，一般的に「分散統合型イノベーション」（Teperi et al., 2009）あるいは「オープン・イノベーション」（Bunt and Harris, 2009）などと定義される協働型イノベーションの仕組みそのものである。

「地域包括ケア」はまさにこの協働型イノベーションの仕組みである。ニーズ実勢の把握，地域ケア会議，多職種ケア・カンファランス，利用者とのサービスの協働創造，地域での自立生活を保障するための工夫されたチームケア，ステークホルダー参画によるシステム・ガバナンスといった分散統合型イノベーションの機構的特徴を備えている。独立型で地域型の保険制度を基盤とする介護システムには，その初発から，地域包括ケアシステムとしての必然性が組み込まれていたのである。もちろん，イノベーションは技術進歩とパラダイム転換の相乗で生じるわけだから，介護保険法が成立する以前からの介護臨床の進歩がそのような介護システムへの必然性を生んできたといえる。本書第1章に描かれる「こぶし園」の取組みは，そのような視座から意義づけられるものである。介護保険法を準備した関係者が，また2005年の法改正に携わった関係者が地域包括ケアへの必然性を意識していたかどうかに関わりなく，介護保険制度という国家的イノベーションは，地域包括ケアへのイノベーションとして起こったのである。地域介護システムはもともと地域包括ケアシステムでなければならなかったのである。

本書で取り上げる中越地震であれ東日本大震災であれ，その復興過程は，既存の介護サービス提供体制の機能不全や被災後の新たな介護ニーズの深刻化を与件として，介護保険制度の地域包括ケアシステムとしてのイノベーション性を鋭敏に顕在化させることとなったといえよう。

3　大規模災害と地域介護システムの進化

大規模災害は，サービス拠点の機能不全やサービス人材の離散，サービス情報やノウハウの寸断など，被災地域の介護サービスに甚大な影響をもたらす。地域に残された介護力を最大限集約して，被災者を支え続けるための創意工夫が進むことになる。その創意工夫そのものが，地域介護システムの地域の実情に即した創造的再生の過程となる。被災地における地域包括ケアの仕組みづくりが，被災以前の地域内の当事者関係のあり方など地域の実情によって異なる方向性をもつことについては，東日本大震災後に地域包括ケアづくりに動き出しているいくつかの自治体を比較しながら検証したところである（日本介護経営学会，2014）。

発災急性期には，現地の介護事業者は，全国に広がるネットワークの支援を得ながら，弾力的な応受援の調整の下で，訪問入浴や緊急入所，避難所への巡回など，最も基本的なサービスを途切れさせない仕組みを工夫する。この段階では，事業範囲や専門性や職域を超える柔軟な対応が求められる。仮設住宅への移行や自主再建の進んだ段階では，早期発見，予防や悪化防止といった機能自立支援の他に，生活環境づくりやモバイル型自立支援サービスといった生活環境構築型の支援，あるいは，医療との間での双方向型の情報パスや機能連携の推進など，過渡的生活を心理社会的に支援するサービスへと展開する。その後，災害公営住宅への生活移行支援や新たな居住空間での定着支援など，包括型サービスへと進む。

これら各段階・各局面での工夫された取組みから，地域介護システムを進化させる成果が生み出される。サポートセンターの仕組み，モバイルデイケアと生活自立支援機能を重視するリハビリテーション，24時間医療，包括ケアセンター，地域医療・介護連携の仕組み，コミュニティ型仮設住宅団地，後方支援医療，福祉仮設住宅の創造的活用，短時間巡回訪問介護，暮らしのコンビニサービスなどの成果については，各章で触れるとおりである。

こうした具体的な新規サービスの創造とならんで，地域包括ケアの質的な変容も進むことになる。本書では，民間事業者が，事業者間競争や事業拡大といった営利性の原理だけでなく，被災者への支援やそのためのネットワーク連携を経験することを通じて，地域のステークホルダーとしての役割や事業協働の重要性を学習するとか，その学習を基に地域協働型の新規事業の開拓へと進むといった事例が紹介されている。また，地域福祉型の地域内閉鎖システムではなく，地域外から提供される資源，情報，人材などと有効につながることで開かれた地域包括ケアを推進する方法を構築してきた事例も紹介されている。

こうした変容は，政策レベルでの地域包括ケアのシステム化と方向感を共にしていることについては，政策・制度構想を記述する各章で確認することができる。

さらに，大災害の復興過程では，地域介護システムの受益主体像についても転換が進む。意思自治論や自助的自立論に立つ人間像から人の行動学的病理や生の所与性を組み込んだ人間像への転換である。同一の外部環境やライフインシデントが人の生活に及ぼすリスクの現れ方や深度は，生活環境や文脈，心身機能・病理的な条件，自律的意思形成の経路など「諸条件の錯綜構造（contested conditions）」の中で「医療臨床では説明不能な兆候（medically unexplained symptoms）」を示すものである（Bendelow, 2009, ch. 3）。外形上同じクライシスに直面しても，それが人の自律性や活動性に及ぼす具体的な影響は異なる（Sundel and Sundel, 2005, pp. 2, 4-5）。被災者の被災ダメージや生活再建プロセスが多様であることから，それぞれの経路性および関係性の中に表出する「その人らしさ」（Yeatman et al.,〔2009〕の定義するところの the subject of right “as a self”）の発見が進むことになる。

そうした転換を反映して，多職種による個別的ケア・カンファレンス方式やチームケアの有効性の再確認やソーシャルワークを組み込んだ臨床医療手法の開発などが進んできているし，従来の身体科学的な機能回復訓練の発想を超える生活自立を支援するためのリハビリテーション技術の開発，あるいは個別的な生活移行支援のプログラム化などが進んできている。端的に表現すれば，地域介護システムが，制度サービス提供システムから包括的な生活支援システムへと進化を遂げようとしているということになる。

4　本書の構成

本書は，災害復興からの介護システム・イノベーションをテーマとしていることから，発災からの時間経過を重視した構成となっている。「第Ⅰ部　災害復興と新たな介護サービス」では，発災急性期から生活移行期にかけて，応急対応に始まり，避難所から仮設住宅・自宅へ，そして復興住宅へと生活移行が進み，新たな環境に適応していく過程における介護システムの機能実態，困難，課題，工夫を項目ごとに整理する。「第Ⅱ部　復興への介護システム・イノベーション」では，被災者の生活格差や身心疾患状態が深刻化し，人間関係や生活活発性の停滞が顕在化する段階で，ニーズ実勢の変化に対応して，介護サービスの担うべき役割の拡大や「新しい公共」型協働の進展がみられる中で，どのようなサービス開発やサービス事業・人的組織の再生が進められたかを扱っている。「第Ⅲ部　地域包括ケアシステムへの新機軸」では，今後の地域包括ケアのシステム化にとっての理論上，政策実務上，および介護事業臨床上の論点を取り上げている。

第Ⅰ部と第Ⅱ部の各章は，それぞれ，中越地震ならびに東日本大震災の被災当事者あるいは支援当事者の記録である。そのことから，各章執筆者の独自のストーリーがあり，その中で各部の論点を記述する方法をとっていることを注記しておきたい。また，第Ⅲ部は，地域包括ケアへの新機軸を主題としていることから，「災害復興」への言及が間接的なものにとどまっているが，第Ⅰ部・第Ⅱ部の各章に記述される災害復興過程での取組みの延長線上に地域包括ケアのシステム化という課題を置いた場合にみえてくる新機軸を取り上げているものである。あわせて，グローバルなガイドラインとなっている心理社会支援モデルについても，支援的ケアの包括性に関連させて扱っている。

参考文献

森川美絵（2015）『介護はいかにして「労働」となったのか――制度としての承認と評価のメカニズム』ミネルヴァ書房。

日本介護経営学会（2014）『被災地における地域包括ケアの創造的な展開とシステム化への支援策に関する調査研究事業報告書』（平成25年度老人保健事業推進費等補助金〔老人保健健康増進等事業〕，研究代表者：田中滋）事業実施報告書。

Ogasawara, K. (2012). “User Driven Innovation and Knowledge Integration in Elderly Care Services -Community Integration Model-”, in Melkas H. and V. Harmaakorpi eds. Practice-based Innovation: Insights, Applications and Policy Implications, Verlin: Springer-Verlag.

小笠原浩一（2010）「介護経営におけるイノベーション」小笠原浩一編著『介護経

営』日本医療企画。

小笠原浩一（2013）「『復興』の社会政策」『社会政策』4（3），ミネルヴァ書房，87-99頁。

Belgium Ministry Public Health (BMPH) (2001). *European Policy Paper: Psycho-Social Support in Situation of Mass Emergency*, Brussels: BMPH.

Bendelow, G., (2009). *Health, Emotion and the Body*, Polity Press.

Bunt, L., and M. Harris (2009). *The Human Factor* (Discussion Paper), NESTA.

Inter-Agency Standing Committee (IASC) (2007). *IASC Guidelines on Mental Health and Psychosocial Support in Emergency Settings*, Geniva: IASC.

International Federation of Red Cross and Red Crescent Societies (IFRCS) (2009). *Psychosocial Interventions*, International Federation Reference Centre for Psychosocial Support: Copenhagen.

Quarantelli, E. L. (2006). "Catastrophes are Different from Disasters: Some Implications for Crisis Planning and Managing Drawn from Katrina", Understanding Katrina, *SSRC*, Jun 11.　http://understandingkatrina.ssrc.org/Quarantelli/　2012年4月14日アクセス。

Sabel, C. and A. Saxenian (2008). *A Fugitive Success: Finland's Economic Future*, Sitra: Helsinki.

Sundel, M. and S. S. Sundel (2005). *Behavior Change in the Human Services-Behavioral and Cognitive Pronciples and Applications* (3rd edition), Sage Publications.

Teperi, J., M. E. Porter, L. Vuorenkoski and J. F. Baron (2009). *The Finnish Health Care System: A Value-Based Perspective*, Sitra: Helsinki.

Verganti, R. (2009). *Design Driven Innovation-Changing the rules of competition by radically innovating what things mean*, Boston: Harvert Business School Press.

Yeatman, A. et al., (2009). *Individualization and the Delivery of Welfare Services-Contestation and Complexity*, Palgrave Macmillan.

第Ⅰ部

災害復興と新たな介護サービス

I

Summary

災害の急性期から復興の過程では，被災者の生活の安全を維持するために必要な様々な対応がとられる。災害は，その形態や規模によって求められる支援は異なるために，従来になかった新しい機能や方法が適時に開発されることになる。介護サービスにおいても，定常時に制度的な根拠をもって提供される定型のサービスでは充足不能な災害時のニーズに対して，最も効果的で効率的なサービスの提供方法と資源編制が柔軟な発想を通じて生み出されていく。定常時における経験的に蓄積されてきた知識・技術・技能の基に工夫されるものであるが，要素知識や要素技能の組み合わせの方法論に新たな着想が生まれるのである。

そのような新しい介護サービスは，新規の思考軸やシステム化への可能性を伴うものであるだけに，何が実践されたかを記録するにあたり，解釈・意味づけを試みておく必要がある。第Ｉ部の各章は，前半部分で災害急性期から回復期に実践された介護サービスを通じた被災者支援の事実を記録し，後半部分で，その意味づけと普遍的な仕組みへの展開を問題提起している。

第１章では，中越地震で試みられたサポートセンターの仕組みを基に，地域包括ケアシステムと広域支援システムへの展開が描かれている。他の７章は東日本大震災に関連する。第２章では，仮設住宅団地における心のケア対策や24時間フルサポートの仕組みを基に，コミュニティ型仮設住宅の可能性が述べられている。第３章は，民間介護事業者が組織的に実施した介護の応受援から，介護支援に求められる人員体制や職務能力を考察している。第４章は，第３章と同じ事例に即して，介護事業者による広域連携ネットワーク構築の重要性を述べている。第５章では，第２章と同じ事例に即して，仮設住宅サポートセンターの運営の経験を，「物も心も豊かにするサービス」づくりという視点で普遍化している。第６章は，福祉仮設住宅を，民間事業者の構想力と実践力で豊かな福祉的機能の提供拠点へと工夫した事例を基に，復興期の一般システムへと展開させる可能性を述べている。第７章では，医療関係団体が協働で立ち上げた被災者支援組織の活動事例を通じて，被災者支援におけるサービスアプローチのあり方ならびに多機関連携・組織間連携の方法論が提起されている。第８章は，避難所・仮設住宅におけるモバイルデイケアの実践から，リハビリテーションの目標性と方法論の革新を提案している。

（小山秀夫）

第1章
被災者包括サポートセンター構想

小山　剛

1　中越地震の状況

本章は，大災害から被災した人々がその激変した生活環境・条件の中で抱え込むことになる介護をめぐる諸問題を「介護災害」の概念で捉え，「介護災害」を緩和し，生活の復興に向け支援するための包括的な支援機構として構想された「サポートセンター」の役割について，それが登場した2004年10月の中越地震に遡って記述することを課題としている。サポートセンターは，24時間365日連続する支援サービスの構想であり，災害時の被災者生活支援に機能が限定されるものではない。定常の生活でも災害時においても，人の自立した暮らしを最大限支援する機能を内包しているのである。

サポートセンターは，その後，東日本大震災においても活かされたし，今後2025年からその先に向けてシステム化が進められる地域包括ケアの基幹となる仕組みでもある。

（1）　災害時と日常

2004年10月の新潟県中越地震は，震度7という激震に加え，短時間に震度5以上の強震が続き，3000回を超える余震の多さに特徴があった。雪国特有の耐雪設計である丈夫な家屋や，地方都市と周辺農村部という比較的ゆとりのある住環境をもちながらも，被災直後は10万人を超える人たちが車の中や体育館・公民館などで窮屈な避難生活をしていた。

この中で私たちは，緊急一時避難場所である体育館などから，元の暮らしに復帰するまでの通常2年間を生活することになる仮設住宅において，要介護状態になっても支え続けられる仕組みづくりの必要性を感じていた。日常生活を継続するためには24時間365日連続する様々な在宅支援サービスが必要不可欠である。人の暮らしには，地震でも台風でも津波でも，どんなときであっても食事やトイレは不可欠で，そうした日常生活を支えるためのサービスの基盤整備の取組みが災害時にも役に立ったのである。

（２）　被災直後の対応

筆者は，中越地震発生時，東京にいた。震源地が長岡との情報にすぐに「こぶし園」に公衆電話から連絡をとることができ，利用者・職員の無事を確認後，レンタカーを借りて長岡に戻った。

戻る途中で，地域に点在しているグループホームとバリアフリー住宅の人たちを，損傷が比較的軽く済み，スペースも確保できる老人ホームに集めることを職員に伝えた。混乱する避難所では困難を抱える認知症の人たちへの生活空間の確保や，排泄介助などの身体介護を継続するための条件を，優先的に確保するためであった。

こぶし園に戻ったのは深夜であった。園の緊急電話連絡網が不通であったにもかかわらず，大勢のスタッフが自主的に集まり，被災当夜は50人が泊り込みで利用者の生活を支えていた。同時に，スタッフが話し合っていたことは，３食365日体制で提供している地域への配食サービスを，被災した中でどのような形で実施するかということであった。余震の続く深夜も巡回訪問介護サービスを続けていたのである。災害時・緊急事態とはいえ，職業倫理の高さを感謝と共に強く実感した。

市内全域でライフラインが崩壊していることが予測されたことから，これが復旧するまで市内に数カ所ある通所介護事業所を休業し，スタッフには，各事業所の利用者の安否確認を済ませてから，緊急受け入れに対応するための救援スタッフとしてこぶし園本体に集まることを指示した。居宅介護支援事業所・訪問看護・訪問介護の利用者に対する安否確認を翌朝早々から開始することを決め，ショートステイ利用者のためのベッド，スペース，寝具の確保などの準備をして朝を迎えた。

予想通り被災の翌朝からは，緊急入所の申し込みやショートステイ利用者の期間延長の連絡が続き，特別養護老人ホームは，通常の利用者100人と短期入所生活介護利用者80人の計180人に加えて，緊急受け入れした要介護者76人を加えた計256人の要介護者であふれた。その後も緊急受け入れが増加することを想定して，周辺の被災していない地域の施設に連絡を取り，受け入れ可能人数の確認と受け入れの依頼も同時に行った。

被災４日目には，建築業者に依頼して，点在している各事業所の建物の安全確認をした。各事業所が使用可能であるかどうかを点検する理由は，認知障害をもった人々や支援するスタッフに対し，生活空間を改善することで不安やストレスの緩和を図り，スタッフの介護負荷も併せて低減する必要があったからである。なによりも，長期的に介護者と要介護者を引き離してしまうと復帰が困難になり，いわば介護災害に拡大してしまうことを危惧したからでもあった。

2　地域包括ケアへのチャレンジ

（1）　地域包括ケアを求めた理由

こぶし園では，介護保険制度施行前からフルタイム・フルサービスの構築を目指してきた。そのために，現在まで，ショートステイ80ベッド，365日ワイドタイムの通所介護，サテライト通所介護，24時間365日の訪問介護，365日夜間緊急対応型の訪問看護，３食365日の配食サービス，認知症対応型共同生活介護，認知症専用通所介護，バリアフリー住宅など65の事業を整備してきている。従来型の特別養護老人ホームも他のサービスと併設したサポートセンターとして16地域に分散配置している。これらは「高齢者総合ケアセンター」と呼ばれ，半径１～３㎞の範囲をサービスエリアとしている。

たとえ同居の家族がいたとしても，就労や高齢のために，連続的な介護が困難となることが一般的である。その場合，施設や病院へ入所・入院することになる。この状況を地域包括ケアの推進により転換したかった。家族介護者だけに連続的な介護負担を負わせるのではなく，連続的な介護の負担を社会的負担とすることで，利用者自身が自立して地域で暮らすことを保障するシステムが必要だと考えたからである。その後の介護保険制度も，そのような考え方でできあがっている。

（２） 地域包括ケアのためのサポートセンター

①24時間365日の訪問介護（1995年10月）

従来の訪問介護事業を24時間365日フルタイム・サービスへと移行する際に，市の保健師，医療機関のソーシャルワーカー，民生委員，施設職員など多種のスタッフで構成した委員会を立ち上げた。委員会は，それまで日中の訪問介護サービスを受けていた124人に対する詳細な評価を行った上で，半年間かけて対象者を６人まで絞り込み，現在のケアプランに該当する介護計画を立て，サービスを試行した。そのサンプル検証を経て，本格的にスタートした。これは連続するサービスが本当に必要かどうか，必要であるとして，最適なサービス構築をそのような判断で実施するか，その効果はどうか，といったことを検証するための作業で，その後の介護保険制度に組み込まれたケアマネジメントそのものであった。

また国の未来志向研究プロジェクトの支援を受けて，テレビ電話を活用した在宅版のナースコールシステムも開発した。具体的には，訪問介護スタッフが動画付きの携帯電話を所持し，対象者宅にはテレビ電話を配置して，ニーズが発生した段階でコールすると，顔を見ながら双方向の対話ができる仕組みである。利用者には施設のナースコールと同様の安心感を与え，サービス提供側は画面を見ながらリアルで詳細な情報を得ることができるという利点がある（図1-1）。

②24時間365日の訪問看護（1997年４月）

在宅要介護生活の様々な状態に対応する中で，健康管理はもとより重要であるが，褥瘡など継続的な医療処置を必要とする対象者に対するフォロー体制の整備が課題となった。当初はこぶし園の看護師を無料で在宅に派遣していたが，対象者数が増加したために，当時の特別養護老人ホームとしては珍しい訪問看護ステーションを設置した。

この24時間365日の医療モニタリング体制は，訪問介護と並んで在宅生活を

図１－１　24時間365日の安心を支える在宅版ナースコールシステム

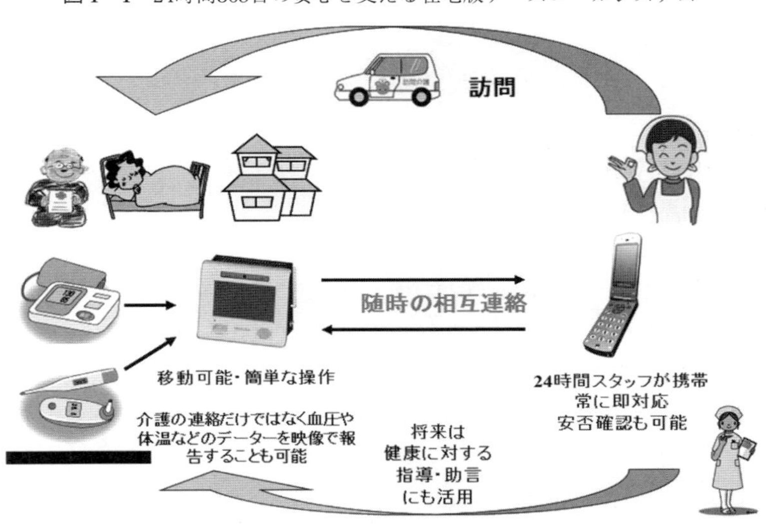

（出所）　筆者作成。

支える重要な柱となった。

③３食365日の配食サービス（1997年11月）

従来の仕組みの配食サービスは，デイサービスセンターの付帯事業として，土日祝日を除く平日の昼のみが対象とされてきた。しかし，人間生活には３食365日が普通であるし，施設でも３食365日の食事提供が当たり前である。独居世帯や老齢世帯，あるいは同居家族がいても不定時労働で食事が困難である世帯は多くあり，３食365日連続する配食サービスは，在宅サービスの必須事業であった。

３食365日連続する配食サービスは，単に食の保障や食事の配達だけをいうのではなく，そこには１日に３回の見守りが含まれている。特別な見守り専任職員を置かなくても，食事代だけで安否確認が可能になったのである。

④在宅複合型施設アネックスこぶし（1997年11月）

それまでの施設集約型サービスから在宅支援サービスへの転換策として，在宅複合型サービスを創設した。既存の特別養護老人ホーム（定員100名）・短期入所生活介護（定員50名）・訪問看護（365日24時間）に加えて，以下のサービスを創設した。

- 短期入所生活介護（定員30名）
- 訪問介護（24時間365日対応）
- 配食サービス（３食365日対応）
- 通所介護（定員40名　365日対応）＋サテライトデイサービス４カ所
- 認知症専用通所介護（定員10名　365日対応）
- 居宅介護支援事業所（24時間365日対応）

⑤サポートセンター三和（2002年１月）バリアフリー住宅付

バリアフリー住宅付のサポートセンターとして最初のチャレンジがサポートセンター三和である。投資リスクを回避し採算ベースを確保するために，廃業した建築会社の社員寮を丸ごと借り受け，これをリフォームして2002年１月１日に開設した。

近隣に外部から調達可能な介護・生活支援サービスがないことから，ここには，365日朝７時30分から夜６時30分までの通所介護事業所（定員15名），24時間365日の訪問介護，365日の夜間緊急対応を伴う訪問看護，３食365日の配食サービスステーション，グループホーム（定員８名），居宅介護支援事業所，そして居住面積20㎡の４室のバリアフリー住宅が整備された。いわばコンビニ型サービス拠点であった。

小規模サービスを複合した理由は，広範囲から顔も知らない高齢者が集まるよりも，同地域に居住するなじみのある利用者を優先したからである。

⑥サポートセンター上除・関原（2002年４月）

コンビニ型のサポートセンターに続いて，既存のサービス提供エリアに不足していたサービスをプラスしたネットワーク型サポートセンターを開設した。エリア包括のネットワーク・サービスという構想である。

当該エリアには，特別養護老人ホームに併設した80ベッドの短期入所生活介護と365日夜間緊急対応の訪問看護ステーション，施設併設型の365日朝７時30分から夜６時30分までの通所介護事業所とサテライトデイサービス２カ所がすでにあった。この既存のサービス群に365日朝７時30分から夜６時30分までの通所介護事業所（定員26名），３食365日の配食サービスステーション，24時間

365日の訪問介護，それに居宅介護支援事業所を一体化させた「サポートセンター関原」ならびにワンユニットのグループホーム（定員9名）に居宅介護支援事業所，地域開放型のミニ図書館，研修室，ボランティアサロンを一体化させた「サポートセンター上除」の2つのサポートセンターを有機的な機能連携ネットワークとしてつなぎ，包括支援システムへと展開させたものである。現在ではこれに，2ユニットのグループホームおよび9戸のバリアフリー住宅を追加している。

⑦サポートセンター永田（2004年2月）

サポートセンター三和において立証されたバリアフリー住宅のニーズに対応することと，さらに投資効率を高めることを目的に，民間事業者との協働（コラボレート）を模索し，2004年2月に「サポートセンター永田」を開設した。ここで提供されるサービスは，他のサポートセンターと同様に，定員26名の365日朝7時30分から夜6時30分までの通所介護事業所と3食365日の配食サービスステーション，24時間365日の訪問介護，365日夜間緊急対応の訪問看護ステーションというフルタイム・フルサービスを基本とし，これに居宅介護支援事業所，地域特性に対応する在宅介護支援センター，さらにバリアフリー住宅を整備したのである。ここではバリアフリー住宅部門は民間事業者に委ねて併設してもらい，一体運営を行う仕組みとした。

3　被災者を支えるサポートセンター

(1)　サポートセンター千歳の創設

2004年10月の中越地震以前から地域包括ケアシステムを整備し続けていたことから，被災者の仮設住宅内にも同様の包括型サービス提供が必要であることを主張し，2004年12月，仮設住宅の中に「サポートセンター千歳」を開設することができた。

これはわが国の災害支援において画期的な出来事であった。このセンター創設には，国，新潟県，長岡市，社会福祉法人が協働で関わった。関係者すべてが，災害時においても家族の介護関係を離すことなく，家族と要介護者を共に支えることの意味を理解し，目的を共有したということである。

サポートセンター千歳が立地するのは，長岡市内で最大の459戸1200人が暮らす仮設住宅団地である。建物は災害救助法における集会所として設置され，管理責任者である長岡市に対して社会福祉法人が集会所の占有使用を申請し，許可を得て介護保険制度サービスと制度外サービスを様々に組み合わせて提供する仕組みとした。

300㎡のプレハブ内には簡易リフト付の３つの浴室，配食や通所介護などのための厨房，介護予防や様々なアクティビティを実施するホールと談話コーナー，そして静養室や事務所などを配置した。

ここで提供したサービスには，介護保険の報酬基準該当サービスとして，365日の通所介護（定員20名），24時間365日の訪問介護と訪問看護のサテライトがあり，介護保険制度外サービスとして，在宅介護支援センターのサテライト，３食365日の配食サービス，介護予防事業などがある。加えて各種団体の協力により，鍼灸サービス，心の相談室など幅広く生活を支えるものとした。利用者は高齢者に限定せず，子どもたちを含む仮設住宅の全住民とした。

（２）　主な活動内容

①通所介護

平均利用人数は約６～８人／日で，小規模な関わりの中で一人ひとりとじっくり向き合い，丁寧に対応することを重視した。震災で深く傷ついた心を癒し，仮設住宅での生活に伴う不安を緩和することのできる時空間を提供するという重要な取組みであった。

②介護予防教室

「元気で元の生活に帰る」という目標のもと，生活不活発状態や廃用症候群といった介護リスクを回避するための介護予防教室を実施した。参加者の大半は単身高齢者ならびに高齢世帯の人々で，期せずして安否確認という役割も果たした。

健康維持に関するメニューとして，「インフルエンザについて」「快眠のすすめ」「ノロウイルスについて」「高血圧の予防」「骨を丈夫にしよう」などの意識啓発関連，「脳力を鍛える頭の体操」「転倒予防教室」「体力チェック」「寝たきりゼロの予防とリハビリ」「筋力アップで若返り」「介護予防検診」「ラジオ体操」などの各種アクティビティ関連，それに生活の基本である食生活の質に関わる調理実習などのプログラムを試行錯誤で独自に開発した。

③配食サービス

配食サービスは単に食事の提供だけではなく，引きこもりがちな対象者の安否確認にも有効な手段である。配達時に相手の表情，声のトーン，残食量などの変化に気づくことから，早期の対応に結びつけることができた。

④心の相談室

被災後の不安や悲嘆，あるいはトラウマ等の心の状態への適切な対応は技術的に最も難易度の高い支援である。仮設住宅での暮らしからわずか２年という期限で立ち上がっていかなくてはならない心理的重圧に起因するストレスへの対応も同様である。介護事業者は一般にこの領域の専門職を常駐させていないことから，まずは「話しをする」「聞いてもらう」という場づくりから始めることとした。「長岡医療と福祉の里ケースワーカー連絡協議会」「全国・新潟県臨床心理士会」「精神保健福祉士会」といった専門家集団の協力を得ることが不可欠で，その下で，各種相談室を開設した。

サポートセンターの重点実施事業である介護予防活動については，介護保険の報酬対象事業ではないため，すべて社会福祉法人の持ち出しで実施した。豪雪地帯である長岡市において冬期間４カ月もの間狭い仮設住宅内だけでの暮らしを支え，さらに自宅復帰までの長期にわたる「心と体を守る」にはどうしても実施が必要であった。社会福祉法人の本旨に沿った地域貢献事業という捉え方である。

こうした経験から，将来への不安を抱えながらも生活自立に向けて現状に立ち向かう被災者に対しては，以下の点に留意することが重要であった。

- 利用者の表情，声のトーンなどに気をつける
- 利用者の胸の内を傾聴する
- アドバイスや答えを早く出そうとしない
- 励ましすぎない

加えて，震災時の不安や恐怖，そして将来への不安など同じ体験をした者同士が話をする場を設定することで「自分一人だけではないという意識」を共有することが大切で，このための仕組みとしてもサポートセンターは重要な意味をもっていた。

4　広域な支援システム

災害時には，介護専門職，ボランティア，介護者など，その地域にいるすべての人々が被災し，地域にある介護体制が一時的に停滞するから，被災地以外の地域からの支援が不可欠で，それも早期に必要である。その際，救済に入る人たちの生活基盤を確立しないと，連続性が必要な介護や復興という長期的な支援が困難になる。

（1）　学生たちの活動

中越地震では，筆者の母校であり，特任教授を務める東北福祉大学から支援・協力の申し出を受け，多くの学生たちを受け入れた。

学生たちの活動・生活拠点となる２階建てのプレハブ住宅を仙台より搬送してもらいこぶし園の駐車場に設置した。学生たちは10日交代で大学側が仙台から定期に送迎し，１回あたり25～30人の学生が活動にあたった。大学職員が同行し，統制の取れた支援体制であった。学生による支援体制のメリットは，若く体力のある人材であること，社会人のように活動日数の制限がないこと，このために継続的な支援体制が組みやすいこと，そして何よりも社会貢献の一助を担うことで学生や大学職員にも大きな成長が期待できることにある。

（2）　広域連携による介護支援の必要性

学生たちの活動は本体の特別養護老人ホームと仮設住宅のサポートセンター千歳を中心とし，学生が支援に入ることでゆとりが出た施設スタッフが地域社会の支援にまわるという仕組みであった。実は，これが後のサンダーバードの支援体制の基本的な方向となっている。

災害時においては医療や自衛隊の救援，ガス・水道・電気などの生活基盤の復旧などの救援体制が災害と同時に動き出しているのに対して，介護の支援体制は遅れがちである。人の暮らしを支える意味では介護においても素早い支援が必要である。今後は，この学生の取組みを他の介護事業者にも広げ，それも事前に協定しておき瞬時に動く広域の連携体制が求められている。

（3）　救援者の生活拠点の整備

災害時において市町村行政は住民を守ることに手一杯であり，全国各地から支援のために集まる救援者の生活拠点整備まで担うことは困難である。

そこで大手企業などが社会貢献事業としてスポンサーになって，ユニット住宅やプレハブ，あるいはキャンピングカー等を用意し，食糧や飲料水等についても地域社会に多く存在している事業所が供給する仕組みがあれば，どんな地域でも対応が可能になる。つまり個人の分を個人で備蓄することと同時に，地域社会として備蓄し供給する仕組みづくりが重要なのである。

（4）　被災者・支援者の活動拠点の整備

サポートセンター千歳の仕組みについては記述したとおりだが，災害時において健康な人たちが逃げ込む体育館などの避難所と同様に，サポートセンターを早期に被災地に持ち込めれば，要介護状態の人たちの避難所として稼動することができるし，ある程度生活が落ちつき，仮設住宅が整備される段階では，子どもから高齢者まで幅広い対象者を支える総合支援センターとしての機能が期待される。

5　事業継続と全国展開

（1）　事業継続

日常生活を支えるためのチャレンジとしてつくり続けていた様々なサービスの組合わせ，つまり地域包括ケアシステムの一例であるサポートセンターが，災害時においても必須の支援システムであることは前述してきたとおりである

図１－２　仮設住宅に付設する介護等のサポート拠点について（イメージ）

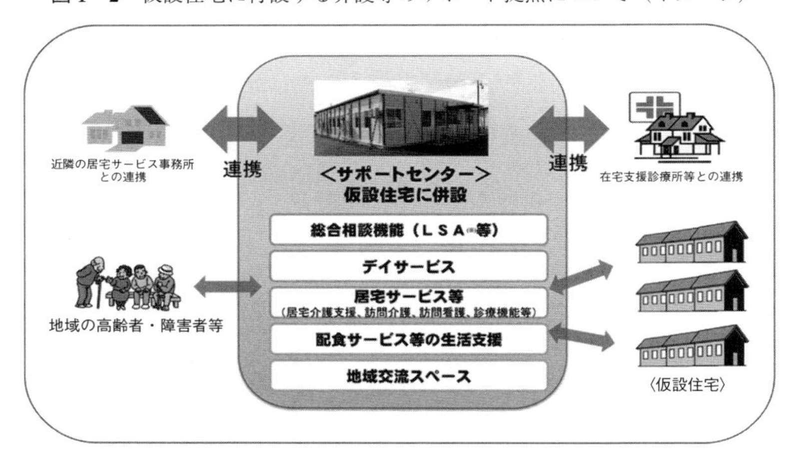

※　LSA：ライフサポートアドバイザー＝住民からの様々な相談を受け止め，軽微な生活援助のほか，専門相談や具体的なサービス，心のケア等につなぐなどの業務を行う者

（出所）　厚生労働省作成。仮設におけるサポート拠点整備の説明時の添付資料。

図１－３　避難所・仮設住宅から地域再生まで連続して支えるシステム

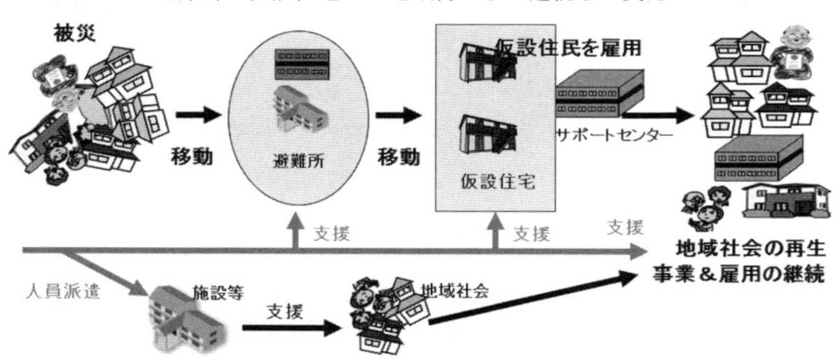

サポートセンターの役割
3食365日の配食事・24時間365日の訪問介護・24時間365日の訪問看護・365日無休の通所介護
または
これらを一体的に提供する小規模多機能型居宅介護
加えて
介護予防・健康増進・心のケアなどの各種相談・育児・学童支援・各種アクティビティ
そして
目標は元の地域に戻ること・現在の健康を保持すること・悪化を防ぐこと

（出所）　筆者作成。

が，2011年３月の東日本大震災において，サポート拠点整備は国の支援事業となり，現在岩手県・宮城県・福島県において120カ所以上が整備されている（図1－2）。

ただし，本来のサポートとしてのシステムを備えていないものもあり，集会所的な活動の場合もあるため，サポートセンター運営支援のためのプログラムも開発途上にあるといえよう。図1－3に示すように被災時の仮設住宅から元の暮らしに戻る際に，サポートセンター内に創設する地域包括ケアシステムと被災者の雇用を，共にそのまま地域に戻すことで，新たな町に地域包括ケアと雇用が確保されることを目指している。

（２）　全国展開へ

認定特定非営利活動法人「災害福祉広域支援ネットワーク・サンダーバード」設立の直接的なきっかけは，2007年10月の中越地震後の仮設住宅内に開設されたサポートセンター千歳を，災害対策に関心のある人たちが見学し，その後の議論の中でこれをシステム化したいという願いが一致したことにある。「国際救助隊サンダーバード」に倣い，迅速で連続的な広域支援体制を組織することを目指してのことであった（図1－4）。

「サンダーバード」の活動は，要援護者支援を念頭に置きながらも，災害発生時の対応に関する住民の意識および技術の向上や，支援側の意識改革・体制確保・技術習得等を目的とした啓発事業を行い，災害に備える体制を強化することと，広域連携の下に早期の介護支援体制を組むこと，そして支援者の生活基盤と被災地での活動基盤を同時に提供することを目的としている。全国において被災前からハード，ソフト共に十分な準備をしておくことと，万一被災したとしても日常生活の継続を支援するための包括サポートセンターのつくり方・運営の仕方を理解しておくことが被災からの復興の重要なポイントとなるのである。

つまり，包括サポートセンターは，中越地震という歴史的被災経験から生み出されたものであるが，それは，被災からの地域再生の中核的機構としての位置づけをもちうるし，さらに，いつでも，どこでも，だれでも普通に暮らし続

図１－４　認定 NPO 災害福祉広域支援ネットワーク・サンダーバード

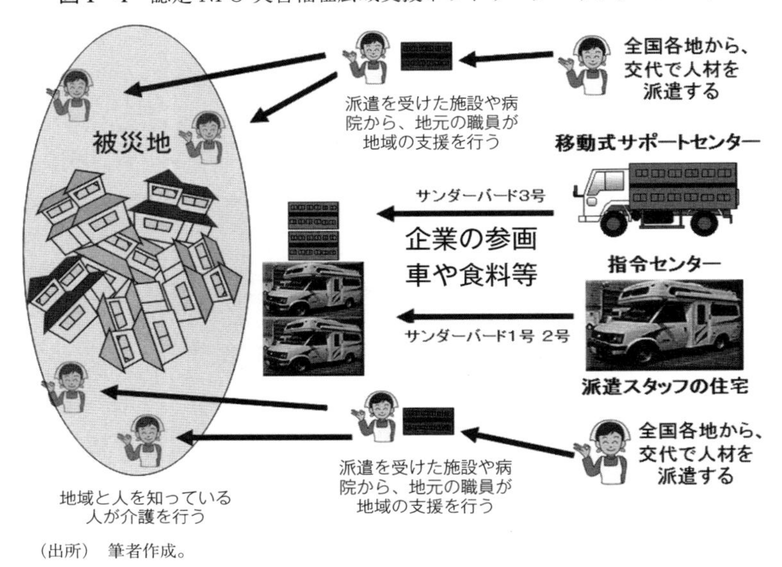

（出所）　筆者作成。

けることを支えるための仕組みとして，災害時に限らず，地域包括ケアのシステムの中核的機構としてプロトタイプ性を有するのである。

［編者記］　小山剛氏におかれては，本章脱稿後の2015年３月13日，その60歳の天命を全うされました。本章は氏の遺稿となります。校正は編者の手によります。

第2章
コミュニティ型仮設住宅

髙橋昌克

1　市長の第一声「町の半分がなくなった」

筆者は，釜石市民病院と県立釜石病院の統廃合を支援するために，2006年10月に，金沢医科大学より市民病院に赴任した。統廃合後は，市民病院を引き継いだ「釜石のぞみ病院」の医師として，釜石市の医療の再構築に尽力してきていた。

2011年３月11日14時46分18秒，三陸沖を震源とした大地震が発生した。約40分後には，大津波が釜石市の中心街を含めた沿岸部を襲った。釜石市では，発災前の人口３万9996人に対し，死者852人，行方不明者470人（いずれも，2011年5月20日現在），避難者9883人（2011年３月17日最大時），全住家数１万6182戸に対し被災住家数3704戸（2011年４月22日現在）と甚大な被害を受けた。[(1)]

発災時，筆者は金沢に向かう途中の大宮駅にいた。翌12日に金沢に着き，釜石の情報収集をしていたところ，13日の昼に防災用の衛星電話を介して釜石市長と連絡が取れた。市長の第一声は「釜石の半分が無くなった。できるだけ早く戻ってくれ」であった。その後に連絡が取れた市の防災課長から，高血圧，糖尿病などの慢性疾患用の薬が不足していることから調達の要請を受けた。直ちに金沢医科大学の首脳部に事情を説明し，高齢者向けの薬を中心に，段ボール10個分の提供を受けることができた。14日に航空会社の協力を得て，小松空港から羽田空港を経由して秋田空港に送り，そこから陸路で釜石まで運び入れることができた。

釜石に着き，臨時災害対策本部で情報を得た上で，釜石市健康福祉センター（センター内には，市保健福祉部，釜石のぞみ病院，その他２つの医療機関が入っている）に向かったが，流散した瓦礫や車などでなかなかたどり着くまで困難であった。健康福祉センター内は，市・病院職員や被災者で混雑し，疲労困憊の様子であった。直ちに薬剤を釜石のぞみ病院など医療機関に分配する作業に入った。危機管理のプロである佐々淳行氏の著書に長期の緊張下にあってタバコとアメが部下の癒しになるということが書いてあったのを思い出したので，金沢から持参したタバコとアメを職員の皆さんに手渡した。対応にあたる職員が緊張と疲労から解放されるわずかな時間をもつことが大切であった。

2　3カ月後を考えた心のケア

混乱の中，自衛隊，消防隊，救護隊の方々が釜石で救援活動に従事してくれた。発災急性期が過ぎれば，多くの人々はそれぞれの本来の仕事に戻ることになる。保健活動の中心となっていた健康推進課の洞口祐子保健師から，「落ち着いたときの被災者の心のケアをどうするか」という現場からの提起があった。同じ頃，阪神淡路の震災のときの経験から心の問題が大切として釜石でボランティア活動していた一般社団法人全国心理業連合会（以後，全心連）の浮世満里子先生に出会った。

浮世先生は，心のケアを必要とする被災者を見つけだす力をもったゲートキーパーの養成が重要であると指導してくれた。さっそく，被災者に接する時間・機会が多い保健師・社会福祉協会職員（以後，社協職員）・介護職員を対象に講習会を開催し，ゲートキーパーの養成に取りかかった。

図2-1は，自殺対策を柱とした心のケアシステムとして鹿児島県伊集院保健所の作成したものを，被災者が避難所生活から仮設住宅での生活に移行した後の状況を想定した釜石市における対応システムとして一部修正して引用したものである。自殺予防にはピラミッドの底辺層である「ストレス暴露者軽度うつ病予備群」をできるだけ早期に発見し，対応することが有効であることから，ゲートキーパーとして講習を受けた保健師・社協職員が被災者・市民の中から震災等によるストレス暴露者で，軽度のうつ病予備群とみなされる人々を発見する仕組みをつくり上げた。ゲートキーパーの研修では，予備群をスクリーニ

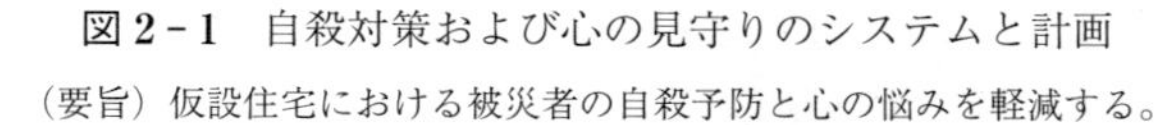

図2－1　自殺対策および心の見守りのシステムと計画

（要旨）仮設住宅における被災者の自殺予防と心の悩みを軽減する。

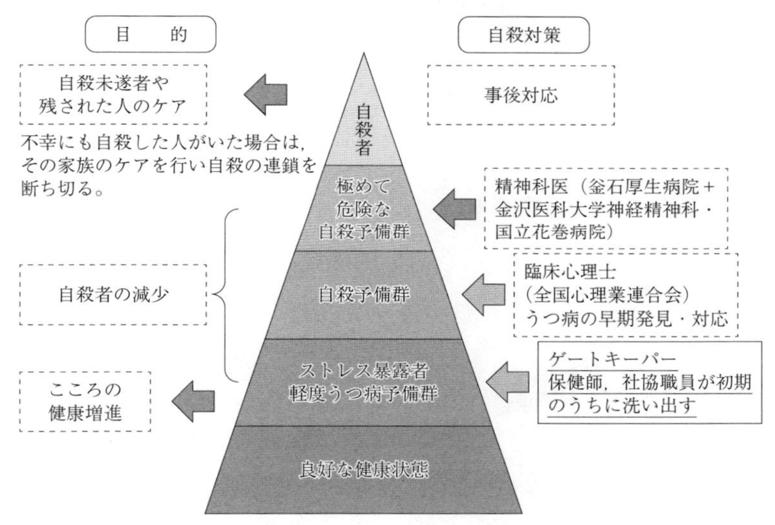

（出所）鹿児島県伊集院保健所作成冊子から引用（一部変更）。

ングする能力と，発見後に適切な対応を判断し，対応策を調整実施する能力の向上に取り組むことになる。

実際には，ゲートキーパーの対応で改善する人々と改善しない人々に分かれる。改善がみられない人々は「自殺予備群」として臨床心理士に報告し引き継がれる。臨床心理士は心理療法を実施しながら，改善の有無を見極めることになる。「極めて危険な状態の自殺予備群」に対しては精神科医の医療が介入することになる。

自殺者が出た場合，その家族に新たに自殺者やうつ病の発生を予防するためにゲートキーパー→臨床心理士→精神科医へと状態に合わせてつなげる対応が必要となる。このシステムは，特に，私たちが「コミュニティ型仮設住宅」と呼んでいるフィールドで機能することになった。

図2-2　見守りの輪（車輪）

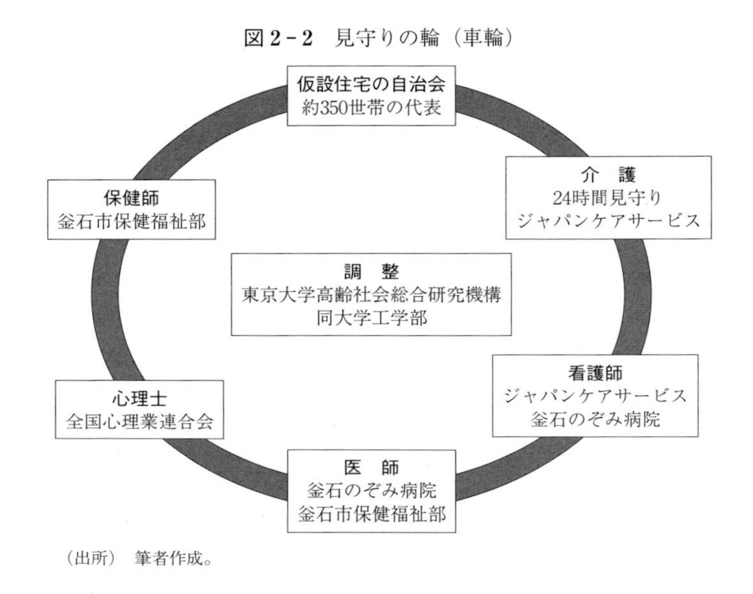

（出所）　筆者作成。

3　コミュニティケア型仮設住宅（平田第6仮設住宅）の試み

混乱が続く5月の初めに，地域医療のあり方について助言をいただいてきていた東京大学高齢社会総合研究機構の辻哲夫特任教授から，東京大学において面会したい旨の求めがあった。東京大学では辻氏はじめ高齢社会総合研究機構の先生方が集まっておられた。辻氏は，被災者向けの仮設住宅に関し斬新なコミュニティケア型仮設住宅の提案をもっておられ，それを実現すべく，直ちに釜石市長への説明の機会を設定することになった。2日後，市の災害対策本部において開かれた説明会において，釜石市平田（へいた）地区に提案のあったコミュニティケア型仮設住宅を建設する方向で大枠が決まった。平田地区は釜石市南部の高台の運動公園を中心とする地域であって，仮設住宅建設に適した平坦地を準備することができた。平田第6仮設住宅（以後，平田仮設）がコミュニティケア型とされる理由については，本書第10章に詳しい。

本章の医療・介護のコミュニティ創造機能の視点から，平田仮設は次のような特徴をもっている（図2-2）。

第一に，仮設住宅の運営に自治会方式を取り入れたことである。当初は東京大学高齢社会総合研究機構・工学部の主導のもと仮設団地自治会，市役所の街づくりおよび仮設住宅運営センター，医療・介護・心理支援の代表者が集まり，運営の方針や方法を定期的に協議しながら，ステークホルダーの合意形成を重視した立ち上げが行われた。その後，大学は調整役として技術的に徹することで，住民自治会の自発的な運営が進められるようになっている。特に，平田仮設は，仮設住宅内を，一般世帯エリア，高齢者中心エリア，子育てエリアに区分し，子育て世代の孤立防止や子どものジプシー化防止に意識的に取り組むと共に，高齢者に対しては，バイタル・モニタリングや緊急通報，普段の生活見守りの輪づくりの仕組みを入念に作り上げてきた。

第二に，見守りの輪のそれぞれの役割と活動に特徴がある。自治会は平田仮設に生活する住民の代表という位置づけをもっている。つまり，経過的な住居とはいえ被災直後の避難所生活からようやく落ち着くことができた仮設住宅での生活には，様々な課題が出現する。別々の生活経路を歩んできた人々が，仮設住宅生活という場を共有する。生活上の環境・条件の充実や健康不安の解消，地域づくりへの役割と参加など，多様な課題を行政や各関係機関に整理して伝え，解決につなげることや，住民の自発的な役割づくりやつながりの形成など，自治的な課題に取り組まなければならない。自治会は，そうした住民の声の機能を果たすとともに，住民参加型の自発的なガバナンスの機能も負っているのである。単に，行政や関係機関からの必要情報の伝達の機能だけではないのである。

第三に，各仮設住宅団地にはサポートセンターが置かれている。そこに特徴がある。サポートセンターは地元の社会福祉協議会や NPO 法人に委託していた。釜石市は，平田仮設住宅のサポートセンターに関しては民間株式会社の参入を認め，プロポーザルの公募という形で，平田サポートセンターを設置した。しかも，サポート拠点が担う様々に異なる機能を最適に，統合的に充足するために，複数の医療，介護，子育て支援などの事業者のコンソーシアムによる運営体制を構築している。具体的には，介護サービスや配食サービスについては株式会社ジャパンケアサービスが実施し，他に，診療所，薬局，NPO，東京大学などが関与して，高齢者の24時間の見守り介護，配食，デイサービス，健康モニタリングなどを実施している。母子に関しては NPO 法人ママ・ハウスが子育て支援・相談ならびに母親の心のケアを実施している。

第四に，医療・保健機能の充実に特徴がある。サポート拠点内に開設されている仮設診療所には，釜石のぞみ病院から医師，看護師が派遣されている。診療所開設当初は金沢医科大学から精神科医が派遣されていた。また，釜石のぞみ病院にストレス外来（心療内科）を設け，心の医療を行っている。心のケアでは，全心連が，当初は週３回，震災翌年からは平田仮設内に常駐して，ケアを実施している。また，市の保健行政として，保健師が仮設住宅の生活者を対象とする定期訪問を実施している。

第五に，市郊外の高台に立地する平田仮設の住民が，生活インフラから孤立しないように，また周辺住民と交流が進むように，商業施設を設置し，被災した事業主を中心に美容室，電気店，スーパーなどひと通りの店舗機能を揃えると共に，バス路線を引き込んで移動手段を確保している。また，サポート拠点の提供する介護サービスや配食サービスは仮設団地の周辺に居住する住民にも提供されると共に，団地内の行事への団地外住民の参加を勧奨している。

以上の特徴から，平田仮設団地を「コミュニティ型仮設住宅」と呼ぶようにしているのである。

4　医療介護からのコミュニティ型仮設住宅の考察

ジャパンケアサービス，ママ・ハウス，全心連の提供するサービスは，その評価の高まりにつれて，平田仮設以外からの利用者が増加している。ジャパンケアサービスの配食サービスならびにデイサービスは，平田仮設住宅の利用者数に比し，仮設外の住民の利用者数が２倍以上に達している。心理訪問も，釜石の沿岸地域中心に市内全域にわたって実施されるに至っている。ママ・ハウスの子育て支援サービスについても，団地外の地域にも施設を設け，展開している。

こうしたコミュニティ型のきめ細かな，包括的なサービスのコンソーシアム

表2－1　心理相談の内容（2012年度）

相談内容（**震災以前の問題**）	平田仮設住宅	A仮設住宅
家族の死（震災に関係がなく病死の方7名）	7	0
死にたい	2	0
夫婦問題	2	0
親子問題	1	0
子どものこと	2	0
介護	1	2

相談内容（**震災以降の問題**）	平田仮設住宅	A仮設住宅
フラッシュバック	2	5
家族の死，行方不明	4	13
身近な人の死	1	1
罪悪感	2	4
孤独感	1	6
居場所がない	2	0

（出所）　全国心理業連合会より提供。

のアウトカムを評価する方法として，市内のA仮設住宅との比較がある。A仮設住宅は，平田仮設と同規模で，類似の同年齢相をもっているが，コミュニティ型仮設ではない。**表2－1**は，全心連が取り組んでいる心理相談の内容と件数について，震災以前に抱えていた家族問題に関する相談内容と震災後に抱える相談内容を比較したものである。震災前に抱えていた家族問題についての相談件数は，「介護」を除いて，平田仮設の住民のほうが多いのに対し，震災後に抱え込んだ問題についての相談件数は，「身近な人の死」と「居場所がない」を除いて，A仮設住宅住民のほうが顕著に上回っている。平田仮設自治会では，その後，「居場所がない」という課題を受けて，テント型の集会所の寄付を受け，自治会ボランティアが常駐して，お茶のみや交流の場づくりに取り組んでいる。もちろん，この結果には，件数だけからでは表現されない要素が含まれており，さらなる分析が必要なことはいうまでもないが，震災以降の問題について，平田仮設でのコミュニティ型の支援サービス体制が，カウンセリングという形での住民の心の表出を緩和していることが推定できよう。

図2－3は，カウンセリング実施後に医療介入が必要となる人数を示している。平田仮設とA仮設住宅において，カウンセリングを受けることが必要であ

図２－３　カウンセリングと医療介入の件数の比較

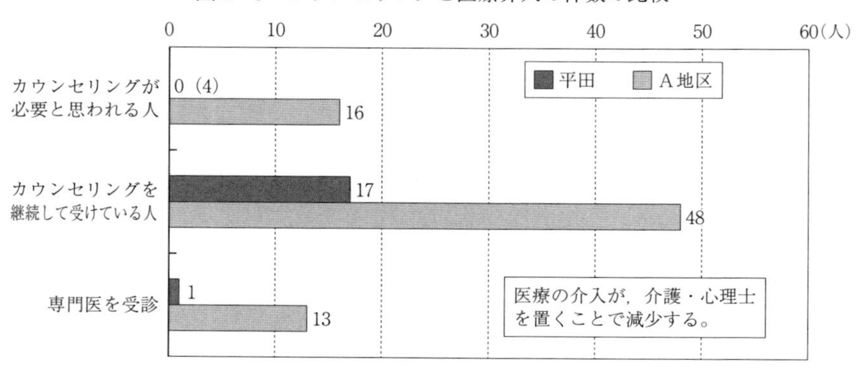

（注）2011年８月から2012年10月までの集計。
（出所）筆者作成。

るが本人が拒否などの理由から受けない人の数が，平田仮設は０人（カッコ内の４人は他の居住地に移った人数）で，Ａ仮設住宅は16人である。カウンセリングを３回以上継続して受けていた人は，平田仮設で17人に対し，Ａ仮設では48人である。精神科医による診療も平田仮設では１人に対し，Ａ仮設では13人となっている。これらの違いは，平田仮設における24時間見守りの体制，常設の診療所，心理カウンセリング機能，母子・育児支援が，リアルタイムで支援サービスを提供していることの効果が表れたものと推定することができる。地域に数少ない精神科医の診療負担の軽減という効果も付随している。

介護施設の関係者から筆者のもとに，施設介護のみのときには週１～２回救急搬送が必要であったが，見守り体制が動き出してからは月に１～２回になったとの感想が寄せられている。見守りを含む地域における包括的支援体制は，予知・予防や悪化の手前での支援を通じて，結果として救急医療など地域の医療機能への負荷を軽減することにつながるという，現場レベルでの証言として，今後の地域包括ケアもシステム化を構想する際に重視しておきたい。

平田仮設住宅の診療所は最先端医療からは最もほど遠いが，自治会，介護の連携（見守りの輪）により住民に，生活の身近な安心を提供しているといってよい。コミュニティケア型仮設住宅の実験は，健全なコミュニティが存在すれば，適切な医療・介護システムの構築が可能となるという１つの実例になっているのではないかと考える。

注

⑴　釜石市「被災状況及び取組み状況について」http://www.city.kamaishi.iwate.jp/fukko_joho/machidukuri/detail/_icsFiles/afieldfile/2015/03/23/20110830-120021.pdf　2013年12月11日アクセス。

第3章
平時の民間事業者連携力を活かした重点型支援

今村あおい

1　被災地支援の経緯と概要

東日本大震災の発災当時，甚大な被害状況がわかるにつれ，筆者の所属する株式会社新生メディカル（以下，新生メディカル）を中核とする「新生グループ」[(1)]にも県や各団体からも支援が可能かどうかの打診があったが，具体的な支援要請までには至らなかった。そのような中，2011年３月末になって，新生メディカルが加入している介護事業者団体である一般社団法人全国介護事業者協議会（以下，民介協）から，４月１日から開始する訪問入浴支援の要請が，はじめて具体的にあった。

第一陣として，４月４日に職員４人を，宮城県石巻市に派遣した。発災から約３週間後のことである。岐阜から石巻までは約800km，車で12時間の道のりだった。現地では，民介協の会員事業所である介護事業者ぱんぷきん株式会社（以下，ぱんぷきん）が，被災を免れた自社社屋である研修センターを支援拠点として提供していた。その後，７カ月にわたり，ここを拠点に被災地支援を実施した。

支援の内容と期間は，大きく３つに分けられる。第一期（2011年４～５月）は，避難所における訪問入浴支援，第二期（2011年５～８月）は，要介護高齢者が避難する福祉避難所への支援，第三期（2011年６～11月）は，仮設住宅を中心とする在宅ケアの構築に対する支援である。本章では，この経験を振り返りつつ，特に避難所から仮設住宅への生活移行期における生活支援型介護を担う人材と仕事遂行能力について考えてみたい。

（1）　現地支援拠点となったぱんぷきん

ぱんぷきんは，石巻市丸井戸に本社を置き，居宅介護支援，訪問介護，デイサービスなどの介護サービスおよびグループホーム，高齢者専用賃貸住宅（以下，高専賃）等の施設系サービス，その他，配食サービス，タクシー事業，地域包括支援センターの運営も行っている事業者で，石巻市，東松島市，女川町に11カ所の拠点を有していた。津波により6カ所が被災し，うち2カ所は全壊であった。職員16人，利用者5人が亡くなっている。被災前には190人であった職員数は，被災後の5月には135人となった。民介協会員事業者の中で最大の被災であった。

被災を免れたぱんぷきんの社屋（石巻市蛇田地区）が，民介協の活動拠点になった。三陸自動車道石巻河南 IC に極めて近く，各地から入浴車を持ち込むには好立地であった。支援のコーディネーター役は，ぱんぷきんの渡邊智仁常務（現在，取締役社長）であった。

（2）　生活移行期の特徴と支援

発災急性期には，安全な居場所と眠る場所，食事や防寒，医療といった命を守る最低限の環境と物資の確保が優先される。発災後2カ月～1年の生活移行期には，交通網やライフラインの復旧と共に，人々が避難所生活においても生活リズムを取り戻しはじめ，順次仮設住宅の生活へと移行する。体力の弱い高齢者は，生活環境の変化に体調を崩しやすい。さらに，生活不活発により，急激な下肢筋力等の低下や意欲の低下が生じやすく，それに伴って要支援・要介護状態となる人が目立って多くなる時期である。

被災高齢者には，できるだけ早期に生活リズムを回復・維持させ，重度化を防ぐ対策が何より必要である。生活移行期においては，マズローの欲求モデルを用いるとすれば，「生理的欲求」と「安全欲求」を安定的に充足すること，ならんで「社会的欲求」の充足につながるコミュニティの構築が重要である。支援においては，緊急措置的な支援から，「その先」を考えた継続可能なシステムづくりへと，変換する時期である。

そこで，私たちは，いかに早い段階で生活リズムを回復させるかという視点からの最適な手法を検討した。生活リズムを回復した高齢者は生活が自立に向かうと共に，他者を支援する側に回り得ると考えた。個々人の自立から地域の復興が始まるという視点である。

（３） 被災地の現状を支える介護サービスのあり方

①短時間巡回訪問介護サービス

朝起きて，着替え，食事をし，排泄し，夜眠る，という毎日の生活リズムを維持することが人の生活の基本である。介護とは，障がいをもっても，その人の生活リズムを継続できるように支えることである。

私たちは，重度の要介護者や一人暮らしの人が自宅で暮らし続ける限界点を上げるには，１日に短時間で複数回もしくは毎日の巡回ケアが必要不可欠だと考えている。それを可能にするのが，2010年４月より実地していた短時間巡回訪問介護サービスである。

短時間巡回訪問介護サービスは次のような効果を伴っている。

- 声掛けと共に毎日のケアがリハビリ効果となり，下肢筋力，座位保持能力が向上する。
- 毎日の声掛けと，ケアによる排泄への安心感で水分摂取量が向上（脱水症防止）する。
- 複数回または毎日のケアで皮膚トラブルが早期に回復（床ずれ改善）する。
- 生活リズムができ，体調が安定する。
- 毎日の訪問で，不安が解消する。

短時間訪問の難点は利用者とのコミュニケーション不足が生じることという危惧もあるが，私たちが利用者およびヘルパーへのアンケート調査を実施したところによれば，短時間であっても毎日の訪問の方が，週に２～３回の長時間の訪問よりも安心感が得られ，コミュニケーションも取りやすいという結果が出ている。

②限られた人材でより効果的な介護

避難所や仮設住宅のような密集した居住状態で短時間巡回訪問介護を実施することは，限られた職員でも，より多くの人々に対し，効果的に支援することが可能である。また，自立誘導という目標に向かって重点的に支援することで，眼に見える形での効果の確認が可能になる。

石巻地域でのいくつかの支援実例を挙げよう。震災前は要支援状態であったが，避難所生活で要介護４の寝たきり状態となった女性（87歳）は，短時間巡回訪問介護サービスを利用し始めた。毎日４回のトイレ誘導で，車椅子からトイレへ自力歩行できるまでに改善した。別の要介護４の女性（85歳）は，毎日４回の訪問で，寝たきり状態から端座位が保てるまでに改善した。どちらもサービス導入後の数週間で改善している。

③期間限定の支援のあり方

私たちは，第一期の入浴支援を通して，現地の介護ニーズの把握に努めつつ，支援はあくまでも期間限定であることを踏まえると，地域再生の長い道のりに対しては一過的にしか関わることができない。その一過的な関わりをいかに効果的で意味あるものにするか。この問いは，どのような介護人材を派遣するか，どのような力を発揮させるかの判断につながってくる。

ぱんぷきんは，金銭的・物質的な被災のみならず職員の面でも大きな影響を被っていた。現地事業者は，被災した要介護者や潜在的な介護ニーズに責任を負っている。したがって，現地事業者の事業継続を支えることが，外部からの支援の重要な目標になる。

発災後の支援は，公的な事業者がどうしても優先されがちになっていた。営利法人も同じく公益性のある事業を実施しているのであるが，財政的支援もボランティア支援も得難い状況があった。

そこで，避難所への入浴支援に引き続き，ぱんぷきんの事業継続を支援することにした。まずは，被災した事業所の利用者が避難している施設に向けて人材支援を実施した。そこで短時間巡回訪問介護サービスの考え方や提供方法のノウハウを伝えると共に，仮設住宅を中心とする在宅ケアとコミュニティ構築に着手した。現地事業者であり，支援の受け手のぱんぷきんは，わずかな支援から得られるノウハウを，社内に相乗的に波及させる工夫において優れていた。

2　被災地支援の実施状況

（1）　訪問入浴支援

避難所の人々は，自宅や家族を失った精神的な苦悩や生活への不安，慣れない避難所生活のストレスに加え，寒さで心身共に疲れきっていた。入浴には，身体を温めることで心身の緊張を和らげる効果があり，また汗や汚れを落として清潔を保つことで心身をリフレッシュさせる効果がある。

被災直後の現場では，命をつなぐ食事・排泄・睡眠の早急な確保とならんで，入浴の確保は，その意味で極めて重要なことだと考えた。避難所では早い段階で自衛隊による浴場の設置も行われたが，巨大なプールのような浴槽であり移動等が困難な高齢者や障がいのある人々，そして乳幼児は利用できなかった。ライフラインや施設の設備が復旧するまでの被災後1～3カ月の期間に，訪問入浴車による入浴支援は，早い段階でこれらの人々に入浴の機会を確保できる大切な支援であった。

ぱんぷきんの渡邊常務は，地元のネットワークを活かして訪問入浴支援のニーズを徹底的に調べ上げ，適切な情報を民介協の支援チームにつなげる役割を担った。その結果，孤立した半島・島嶼部に特に高いニーズがあるとの認識に立って，石巻市街地域のみならず，牡鹿半島や隣接の女川町の様々な避難所へ入浴車(2)を派遣した。4～5月末の2カ月間で，民介協会員事業者24社，のべ196台の入浴車と778人のスタッフによって，1315人の人々へ入浴サービスが提供された。

真っ先に訪問入浴車を現地に入れた株式会社福祉の街および株式会社福祉の里は，阪神・淡路大震災，中越地震の際にも入浴支援をした経験から，テントや発電機，ポリタンクなどを持参し，あらゆる状況に対応し得る方法で支援を実施した。例えば，**表3-1**および**表3-2**にあるとおり，屋内に場所が確保できない女川体育館の避難所では，テニスコートの一角にテントを張って浴槽を設置した。牡鹿半島の給分浜地区では，被災を免れた民家が避難所となっていた。庭先にテントを張って浴槽を設置した。また，水道が復旧していない所で

表3－1　入浴支援先

支　援　先	概　　要
高齢者専用住宅　青葉（石巻市）	福祉避難所として入居者以外に被災要介護者を受け入れ。電気・水復旧。対象は，20人前後。
給分浜避難所（石巻市牡鹿半島）	牡鹿半島にある小さな集落。被災を免れた民家に被災者も身を寄せ生活。水道・電気普及しておらず，水・発電機を持参して入浴支援。対象は10人弱。
女川体育館（女川町）	一般住民の避難所。自衛隊が入浴支援実施。電気・水道復旧。対象は10人弱。
女川病院・女川老健	入院患者に加え，老健入所者を病院に移動し，老健に福祉避難所設置。在宅の虚弱・要介護者の受け入れ。電気・水道は復旧。対象は60人前後。
遊楽館（石巻市）	公設体育館。高齢者を含む家族向け避難所。電気水道復旧。

表3－2　入浴支援スケジュール

月曜日	高齢者専用住宅・青葉	遊楽館（第1・3週）
火曜日	給分浜避難所	遊楽館（第1・3週）
水曜日	女川体育館	遊楽館（第1・3週）
木曜日	女川病院・女川老健	遊楽館（第1・3週）
金曜日	女川病院・女川老健	遊楽館（第1・3週）
土曜日	女川病院・女川老健	遊楽館（第1・3週）
日曜日	高齢者専用住宅・青葉	遊楽館（第1・3週）

は，自衛隊の給水車からの給水やタンクで水場から水を運んで入浴を実施した。

（2）　福祉避難所となった施設への支援

支援拠点になったぱんぷきんの研修センターの2階には，ぱんぷきんのグループホームの利用者11人が避難していた。同社の運営する高専賃にも，福祉避難所として，入居者以外の要介護者が避難していた。職員も被災しており，避難所から通勤する人や転居等の理由で退職者もあり，心身に負担を抱えながら奮闘していた。

そこで，私たちは，グループホームや高専賃への支援を提案し，5月初旬より，1派遣チーム2週間を基本に，実施した。ぱんぷきんの職員の負担を少しでも軽減することに狙いがあった。そのことから，引継ぎはできるだけ支援スタッフ同士で行うこととし，通常の業務では相対することのない被災直後の難しい生活条件を抱える要介護高齢者に関する処遇情報の的確な整理・引継ぎの能力と経験知を，５～８月までの４カ月間に派遣された18人のスタッフは身につけることができた。

（3）　仮設住宅を中心とした在宅ケアとコミュニティ構築への支援

５月に入り，仮設住宅の具体的な建設地の確保が始まったタイミングで，仮設住宅におけるサポートセンター構想が国から示された。サポートセンターとは，高齢者等の安心した日常生活を支えるために仮設住宅に併設されるサポート拠点のことであり，機能としては，総合相談，訪問介護等の居宅サービス，地域交流サロンが基本となっていた。

ぱんぷきんの研修センター前の空き地も仮設住宅用に確保された。研修センター １階には福祉用具の店舗と研修用ホールが，２階には，ケアマネジャーと訪問介護事業，地域包括支援センターが仮事務所の形で職員を常駐し，すぐにでもサポートセンターとして機能する条件が備わっていた。近隣には，他の仮設住宅団地があり，牡鹿半島にあるデイサービス事業所の周辺にも多数の仮設住宅群があった。

サポートセンターの運営には，訪問介護サービスの人材，方法に実績のある事業者が関わるのが効果的であることと，私たちがすでに短時間巡回訪問介護サービスと地域住民互助のライフサポーターの育成支援を実施していたため，そのノウハウを現地に移転できると考え，**図３-１**および**図３-２**のような，ぱんぷきんとしてのサポート拠点のプロポーザルを設計した。

【主な目的と具体的なメニュー】

- 生活リズムを取り戻すための，訪問介護員による巡回見守りとケアサービス
- 重度化予防のための，訪問介護員による巡回見守りならびに交流サロン
- コミュニティづくりのための，交流サロンや住民主体の見守りボランティア

このプロポーザルは既存事業を活用したサポートセンター構想として宮城県，

図３－１　既存の事業所を活用したサポートセンターシステム案

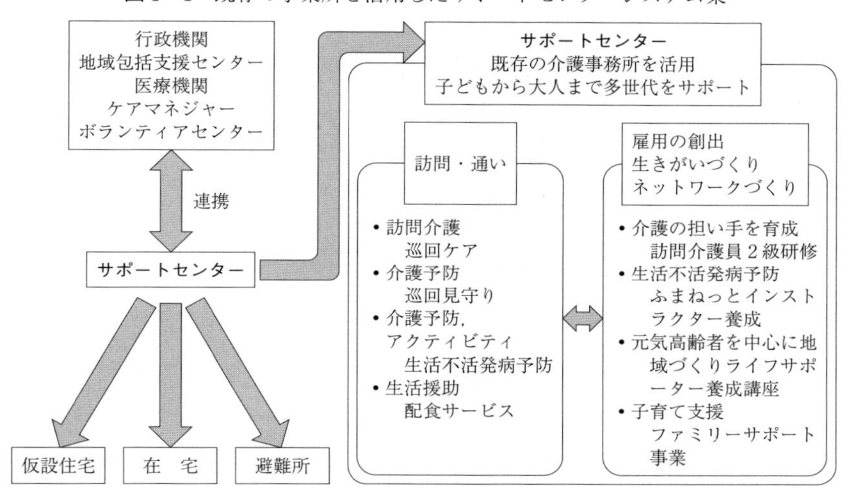

図３－２　ぱんぷきんサポートセンターのプロポーザル

【目的】

震災の被害が少なかった既存の建物を利用し，地域の中にサポートセンターをつくることにより子どもから大人・高齢者といった多世代にわたる地域住民のつながりを深める

【サポートセンターの主な機能】

１．訪問・通い

①訪問介護

少ない人材を活用。短時間の訪問も組み合わせた巡回訪問介護サービスにより在宅へケアを提供する

②介護予防

巡回見守りによりストレス・環境の変化による重度化の予防，早期発見・早期対応

③アクティビティ

「ふまねっと運動」など，子どもから高齢者まで身近な人々同士で体力づくり・健康づくりによる地域福祉活動

④生活援助

既存の施設で作られているお弁当を届けることで，食事を確保

２．雇用の創出・生きがいづくり・ネットワークづくり

①介護の担い手を育成

地域の求職者などを対象に，訪問介護員２級養成研修を実施し介護職を育成

②生活不活発予防・地域づくり

介護を必要としていない元気な高齢者やボランティア希望の若者など，地域にある力を発揮するためふまねっとインストラクター（体力・健康づくり）やライフサポーター（知識や経験を活かした互助サービス）を育成し，安心して住める地域づくりを目指す

３．相談援助業務

①地域包括支援センターなど各機関と連携し相談援助にあたる

表３－３「ふまねっと憲章」第２章　ふまねっと運動の目的

「ふまねっと憲章」
第２章　ふまねっと運動は,「持続可能な地域福祉社会の実現」のために, 次の各項目を目的として研究, 開発, 使用されるものとする。
2. 高齢者の社会的地位を向上し, 地域福祉活動を担う人材として養成する。
3. 過疎化が進む地域で住民主体による安全で継続的な健康づくり活動を支援する。
4. 住民, 親子, 世代間の交流を促進し, 社会の協力関係とコミュニティーの力を高める。
5. 高齢者, 障害者, 患者などの当事者が社会参加するための技術と機会を提供する。
6. 医療福祉関連施設職員の看護介護技術を高めて職務意欲を向上する。
7. 歩行機能の改善や転倒予防の効果を高めて高齢者の生活権益を拡大する。
8. 認知症の予防や認知機能の改善効果を高めて高齢者と家族の生活を支援する。

（出所） NPO 法人地域健康づくりワンツースリー HP より。

石巻市に提出されたが, 結局, 実現しなかった。しかし, 既存の知恵をもち寄って構想づくりに参加したことで, 改めて, 民間事業者の機動力を確認でき, 職員にも, 被災者の生活の自立支援という重い課題に対し, 効果ある知的創発の機会を提供することができた。

避難所や仮設住宅における介護予防とコミュニティ構築の方法として, もう１つの取組みを実施した。生活の不活発により下肢筋力等の低下が問題になっていた。これを予防・回復させ, 要介護者を増やさないことが重要であった。

民介協の会員事業者で札幌市に本社を置く株式会社シムスが,「ふまねっと」という運動プログラムを取り入れて, 要支援高齢者の健康づくりをしており, インストラクターを派遣してくれることになった。「ふまねっと運動」とは, NPO 法人地域健康づくり支援会ワンツースリー（北澤一利理事長, 以下, ワンツースリー）が普及促進している運動プログラムである（**表３－３**）。その最大の特徴は, 歩行機能の改善や転倒予防の実効を上げながら, 運動での交流を通してコミュニティ力を高めることにある。

参加者の中からインストラクターを育成し, 自主運動サークルのように継続していくことができる点は通所型介護予防事業と同じであるが, コミュニティ構築という要素が加わっている点で, 仮設住宅のサポート事業として適している。

ぱんぷきんは, 震災前から地域交流会を行ってきていた。６月26日, 発災後初の交流会「ふれあい会」を石巻市蛇田地区で再開させた。仮設住宅等に住む人たちに呼びかけ，二十数人が集まった。これ以後，10月まで，４カ所の仮設住宅へ定期的に出向き，12回のふれあい会を開催している。

日常生活機能は自立しているが社会参加の機会の乏しい高齢者の多くは，地縁・人縁がない環境において孤独感を深めている。ふれあい会は，これらの人々が，自分を表出する機会となる。「被災以来，初めて声を出して笑った」とか，「顔は見かけていたが，この会で初めて話ができた」との声が聞かれた。

その後，ぱんぷきんは，独自の復興の取組みを進めている女川町からサポートセンターの委託を受けた。ふまねっと運動を取り入れた交流会を定期的に行い，参加者をボランティア活動へとつなげることで，住民による支えあい活動へと発展している。

（４）　仮設住宅等への巡回ケア支援

６月に入り，避難所から仮設住宅への移行が始まった。それに合わせて，仮設住宅の高齢者向けに短時間巡回訪問介護サービスを開始した。最初に牡鹿半島で，次いで石巻市街において，ぱんぷきんのスタッフと共にニーズを掘り起こした。導入時は，新生メディカルのサービス提供責任者クラスのベテラン職員がサービス提供を行い，その後，ぱんぷきんの職員へと引き継ぐことで，サービス提供方法を現地化することができた。

牡鹿半島は，主要なアクセス道路の寸断で孤立状態となり，点在する小さな集落の多くは津波により壊滅状態であった。その牡鹿半島でサービスを提供する介護事業者は，民間のぱんぷきんのみであった。保健センター清優館内に併設されたデイサービスセンターの運営も，ぱんぷきんが市から委託を受けていた。この地域は，ぱんぷきんの介護サービスがほぼ唯一の資源であることから，仮設住宅等への在宅ケアを支援することは取り分けても重要であった。地元のケアマネジャーに，避難所または仮設住宅や自宅において，訪問での見守りや介護の必要な対象者をリストアップしてもらった。支援スタッフのケアマネジャーとヘルパーが，実際に訪問してアセスメントを行い，適切なサービスを開始した。

ここでは，在宅の重度高齢者の多くは，津波の犠牲となって亡くなるか，津波を免れた場合でも自宅に居続けることができず入院や入所していた。そのため，今回の支援の対象は，要支援を中心とする軽度の高齢者であった。通常であれば，毎日の訪問支援が必要な人々ではない。しかし，被災により著しく環境の変わった状況下の高齢者にとって，毎日の定時の巡回訪問は，不安を解消し，生活のリズムを維持する効果があった。不安の解消は，新しい環境に適応して自立生活ができる自信につながり，生活リズムの維持は，健康を維持することにつながる。

牡鹿半島の仮設住宅で高齢者の多くが戸惑ったことは，新しく設置されたテレビやポット，電子レンジ等の新しい家電の使い方がわからないことであった。風呂の給湯方法がわからず，何日も入浴できずにいた人もいた。また，うつ病の既往症がある一人暮らしの女性（88歳・要支援１）の例では，仮設住宅に閉じこもりがちであった。担当となったホームヘルパーは毎日一緒に散歩することとにし，間もなく，同じ仮設住宅にいる知人も誘うことで，やがてヘルパーの同行なしで友人と散歩するようになった。制度定型的な介護サービス行為に囚われることなく，ニーズの本質をみつけ，本人の力を見極め，友人という環境資源とつなぐことで，支援なしにお互いの支え合いへと導くことができた事例である。

仮設住宅では，孤独と不安に陥る高齢者が数多くみられた。プライバシーはなかったが，人々の動きが見え多くの情報を居ながらにして得られた避難所生活とは打って変わった生活環境に置かれたからである。短い時間でも毎日必ずヘルパーが訪問することで，些細なことでも話すことができ，不安は緩和されていった。要支援等の軽度の高齢者の場合には，環境の変化に適応するまでの初期の支援が特に重要である。

８月に入り，訪問も定着してきた頃，茨城県の社会福祉法人北養会が，体制を整え支援の手を挙げてくれた。牡鹿半島の巡回訪問は，北養会に引き継いで９月まで支援を継続した後，10月からはぱんぷきんの職員に全面的に引き継がれた。16人の高齢者が巡回訪問で支援されたのである。

同月からは，石巻市街でも支援を開始し，仮設や自宅，高専賃に居住する11人の高齢者に短時間巡回訪問介護サービスを提供した。2011年度には「24時間

表3－4　巡回訪問で支援した利用者の内訳

（単位：人）

	自　立	要支援1	要支援2	要介護1	要介護2	要介護3	要介護4	要介護5
牡　鹿	1	5	2	2	1	5	0	0
石巻市街	0	0	0	1	1	3	4	2

対応の定期巡回・随時対応サービス」のモデル事業の追加募集が出た。石巻市は，市内での同モデル事業の実施を決めた。市内の事業者への公募の結果，2011年11月よりぱんぷきんを含む2事業者が委託を受け，実施することとなった。

10月には，同社の職員へ引き継ぎ，11月からは，ぱんぷきんがモデル事業でのサービスへと展開させることになった。

3　被災地の介護支援において求められる能力

施設介護においては，仕事は一緒に働く職員とのチームワークであり，在宅ケアにおいては，利用者，家族や各サービス機関と顔の見える信頼関係を築くことが大切である。また介護支援は，利用者の顔と名前，身体の状態を把握し，ケアがスムーズにできるまでに時間を要する。現地の地理などを把握する必要もある。

このことから，在宅での支援においては，メンバーを6人に固定してローテーションで実施した。現地の地理や利用者との関係を継続させるためと，新たなヘルパーが来るたびに，利用者が震災時の話から始まることで悲しみが繰り返されるのを避け，日常のこと，そして今日より明日の話が話題になるようにするためでもある。私たちの役割は，ケアを通して利用者に日常を取り戻す手伝いをすることである。心の深い傷に対してじっくり聞くことが必要な人には，傾聴ボランティア等につなげることが大切である。

人選については，現地の介護ニーズを把握する段階およびその後の新たなサービス形態の導入を伴う在宅ケアの構築の段階には，マネジメントができる管理者を派遣した。管理者が道筋をつけ，続いて職員がそれを引き継いで支援を継続させた。当該管理者が，その後も中心となって次々に派遣される職員と報告や検討を繰り返していく体制をとった。できるだけ自立的に，判断を早くすることを重視したからである。

介護においては，相手の悩みや不安を聞き取りながらニーズの本質を把握し，本人の能力をアセスメントする力が求められる。そして何よりケアを受け入れてもらえる信頼関係を構築する力が必要である。このことは，共にケアにあたる現地職員との間でもいえることである。目標を共有し，協働する相手の状況を理解すること，そして相手のやり方を尊重しながら柔軟に対応するという力が求められる。協働とチームワークの力である。

これらは，対人援助職の重要な資質・能力であり，日ごろの業務でも求められることである。日ごろできていれば，非常時においても力を発揮できる。

4　平時からの取組みが緊急時に生きる

日ごろ行っていないことは，大規模災害などの緊急時にもできない。私たちの提案も，ぱんぷきんの渡邊常務が，新生メディカルの短時間巡回訪問介護サービスの事例発表を聞いたことがあり，関心をもっていたからこそ受け入れられた。また，被災により疲弊した状況でも，地域に必要とされるサービスは積極的に取り入れるというぱんぷきんの職員の平素からの姿勢があったからこそ，新たなサービス導入へ挑戦することができた。

石巻市で「24時間対応の定期巡回・随時対応サービス」の実施が決まり，サービスの引き継ぎをしていたとき，現地の職員から次の言葉が出た。「私たちは震災という辛い経験をした。しかし，震災があったから石巻市が巡回サービスを支援してくれた。よい社会サービスが地域にできた」と。民間の介護事業所の職員であっても，平時からそのような意識で，介護サービスに携わっていることがうかがえる一言だと印象深い。

今回，支援を受ける側は，自分たちの地域のために，支援側は被災した地域のために，その双方が「その地域のために」という一致した目標に向かうことで，支援し，支援される関係ではなく，チームとして協働ができたのだと思う。そして，その地域のために，自分たちにそれぞれできることがある，という有用感が，双方の力となっていたように思われる。

このことは，一般に地域包括ケアのシステム化を考える上で要点となろう。地域において，いくつかの地区が分かれていれば，資源もニーズもそれぞれ違ってくる。それぞれの地区内で事業者や各機関同士が顔の見える関係を築き，平時から何かに取り組み協働する関係ができあがっていれば，その地区ごとに平時のチームワークで動くことができる。そしてその地区に必要な支援やシステムも明確になりやすいのではないか。非常時において，行政がすべての地区に平等に支援を行き渡らせることは至難の業である。行政に依存するのではなく，行政と協働する自立した地域づくり，それが今求められている地域包括ケアではないだろうか。何より平時に培われた官民を問わない多機関の連携力が，非常時への対応をふくめ，地域づくりの大きな力になると確信する。

注

(1)　株式会社新生メディカルは，岐阜県下で訪問介護を中心に居宅サービスを展開する事業者である。また，系列法人に，特別養護老人ホーム等の施設系サービスを中心に展開する社会福祉法人新生会がある。「新生グループ」とは，株式会社新生メディカルと社会福祉法人新生会からなる。

(2)　訪問入浴車は，浴槽を積み，タンクに水を溜めてボイラーでお湯を沸かすことのできる設備を備えた車である。寝たきりの高齢者などの自宅へ訪問し，ベッドの横に浴槽を設置し，湯を張って入浴を実施するのが，訪問入浴サービスである。通常，看護師，介護員，そして湯の温度や給排水の管理も担当するオペレーターの３人がチームになって実施する。

第4章
災害緊急時広域介護支援ネットワークの萌芽

田中知宏

1 東日本大震災における介護現場の混乱

2011年3月11日に発生した東日本大震災の特徴の1つは，被災範囲の広さにある。三陸沿岸部を中心に，隣接する自治体が同時にその行政機能の多くを喪失し，道路や港湾を含む様々なインフラストラクチャーが被害を受けた。結果として，（大阪府などの）隣接自治体からの人的・物的な支援が可能であった阪神・淡路大震災などと比較し，被災地外部から支援が届くまでに時間を要することとなった。

また，介護事業所も大きな被害を受け，施設系，在宅系共に多くの事業所で人的・物的被害が生じ，併せて，行政によるサポートが難しい中でサービス提供の現場に極めて大きな混乱が発生した。浜銀総合研究所（2013）によれば，3月11日の東日本大震災発生時，7割近い介護職員が勤務中または勤務先への移動中に地震や津波に遭遇しており，6割近い職員が，長時間・連続勤務や少人数対応など心身の負担が大きい状況でケアを提供していた（**図4-1**，**図4-2**）。こうした緊急時対応は数日間から，長いケースでは数カ月にわたっており，現場はギリギリの状況で何とか踏みとどまりケアを提供していたといえよう。

筆者らが実施したヒアリングでは，津波被害に遭った事業所で濁流の中に飛び込んで利用者を救助したり，利用者が水に浸からないようにテーブルの上に避難させ，自身は腰まで水に浸かりながら朝を迎えるなどといった，過酷な状況の体験談が多く聞かれた。

こうした個々の介護事業者あるいは職員の混乱が，被災地における一時的な

図４－１　発災時の介護従業者の状況

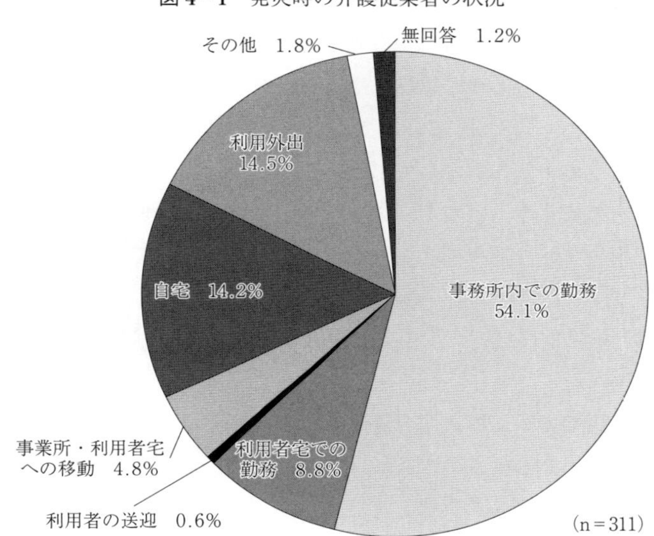

（出所）浜銀総合研究所（2013）23頁，図表Ⅱ-29より引用。

図４－２　発災後約１週間の介護従業者の業務内容

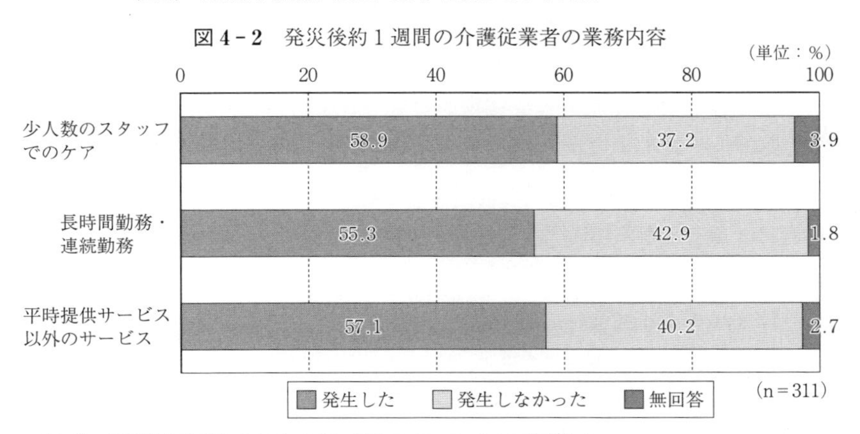

（出所）浜銀総合研究所（2013）14頁，図表Ⅱ-11～Ⅱ-13より筆者作成。

介護力の低下につながった点は否定できず，医療と介護との連携や在宅の要介護者を対象とする安否確認，（比較的支援体制の整った避難所ではなく）自宅に残った要介護者への支援などの面で課題が生じたことも明らかになっている。

本来であれば大規模災害などにおける急激な介護力の低下に際し，例えば医療分野での DMAT（災害緊急医療チーム）のような形で被災地外部からケアの専門家を派遣して対応することが有効と考えられる。しかし東日本大震災では，介護現場に対して継続的かつ組織的な支援が行われたケースはそれほど多くはみられなかった。

本章では，その中にあっても外部から組織的な介護支援が行われ，介護現場の復旧に一定の成果を上げたケースを取り上げ，当該事例の活動内容を踏まえながら大規模災害時の連携の必要性とそのあり方について検討を行いたい。

2　介護現場に対する介護事業者団体および専門職団体による支援[(1)]

東日本大震災では多くの民間介護事業者が被災したが，その中でも最大規模の被害を受けた事業者の１つが宮城県の石巻・東松島・女川地域において在宅介護・生活支援サービスを提供してきた「ぱんぷきん株式会社」（以下，同社）である。本節では，事業継続が危ぶまれるほどの被災をこうむった同社が，発災後の地域における在宅介護・生活支援サービスの継続に向け，一般社団法人『民間事業者の質を高める』全国介護事業者協議会（以下，民介協）および特定非営利活動法人神奈川県介護支援専門員協会（以下，神奈川県ケアマネ協会）との間で展開した連携の取組みを，今後の広域介護支援ネットワークのあり方を考える好事例として取り上げたい。なお，第３章と同一の事例であるため，記述内容に一部重複があることをご了解願いたい。

（1）　ぱんぷきん株式会社の被災状況

同社は，宮城県石巻市および東松島市，女川町において在宅介護サービスを中心に配食事業やタクシー事業を展開する民間企業である。震災当時は２市１町において訪問介護や通所介護，グループホームなどの事業を手掛け，石巻市からの委託で地域包括支援センターの運営も行うなど，介護事業所のみで同地域内に11カ所の拠点を有していた。石巻市の渡波地区や牡鹿半島など海岸線から近いエリアにも複数の事業所が立地しており，震災においては同社の11の事業所のうち６つの事業所が津波により被災，事業所の施設が使用不可能になると共に，職員と利用者を合わせて21人の貴重な人命が失われた。

同社幹部は，すぐさま，津波被害を受けていない施設への被災した利用者や職員の収容，各事業所の利用者や職員の安否確認などを行うが，被害のあまりの大きさに目の前の対応に追われることとなった。そのため，地域に支援を求めている高齢者が多数存在していることは認識していたものの，物資もマンパワーも不足しており，同社の利用者以外のケアにまで手が回らない状態であった。

こうした状況下で，まず民介協から，つづいて神奈川県ケアマネ協会から支援の打診が入る。

（2）　被災地に対する外部からの支援の状況

①民介協による支援

民介協では，東北地方の会員事業者に多くの被害が発生した。専務理事の扇田守氏を中心に，会員事業者の安否確認を行うと共に，3月17日には震災対応理事会を開催し，被災地支援について検討を始めた。

発災から12日が経過した3月23日に最も被害の大きかったぱんぷきんと連絡が取れ，同社から民介協へ避難所に対する入浴支援の要請が入る。だが現地では電気や水道が復旧しておらず，ガソリンの入手も困難であったため，即座の対応はできない状況にあった。そこで理事会では，電気や水道等の復旧後，速やかに現地に支援に入ることを確認する。

震災から約2週間が経過した3月28日，ようやく現地での電気や水の確保が可能となり，石巻市等での入浴支援を行うべく，会員各社に人員や物資，車両提供などの協力依頼を開始する[(2)]。4月1日には，支援の第一陣として会員事業者の介護スタッフと訪問入浴車3台を現地に派遣。被害の少なかった同社の研修センターに滞在拠点（支援基地）を開設し，支援を開始した。

入浴支援の実施にあたっては，第一陣として現地に入った株式会社福祉の街（埼玉県東松山市）が，過去の阪神・淡路大震災や新潟中越地震のときの災害支援の経験を活かし，支援基地の開設など現地における支援体制の立ち上げを行った。また，その後，同社は民介協の支援が終了するまで支援側の取りまとめ役として，事務局と共に支援の申し出のあった会員各社と派遣する入浴車の台数やスタッフの人数の調整を行う役割を担うこととなった（なお，現地では，ぱんぷきんの渡邊智仁常務（現社長）が，支援先となる避難所等と支援チームとの間の調整役を担当した）。

入浴支援の対象となったのは女川町や石巻市の避難所や高齢者施設等であり，それらの施設を入浴車で訪問し，入浴支援を行った。例えば女川町で最大の避難所となった同町の総合体育館では，隣接するテニスコートにテントを張って入浴所を設営し，入浴する人を体育館から車椅子で移動させて支援を提供した。また，支援に入った地区の中には水道や電気が復旧していないところもあり，そうしたエリアでは支援スタッフがポリタンクで水を運んだり，発電機を持ち込むなど，現地の状況に対応しながら支援活動を行った。

以後，５月31日まで，会員事業者が交代で入浴車とスタッフを現地に派遣し，入浴支援を継続。最終的に２カ月にわたり活動を展開し，会員事業者24社の協力により，のべ196台の入浴車と778人のスタッフを現地に派遣し，1315人に入浴支援を提供することとなる。

また，４月以降は訪問介護事業者からの支援も入り，入浴支援と併せて介護支援を実施。入浴支援が終了した６月以降も，会員事業者である株式会社新生メディカル（岐阜県岐阜市）が現地にスタッフを派遣し，土砂の崩落により道路が寸断される恐れがあり，そのために行政等による支援に遅れがみられた石巻市の牡鹿半島を中心に見守りなどの介護支援を11月まで継続した（詳しくは第３章参照）。

併せて，３月20日に株式会社ジャパンケアサービス（東京都）が支援物資を同社へ搬入したのを皮切りに，支援物資の搬送も実施。会員各社からの支援物資を民介協が集約してぱんぷきんへ届け，同社から物資が不足している避難所や在宅の要介護者へと支給を行う動きもみられた（**表４-１**）。

②神奈川県介護支援専門員協会による支援

神奈川県内のケアマネジャーの専門職団体である神奈川県ケアマネ協会の支援活動は，震災約１カ月後の４月15日から始まった。

同協会では当初，独自に１週間ほど石巻市の湊地区に入り，現地の被災状況

表4-1　民介協による支援の流れ

日　時	支援の流れ
2011年 3月11日	【地震発生】 • 東北地区の会員各社の安否確認を実施（電話，メール）
3月17日	• 震災対応理事会開催（会員各社の被災状況報告と被災地支援について）
3月20日	• ㈱ジャパンケアサービスが，自社事業所向けに用意していた支援物資をぱんぷきん㈱（宮城県石巻市）へ搬入
3月23日	• ぱんぷきん㈱から避難所への入浴支援要請
3月24日	• 震災対応理事会開催（現地の受入体制が整い次第支援を開始することを確認）
3月25日	• ㈱福祉のひろばが，会員企業からの支援物資をとりまとめ，ぱんぷきん㈱へ搬入
3月27日	• ㈱福祉の里の社員が，ぱんぷきん㈱のグループホーム，高齢者専用賃貸住宅の利用者に対する介護支援を実施（～3月31日）
3月28日	• 避難所の水道・電気が復旧したとの連絡が入り4月1日より入浴支援の実施を決定
4月1日	• ㈱福祉の街　安藤会長が現地を訪問し，ぱんぷきん㈱の研修施設を支援基地（支援スタッフの滞在施設）にすると共に，避難所となっている女川町総合体育館（女川町）を訪問し現地状況を把握，担当者打合せを実施 • 高専賃ウェルハイツ青葉（石巻市）において入浴支援を実施（以後，同施設において5月31日までに計17回，190人に支援を提供） • ㈱福祉の街が，支援物資をぱんぷきん㈱へ搬入
4月2日	• 女川町総合体育館（女川町）において入浴支援を実施（入浴支援第一陣）（以後，同施設において5月31日までに計10回，50人に支援を提供） • ㈱福祉のひろばが，会員企業からの支援物資をとりまとめ，ぱんぷきん㈱へ搬入
4月3日	• 女川町福祉避難所（女川町）において入浴支援を実施（以後，同施設において5月31日までに計27回，560人に支援を提供）
4月4日	• ㈲ノバネットワークスが，津波で車両の流失したぱんぷきん㈱に対して軽自動車を寄贈
4月6日	• ㈱福祉のひろばが，会員企業からの支援物資をとりまとめ，ぱんぷきん㈱へ搬入
4月7日	• ㈱虹の街が，支援物資をぱんぷきん㈱へ搬入
4月8日	• グループホームねむの木（石巻市）において入浴支援を実施（以後，同施設において5月31日までに計7回，33人に支援を提供）・デイサービスさくら（石巻市）において入浴支援を実施（以後，同施設において5月31日までに計2回，13人に支援を提供）
4月12日	• 女川勤労センター（女川町）において入浴支援を実施（4人）・女川第3小学校（女川町）において入浴支援を実施（3人）
4月13日	• 石巻市蛇田公民館（石巻市）において入浴支援を実施（以後，同施設において5月31日までに計4回，55人に支援を提供）
4月17日	• 民介協　佐藤副理事長，扇田専務理事が，ぱんぷきん㈱を訪問（御見舞，現地活動費を渡す） • ㈱日本医療事務センター（現㈱ソラスト）が，支援物資をぱんぷきん㈱へ搬入
4月18日	• ㈱福祉の街が，支援物資をぱんぷきん㈱へ搬入
4月20日	• 牡鹿給分浜避難所（女川町）において入浴支援を実施（以後，同施設において5月31日までに計6回，29人に支援を提供） • 女川保福寺（女川町）において入浴支援を実施（1人）
4月26日	• ㈱やまねメディカルより支援物資をぱんぷきん㈱へ搬入
4月27日	• 牡鹿デイサービスセンター（石巻市）において入浴支援を実施（8人）
4月30日	• 民介協　馬袋理事長が，ぱんぷきん㈱を訪問（今後の活動の打合せ，支援基地の激励）
5月2日	• 石巻市避難所遊楽館（石巻市）において入浴支援を実施（以後，同施設において5月31日までに計23回，357人に支援を提供）
5月14日	• ㈱ひまわりの会が，支援物資をぱんぷきん㈱へ搬入
5月31日	• 61日間にわたる入浴支援を終了，㈱福祉の街　安藤会長が支援基地を訪問し撤収（4月1日～5月31日の間に会員企業24社が，のべ196台の入浴車と778名のスタッフを派遣し，1315人に対して支援を提供）
6月1日～	• ㈱新生メディカルが，ぱんぷきん㈱の施設を中心に介護支援を継続（～11月）

（出所）　民介協（2013）11頁の表を一部修正。なお，役職は支援当時のものである。

の把握と高齢者に対する支援を実施した。第一陣の支援を終える際に，同協会の阿部充宏理事長（当時）がぱんぷきんの渡邊常務から女川町でボランティアの不足が生じていることを聞き，４月末より女川町へのボランティア派遣を開始する。

同協会による「かながわケアマネ隊」の活動は２泊３日を原則とし，少人数であっても支援の流れを途切れさせないことを最大の目標に掲げ，「数珠つなぎ」の支援を実施した。具体的には，ボランティアが４人１組となって神奈川県内からレンタカーを借りて現地に入り，戻ってきたボランティアが次に現地に赴くボランティアに対して状況の報告を行い，現地の状況を理解した上で支援に行くという形を取った。

「ケアマネ隊」の女川町におけるボランティア活動は，現地の高齢者の実態調査からスタートした。地震発生からまだ間もなかったこともあり，当時はだれがどこにいるのかもわからない状況であった。そこで，地域包括支援センターのスタッフと一緒に現状把握のための調査票をつくることから始め，半壊している自宅に住み続けている人や仮設住宅入居者の状況把握に向けた調査を実施する。

また，現地で目の前の業務に忙殺されている行政職員や地域包括支援センターのスタッフ，現地の介護事業者に負担をかけないよう，先方から頼まれたことは何でも対応し，具体的な支援の要請がない場合には，（何か仕事はありませんかと尋ねるのではなく）自分たちができることを相手に提案することにした。

同協会による支援活動は，2011年12月まで約８カ月間行われ，リピーターを含め100人を超えるボランティアを継続して送り出した。その後，支援の第二フェイズとして女川町における介護人材不足と町民の雇用機会の拡大を目指し，ぱんぷきんを仲介役として2013年１月より女川町の社会福祉協議会と連携してヘルパー養成講座をスタートさせた。

現在も同協会と同社あるいは石巻市や女川町との関係は継続しており，例年「ケアマネ隊」に参加したメンバー等がツアーを組んで被災地を訪れ，災害時の介護支援に関する研修などを実施している。

（3）　支援活動の成果

被災直後のぱんぷきんは，同社の利用者に対する安否確認やサービスの再開に向けた業務によりオーバーフローの状態であり，地域の高齢者や同社と関わりのなかった要介護者に対する支援にまで手が回らない状況にあった。

また，自治体や社会福祉協議会も同様に被災をしていたため，すべての地域，すべての被災者に対して十分に支援が行き届かず，特に職員規模が比較的小さく，町域の８割が津波に飲み込まれた女川町で行政の機能不全は深刻であった。

こうした状況において，民介協や神奈川県ケアマネ協会による活動は，地元事業者や行政のマンパワー不足を補い，支援が行き届かない高齢者の生活の質（QOL）の改善に対して貢献したものと考えられる。

3　求められる災害緊急時広域介護支援ネットワーク[(3)]

ぱんぷきんと民介協，神奈川県ケアマネ協会の支援事例については，各者の間で災害時にどのような支援を行うかあらかじめ取り決めがあったわけではない。緊急時に創発的に生じた連携の取組みであり，当事者間においても成果が上がったポイントについて明確に形式知化が進められているわけではない。

しかしながら，本章で取り上げた事例については，緊急時の介護支援の方向性を検討する上で，いくつかの手がかりが示されているものと考えられ（**表4-2**），特に広域連携，コーディネート機能，役割分担・役割規定の柔軟化という３点が重要と推察される。以下，これらの３点について考察を行い本章のまとめとしたい。

（1）広域連携ネットワークと平時からの顔の見える関係の構築

①既存の事業者・専門職団体のもつネットワーク力の活用

東日本大震災のような被災範囲が極めて広域に及ぶような災害においては，隣接する自治体が同時に被災してしまい，当該地域に立地する事業所間での支援ネットワークは有効に作用しない可能性が高い。そこで，日本全国を対象とするような広域支援ネットワークを構築し，例えば東北地方のような広いエリ

表4－2　支援事例からの発見事実

発見事実	内　　容
①連携の創発性	•事前の災害時相互支援協定の締結などがみられず，支援に向けた連携が自然発生的に生じた。
②支援主体の地理的な広がり・広域性	•東北地方の太平洋岸の自治体が軒並み被災するような大規模災害において，支援の担い手が被災地に隣接する自治体ではなく，埼玉県や神奈川県，岐阜県など被災地から離れた地域に立地していた。
③顔の見える関係を基盤とした支援の実施	•民介協からの支援，神奈川県ケアマネ協会による女川町でのヘルパー養成講座など，キーパーソン間で顔の見える関係が構築されており，当該関係をベースとして支援が展開された。
④支援側・受入れ側双方におけるコーディネーターの存在	•支援側・支援の受入れ側双方において，民介協の安藤氏や扇田氏，神奈川県ケアマネ協会の阿部氏，ぱんぷきんの渡邊常務など情報や人員，物資の取りまとめ役となるコーディネーターが存在していた点も支援を円滑に進めるために有効に作用した。
⑤公的主体と民間事業者との間の役割分担の柔軟化	•すべての地域における支援を自治体や社会福祉協議会等の公的な主体が担うのではなく，民間介護事業者との役割分担を行い，限られた資源の有効活用が行われた。

（出所）　筆者作成。

アが被災した場合であっても，西日本から支援を繰り出す体制を整備しておくことが必要となる。実際に民介協や神奈川県ケアマネ協会の支援事例によれば，支援の主体が埼玉県や神奈川県，岐阜県など南関東から中部地方まで日本全国に及んでいた。

こうした全国規模のネットワークを事業者が個々の力で構築することは困難な面があるが，例えば，事業者団体や専門職団体等に所属することにより，ある程度の広域のネットワークを構築することが可能になると考えられる。

②平時からの団体内での「顔の見える関係」の構築

また，ぱんぷきんと民介協（入浴支援），あるいは同社と神奈川県ケアマネ協会（女川町でのヘルパー養成講座）との連携が効果的に進んだ理由の１つとして，双方のキーパーソンが個人的な「顔の見える関係」を構築していたことが挙げられる。そのため，事業者団体等への加入のみならず，当該団体の研修や会合などに積極的に参加することにより，平時から団体のメンバーと「顔の見える関係」を構築しておくことが重要になる[(4)]。

③各団体の災害対応力強化に向けた行政の支援

なお，行政においては事業者団体や専門職団体を災害時の介護支援の担い手と認識し，団体横断的な情報共有・連携機会の開催や災害時対応機能の強化に向けた支援，災害時介護支援人材の育成などに向けた支援など，各団体の活動を側面からサポートする取組みが必要になると考えられる。

（2）　支援側・支援受入れ側双方におけるコーディネート機能の重要性

東日本大震災では，行政や社会福祉協議会など公的な主体による物資やボランティアなどの需給調整が，一部でうまく機能しなかったといわれている。支援ニーズは日々変化し，また，地域ごとにニーズは異なると考えられるが，そのニーズを集約して，効果的な資源配分につなげることができなかったため，同じ物資でありながらも，一部では供給過剰が生じ，他所では大幅な不足が発生するといったアンバランスな状況が発生した。

また，指定の避難所や特別養護老人ホームなどの施設には支援物資やボランティアの手が届く一方で，指定外の場所に避難していたり，自宅に残った要介護者に対しては支援が届かず，個々の事業者のヘルパーが避難所で支援物資を受け取り，利用者の自宅まで届けにいくようなケースもあったとされる。こうした支援物資やボランティアの問題が生じた原因の１つは，被災地と外部とのヒトやモノの流れを一元的に把握し，調整するコーディネーターの不在にあったと考えられる。

筆者らが被災地において実施したヒアリングによれば，様々なチャネルを通じて様々な個人・団体から支援の打診があることで，逆に支援の受入れ側が混乱し，ボランティアなどの受入れ調整のために大きな労力を割かなければならないような状況が生じたとの意見が聞かれた。

反面，本章で取り上げた事例においては，支援側（民介協の本部ならびに各支援参加事業者，神奈川県ケアマネ協会），支援の受入れ側（ぱんぷきん）のいずれにもコーディネーターとなるキーパーソンがおり，支援意向および支援ニーズの取りまとめとマッチングを行っていた。両支援事例を踏まえれば，支援側と支援の受入れ側双方においてヒト・モノ・情報を調整するコーディネーターが存在することが，効果的な支援を行うために重要と考えられる。

（３）　公的主体と民間事業者との間の役割分担の柔軟化

①災害時の行政と民間との役割分担の柔軟化

被災自治体においては，地域内の被害の全体像を把握することや目の前に殺到する住民への対応に忙殺され，自宅や避難所で生活する要介護者の支援ニーズの把握やケアの提供にまで十分に手が回らないと考えられる。被災した自治体に対するヒアリングによれば，津波で押し流されてきた瓦礫などのために庁舎の入り口がふさがれ，発災から数日間は庁舎外に出ることもできなかったとの話も聞かれた（岩手県釜石市の事例）。

今回の事例で取り上げた石巻市や女川町においても，被災直後の状況は釜石市等と大差ないものと考えられるが，行政がそのように混乱している状況下で，ぱんぷきんや民介協などは，「支援を実施できる組織・団体が支援を行う」という視点に立ち，組織的かつ継続的な支援を行い，一定の成果を上げた。

災害などの緊急時においては，行政と民間介護事業者との役割分担を柔軟化することで，行政の負担が軽減され，災害時行政の効率的なオペレーションと要介護者への支援の円滑化が実現できる可能性がある。そこで，事業者と行政との連携や役割分担のあり方について改めて検討を行うことも重要である。

②平時からの情報共有のあり方の検討

大規模災害時に介護サービスを提供するにあたり，災害時要援護者の医療・福祉情報や避難者リストなど，情報共有の難しさが支援の障害になるとの意見がみられた。いざというときに効果的な役割分担あるいは役割規定の柔軟化を進めていくためには，災害時の個人情報の取扱いや情報共有の方法論など，平時より行政と事業者が協議を進めておく必要があると考えられる。

注

(1)　本節および次節の内容は，2012（平成24）年度に民介協が実施し，筆者も委員として参画した厚生労働省 平成24年度老人保健健康増進等事業の成果物である『3.11を忘れない！ 東日本大震災の教訓を生かす～災害時の介護事業者必携マニュアル』（座長：東北福祉大学 小笠原浩一教授）の内容に多くを負っている。

(2) 民介協本体の支援が入る前に，会員事業者である㈱福祉の里（愛知県）が独自に支援チームを派遣している。

(3) 本節の内容を作成するにあたり，民介協 佐藤優治氏，同 馬袋秀男氏，同 扇田守氏，ぱんぷきん㈱ 渡邊智仁氏，年友企画㈱ 赤堀進氏，同 迫田三佳氏および筆者の所属する㈱浜銀総合研究所の同僚から貴重な助言をいただいた。ここに記して感謝したい。なお，本章においてありうべき誤謬は，すべて筆者に帰する。

(4) 民介協（2013）のアンケート結果によれば，東日本大震災において支援側，支援を受ける側双方で「どこに支援の打診，依頼を行えばよいか分からなかった」との意見がみられた。こうした問題が生じた背景には，支援側と支援の受入れ側との間で「顔の見える関係」ができていなかったこと，また，コーディネーターが不在であったことが要因として考えられる。

参考文献

民介協（2013）厚生労働省　平成24年度老人保健健康増進等事業 報告書『3.11を忘れない！ 東日本大震災の教訓を生かす～災害時の介護事業者必携マニュアル』，一般社団法人『民間事業者の質を高める』全国介護事業者協議会。

浜銀総合研究所（2013）厚生労働省　平成24年度老人保健健康増進等事業 報告書『東日本大震災被災地における介護従事者の就業意識等に関する調査研究 調査実施報告書』株式会社浜銀総合研究所。

第5章
民間プロポーザルによる仮設住宅サポート拠点

馬袋秀男

1　釜石市平田地区仮設住宅サポート拠点運営受託における取組み

（1）　サポート事業への取組みの経過

①「生かされている」使命をもって

筆者が2011年３月震災当時代表取締役であった株式会社ジャパンケアサービスは，東北本部において青森を除く東北５県で訪問介護を中心とした介護サービスを展開していた。東日本大震災では私たちの事業所も大きな被害を受けたわけだが，幸いなことに地震発生から10日後には東北本部に在籍する職員833名全員の無事が確認された。私たちは，この「生かされている」という使命をもって，専門分野である「介護」で地域に貢献したいとの思いを強くもったのである。この思いが本章で述べる取組みの出発点といえる。本章では，災害復興において民間営利法人が果たしてきた公共的役割を述べることで，地域包括ケアにおける民間の可能性を，事業経営の視点から展望してみたい。

発災後，宮城県，岩手県，福島県の３県，および仙台市，釜石市など，仮設住宅でのサポート拠点の開設を検討している自治体に対し，筆者らは支援の意向を示し，具体的な提案を精力的に訴えて回った。しかし，ほとんどの自治体では，社会福祉協議会や地元の社会福祉法人などの従来からの非営利団体を中心に考えており，株式会社という民間事業への委託は検討されていなかったのである。

その中で唯一，サポート拠点の公募があったのが釜石市であった。これもプロポーザルの機会を与えてほしいと提案した結果であると考えている。釜石市平田（へいた）地区高齢者等サポート拠点設置運営事業委託業務のプロポーザルにおける

表5-1　釜石平田地区サポートセンターの概要

名　　称：釜石平田地区サポートセンター
開設場所：釜石市大字平田第5地割84-5（釜石市平田総合公園内）
開 設 日：2011年8月10日
機　　能：総合相談（LSA等），安心つながるコール，介護保険事業（通所介護〔デイサービス〕，訪問介護，訪問看護，居宅介護支援事業），生活支援活動（生活利便），介護予防教室，地域交流，診療機能

図5-1　釜石平田地区仮設住宅とサポートセンターの配置

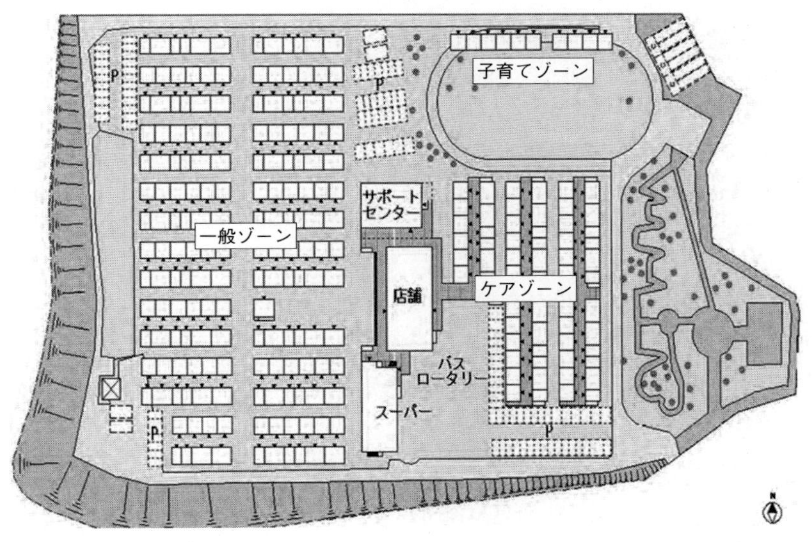

平田第6仮設住宅数　236戸
　一般ゾーン166戸／ケアゾーン60戸／子育てゾーン10戸

私たちの提案した内容・コンセプトは高い評価を受けて，受託することとなった。こうして，2011年8月10日から事業を開始することになったのである（**表5-1**，**図5-1**）。

②「24時間明りがあること」24時間365日つながるサービスへ

プロポーザルにおいて提出したサポート事業のコンセプトは，「つなぐ・つながる」である。仮設住宅で想定される課題としては，次の4点を挙げた。

1）多くの被災者が社会から孤立し，心身共に衰弱してしまう。

2）介護が必要な高齢者が増加し，引きこもりで外出が困難になる。

図5－2　平田地区サポートセンターへの参加／提案申込サポート事業のコンセプト

■仮設住宅で想定される課題
①多くの被災者が社会から孤立し，心身共に衰弱してしまう。
②介護が必要な高齢者が増加し，引きこもりで外出が困難になる。
③地域住民同士の関係が希薄になり，周囲に頼れる人がいなくなる。
④地域の交流がないままに孤独死が増加する可能性がある。

コンセプト
「つなぐ・つながる」

■高齢者サポート拠点で目指すこと
①復興への連続性の確保
住居・生活・人間関係が途切れることなく引継がれる地域づくりを目指します。
②雇用促進による地域貢献
地元の人々を積極的に雇用し，就労の場も提供できるように支援いたします。
③24時間365日つながる体制
孤独死を防止し，いつでもつながる安心を提供します。
④地域の支え合いの支援
仮設住宅解体後も地域の一員としてサービス提供の継続を目指します。

3）地域住民同士の関係が希薄になり，周囲に頼れる人がいなくなる。

4）地域の交流がないままに孤独死が増加する可能性がある。

これらを踏まえ，サポート事業の目指す方向として，プロジェクトのキーワードを次のように掲げた。

1）復興への連続性の確保
→住居・生活・人間関係が途切れることなく引き継がれる地域づくりを目指す。

2）雇用促進による地域貢献
→地元の人々を積極的に雇用し，就労の場も提供できるように支援する。

3）24時間365日つながる体制
→孤独死を防止し，いつでもつながる安心を提供する。

4）地域の支え合いの支援
→仮設住宅解体後も地域の一員としてサービス提供の継続を目指す。

上記3)の「24時間365日つながる体制」では，“24時間明りを消すな”をスローガンに，常にスタッフと共に明りをともすことを強調した。明りは希望であり，不安を多少なりとも解消できる。サポートセンターに24時間365日いつでも明りがともっていることで，「24時間つながる」を形にすることを提案したのである（図5-2）。

（2）　サポート拠点の具体的な取組み

①「つなぐ・つながる」の実現に向けて

サポート拠点における具体的な取組み内容をみていく。

まず，「つながるコール（見守り体制の構築）の実施」である。高齢者が従来の生活圏から離れて暮らすにあたっては，慣れない環境下で孤立しやすくなることが懸念される。私たちが開発した夜間対応型訪問介護のケアコールシステムを活用して，24時間365日いつでもつながる，いつでも話ができる安心（「つながるコール」）を提供することで，そして，１日２回，ケアゾーンを中心に巡視を行うなど，見守り体制の構築を図った。

２点目は，「生活支援活動（生活利便サービス）の実施」である。仮設住宅内において，要介護高齢者に限らず，買い物弱者・交通弱者と呼ばれる一般高齢者の利便性向上に努めた。定期的に御用聞き訪問を行い，食事などを届けるに留まらず，生活上の困り事も支援するようにした活動である。

３点目は，「地域交流事業（コミュニティサロン）の運営」で，ホールの開放やイベントの企画・運営など，仮設住宅への入居者同士が積極的に交流を図れるような機会を提供するものである。併せて閉じこもりの予防として週１回介護予防教室の開催を行っている。釜石市の施策や行事の情報を定期的に収集し，仮設住宅への入居者に回覧板等を活用して情報発信を行った。

４点目として，「地域事業所との連携」がある。株式会社ジャパンケアサービスは，大船渡市において訪問看護・訪問介護・居宅介護支援事業を，釜石市内にて訪問介護事業を運営してきている。地域とのつながりを深め，今後のコミュニティづくりを展望すると，地域事業所との連携が重要ではないかと考えた。震災の甚大な被災，被害の中，株式会社ウェルファーと，訪問看護事業をはじめ様々な場面で協力を推進した。

最後，５点目は「無資格者への資格取得支援」である。サポート拠点において，無資格者に対して資格取得支援を行い，将来的に地域での雇用の確保・雇用の促進につなげたいと考えた。具体的には，学校法人三幸福祉カレッジの協力により，サポート拠点内にてホームヘルパー２級講座を開設した。

②民間事業者として取り組む意義

こうした取組みは，民間事業者という視点でいうと，開発投資である。こういうものを決裁してスピーディに行うには，やはりトップの判断でやるしかない。方針を定めて，資源を投資して，決定して，PDCA サイクルを用いながら，目的に合わせて最適に事業を行うことである。

民間とは，「民」の「間」に立つもの。「民（住民）」に期待されなければ，「間」に立たなければ，何も生まれない。そういった意味においては，顧客のニーズが私たちの事業のきっかけとなる。そして，適切な利益を上げて組織を継続し，発展していくためには，顧客のニーズに応えていくことが求められるのである。

民間は，組織を継続させることが大切である。顧客のニーズに応えていくために常に継続してサービスの形態や質の改善を図り，健全な利益と共に発展していく。そうでなければ生きていけない。目的が不明瞭な赤字がなぜだめなのか，それは継続できないからである。改善をしながら継続していく。そこに民間事業者として私たちが取り組む意義や思いがあると考えている。

2　サポートセンターでの役割から学ぶ

（1）「平田仮設住宅地の人々の期待に応えること」とは

①サポートセンターの取組みの効果

釜石平田地区仮設住宅の入居者状況は，震災から２年後の2013年３月時点で，世帯数215，住民数480人で，65歳以上が130人，うち独居者が39人であった。

「つながるコール（テレビ電話）」当初は27人に設置した。私たちが長い年月をかけて開発した「夜間対応型訪問介護」は2006年に介護保険制度に位置づけられ，東京都内を中心に約30の市区町村でサービス提供の実績がある。この事業のノウハウを仮設住宅内に導入したものである。ケアコール機を利用者宅に設置し，利用者が必要に応じてボタンを押すとサポートセンタースタッフが応答，緊急事態の場合にはスタッフが利用者宅へ向かい状況に応じ対応するという体制で，24時間365日いつでも「つながる」安心感を提供している。ボタンを押せば24時間，顔を見ながら話せることから，不安がある人ならばいつでも会話できる機能である。

また，釜石市と東京大学高齢社会総合研究機構およびケルコム株式会社との共同企画で「データ共有による遠隔血圧管理支援」を実施した。これは，データベースを用いて多職種連携により血圧を中心とした健康遠隔管理を行うシステムで，65人に設置している。

配食サービスの提供も行っている。平田第6仮設住宅内にスーパーが開設され，サービスの中止も検討したが，地域包括支援センター等から他の仮設住宅の独居高齢者の安否確認も含めての配食サービスの依頼が増えたことから，継続していった。

②主体は仮設住宅の住民

仮設住宅における生活の主体はあくまでも住民一人ひとりである。私たちのサポート・サービスは，主体をつないでいく役割をもつ。これは「人と人とのつながりを通じて一人ひとりの『自分らしさ』の実現に貢献する」というジャパンケアサービスの経営理念そのものである。「私たちのサービスが被災者にいかに使えるか」ではなく，「被災者に私たちのサービスがいかに利用されるか」というアプローチが重要なのである。

被災者がここのサポートセンターに来るきっかけ，話すきっかけをつくる要になればよい。「つながる」ことをコーディネートするということである。自分は一人ではないと思ってもらうこと。「つながる」ことを支援することが活動そのものであり，サポートセンターはまさに仮設住宅に住む人々がつながる拠点の役割を担うものである。

（2）　サポートセンターの運営から学ぶ

①介護保険サービス事業の実施

仮設住宅の住民が「つながる」きっかけとして，私たちは，委託された生活相談に係る業務に加えて，居宅介護事業者として，介護保険制度をベースにした通所介護・訪問介護業務を核に下記の介護保険サービス事業を併設している。

○通所介護（デイサービス）

ジャパンケア釜石平田デイサービス・センターを2011年10月に開設し，仮設住宅内に居住して，通所介護が必要な人を支援している。職員は地元採用を積極的に行っている。

○訪問介護サービス

ジャパンケア釜石の取組みとして，仮設住宅内に居住し，訪問介護の必要な人々に提供している。

○訪問看護サービス

地元の株式会社ウェルファーが開設するあゆみ訪問看護ステーションと連携して，仮設住宅内に居住し訪問看護が必要な人に対して提供している。対応が困難な場合は，隣接の大船渡市にあるジャパンケアの訪問看護事業所が後方支援する仕組みを整えている。

○居宅介護支援事業

株式会社ウェルファーが開設するあゆみ居宅介護支援事業所と連携し，仮設住宅内に居住する要介護認定手続きを必要とする人へ支援を行っている。また，介護サービスの提供が確保されるよう，各介護サービス事業所との連絡・調整も実施している。対応が困難な場合は，大船渡市にあるジャパンケアの居宅介護支援事業所が後方支援する体制をとっている。

②地域住民の資格取得を支援しての人材活用

人材活用の１つとして，前述のとおり，地域の人々の資格取得を支援している。具体的には，学校法人三幸福祉カレッジの全面協力により，サポートセンター内の多目的ホールを活用してホームヘルパー２級講座を開設している。

サービス開発と人材開発はイコールの部分があり，人材は，機会と教育が大切だということを学ぶ取組みでもあった。機会という点では，今までまったく違う仕事をしていた人，無資格であっても，私たちのデイサービス・センターで働いてもらえないかと募集を出した。そして，デイサービスで働きながら私たちが費用を負担して資格を取ってもらえれば，デイサービスから訪問介護に行くことができるようになる。これが教育である。機会をつくって教育していくことは，今後の地域包括ケアを担う人材確保として重要ではないかと考える。こうした視点は，事業経営面でも，ほかの地域の人材開発や採用育成に反映していきたいと考えている。

③組織は地元で判断し，育てていく

平田仮設住宅サポートセンターの運営から，中央から指示を出して動かすような組織のあり方では限界があることがわかる。このサポートセンターは，センター長というリーダーを中心に，センター長を支える現場のスタッフと，それをサポートする東北本部の強いサポートスタッフで組織されている。現場のリーダーに責任と権限を与えることで最適な判断が可能になる。また，そのリーダーが適切に判断できるように周りがサポートしていく。

このことは，組織論としては，サポートセンターという地域のフロント・サービス拠点を，会社の縦割り組織の一事業所と位置づけるのではなく，地域ニーズに密着した独自のソリューション機能として動かすためにはどうすればいいのかという視点の重要性を示唆している。

民間企業として全国展開のために多くの出先事業所をつくっていくという発想ではない。地元地域のための事業拠点として，それとして経営裁量を与えて，育てていく。本社や本部は，そのための資源提供などサポート機能を担い，援助的機能を果たす。そのことが事業目的の最大限の達成の方法論になる。それが平田仮設住宅サポートセンター事業から得た組織づくりへのヒントであった。

（3）様々な組織との有機的な関わり

①街づくり協議会での連携

サポートセンターでは，自治会，行政機関，医師，東京大学等の関係機関により月に2回「街づくり協議会」を実施して，各種イベントの開催やサポートセンターにおける課題，あるいは今後の展望などについて協議している。これによって，自助，互助，共助，公助の役割と意識が高まってきているし，自助の意味と共に，実は自助は互助のつながりに支えられてはじめて可能になるし，共助の保険機能が働いてはじめて互助が活きてくることも学ぶようになってきている。

ここでも大事なのは，やはり「主体は住民」という姿勢である。私たちには，地域組織に「参画」するというスタンスが求められる。つまり，単に事業受託者として，受動的に契約事業を進めるということにとどまらず，アイデンティティをもって，地域の人々の期待に応えようという目的を明確にもって，意見や提案を出す。しかし判断する主体は住民である。判断して方向性が出たら，事業者としての資源，ノウハウを最適に活用して行動し，構築していく。例えば夏祭りを計画するとしたら，地域組織である自治会など住民が中心となって活動し，私たちもその中で活動しながら，私たちがもっている資源をフルに活用してもらう。そういう存在感を重視すべきである。

②釜石市との連携

行政である釜石市との関係でいえば，私たちも市長のリーダーシップに支えられた部分は非常に多い。市は地域のためにサポート事業を行う存在として，その目的は私たちと同じである。

市は行政サービスを通じて，私たちは事業を通じて，地域のために活動する。私たちは市から委託を受け，その活動に対しては市から多くの支持を得て，私たちも市の活動に対して連携していく。このような共につくっていく地域密着のあり方や地域サービスの展開の中で，行政の関わりは非常に大きなものである。

私たちは市から，委託費という経済的な面だけではなく，有形無形の支援を受けてきた。行政は，まさに，地域復興に関するサポートマネジメントの中核的存在である。

③支援の広がり

2011年10月にサポートセンター内に仮設診療所・平田診療所が開設された。これは，市から依頼を受けた地元の医療法人釜石のぞみ病院が運営するもので，週に２日の内科診療からスタートし，その後，診療日と診療時間が拡大され，インフルエンザの予防対策や巡視時においての医療的助言を受けながら連携を図っていった。

また，診療所で処方された薬の調剤を担う薬局の開設が望まれていた状況に対し，株式会社アインファーマシーズに協力を依頼したところ，同法人は震災復興へ積極的な支援を行っており，私たちの考えに賛同して仮設店舗開設と同時にアイン薬局を開設，営業を開始してきている。アイン薬局が入居しているのは平田パーク商店街（釜石市平田仮設店舗）であるが，この商店街には，そのほかに地域で営業していたスーパーや美容室，電器店など22事業所が入居し営業を開始していった。仮設住宅で暮らす住民の利便性がますます向上していくことが期待された。

3　物も心も豊かにするサービスを届けるために

（1）　仮設期から復興期へ：住まうことは暮らし続けること

仮設住宅での生活が長く続くことには，次のような問題点がある。

まず，狭い，暑い・寒い，隣の声が聞こえる，など住環境からくる QOL の低下がストレスや不安の原因となっていること。それから，災害公営住宅の抽選が外れたり，ほかの住民が新築の家などに引っ越したりすることで，取り残されたような気持ちになること。また，サポートセンターで受けている支援が災害公営住宅に移転した後も同様に受けられるのかという不安から，災害公営住宅への申込みをしないでいるというケースも見受けられている。こうした諸問題への対応が当面の課題と考えている。

「住まう」とは，住居すなわち住処をつくることといってもいいだろう。安全でなければ，安心して暮らせなければ住処とはいえない。そして，それが継続できること。つまり，住まい続けられることであり，地域で暮らし続けられるということである。

仮設住宅というのは，継続してきたものではなく，今後も継続していくべきものでもない。いまの仮設住宅から次の災害公営住宅へ，暮らし続けられる地域をつくっていかなければならない。そのためには，暮らし続けることを支える地域包括ケアのインフラ構想が伴わなければならない。筆者は，平田仮設住宅サポートセンターの経験は，**図5-3**のようなサービスイメージの可能性と，**図5-4**のような地域包括ケアのシステム化に向けたインフラ構想にも展開で

図5-3　仮設期から復興期へのサービスイメージ

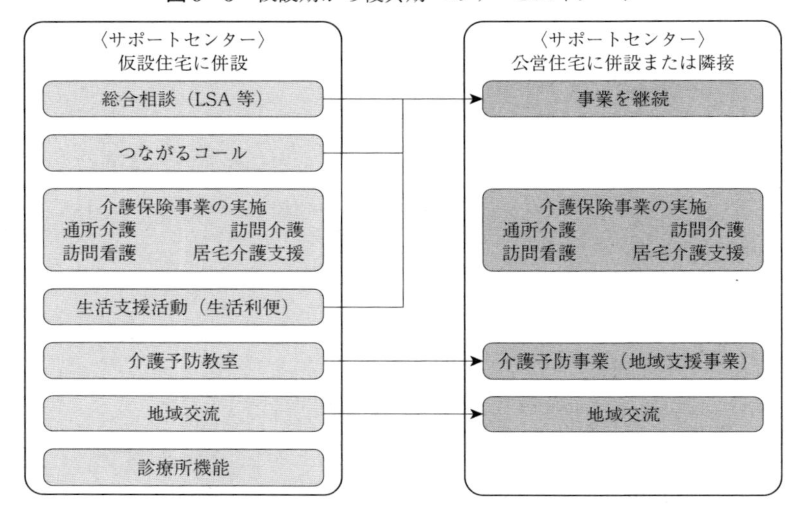

図5-4　仮設期から復興期へのサービスシステム

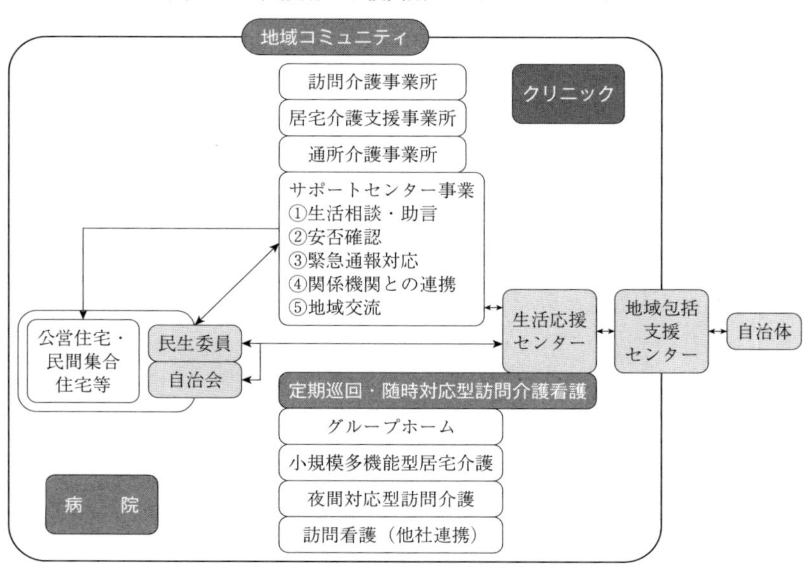

きるものと考えている。

（2）　民間事業者に期待されることと役割

①サービスを通じて自立を支える

暮らし続けるためには，精神的な面や経済的な面など，様々な面において“自立”できることが問われてくる。それが不足している状況では「自助」だけでは難しい。

介護というのは，日常において，自分でできることができなくなった状態を支援する活動そのものである。そうしたベースができた上で，次に，自分の生き方・死に方というものが設計され，新しい街で生活をすることができるようなる。したがって，私たちにまず求められるのは，不足しているものや不安を感じているものを埋めてほしいという住民の期待に，サービスや組織，情報などを通じて応えることだと考える。

②ネットワークの「要」になることを目指す

復興の展開を見据えて，安心のある住処で自立して暮らす上で，不足しているもの，不安を感じているものに対してサービスなり情報なりを提供していくために，さらに新しいものを提示していくことが重要だと考えている。

例えば，タブレットのようなツールがあれば，新しい情報が得られ，新しい発見が生まれる可能性が出てくる。そうした，いわば生活を豊かにする可能性に対する機会を与えること，それこそが民間が提供できるものではないか。それは介護だけではない。コンビニが24時間で宅配を担うとか，ネットスーパーで薬が買えるとか，規制緩和によってできるようになったこれらのサービスは民間発である。

「豊かにする」というのは，物も心も豊かにするサービスを届けることであり，そこから地域で暮らすことへの生きがいにつながることをも指している。私たちはサポートセンターの事業を通して，物も心も豊かにして，「生きていてよかった」「あなたと知り合えてよかった」と一人ひとりに思ってもらえる「要」になれることを学んだ。

「要」というのは，地域包括ケアのネットワークをつなぐ存在である。私たちは，介護というサービスを通じて，ネットワークの「要」の役割を担っていきたい。それは，すなわち，ネットワークの主体である地域住民の暮らし続ける力を支えていくということである。

第6章
福祉仮設住宅の創造的活用

池田昌弘

1　福祉仮設住宅とは何か

岩手県・宮城県・福島県の3県には，2013年3月の時点で61棟の福祉仮設住宅が整備されている。これらの福祉仮設住宅は，一般の応急仮設住宅と同じく災害救助法によって設置できるもので，「段差解消のためのスロープや生活援助員室を設置するなど老人居宅介護事業等の利用者が居住しやすい構造及び設備を有し，高齢者等であって日常の生活上特別な配慮を要する複数の者を収容する施設（福祉仮設住宅）」であり，「災害の規模及び程度，被災者のうち高齢者，障害者等の数並びに施設入所等の状況を勘案し，必要な設置戸数を定め，高齢者，障害者等の利用しやすい設置及び構造に配慮して設置」されるものである。(1)

61棟の内訳は，認知症高齢者グループホームが22カ所32棟（岩手県4カ所5棟，宮城県12カ所21棟，福島県6カ所6棟），障害者グループホーム・ケアホームが15カ所18棟（岩手県2カ所2棟，宮城県9カ所12棟，福島県4カ所4棟）になっており，制度に則らない運営をしているもの（制度外福祉仮設住宅）が9カ所11棟（岩手県4カ所5棟，宮城県2カ所3棟，福島県3カ所3棟）になっている。

なお，これら福祉仮設住宅の多くは，制度に則らないものも含め，対象を高齢者や障害者等とし，身辺自立はしているものの一人で暮らすには不安のある人が中心で，24時間体制でスタッフを常駐させると共に，3食の食事を提供している。(2)

ここでは，唯一利用者を限定していない宮城県石巻市にある福祉仮設住宅「石巻・開成のより処あがらいん」の実践の紹介と共に，「あがらいん」という震災復興期における社会実験をもとに，制度の狭間を生まない，新しい地域介護の形を提案するものである。

2　石巻・開成のより処「あがらいん」の成り立ち

「あがらいん」は，宮城県石巻市にある東日本大震災被災地で最大規模の開成・南境仮設住宅団地（1882戸）に整備された福祉仮設住宅4棟のうちの2棟（各棟9室）を使用して運営されている。この福祉仮設住宅は，2011年の8月に竣工したものの運営者が決まらずにいたが，同年12月に，特定非営利活動法人全国コミュニティライフサポートセンター（CLC）が受託することとなった。

整備にあたっては，阪神・淡路大震災の際に恒久型住宅として建てられた兵庫県尼崎市の市営住宅「グループハウス尼崎」がモデルとなったと聞く。グループハウス尼崎は，仮設住宅では暮らせない高齢者や障害者向けに建てられた2つのケア付き仮設住宅の受け皿として，1998年に5年間の期限つきで建てられたもので，2003年には一般施策化され，被災者に限定せずだれでも入居できる市営住宅となった。[(3)]

グループハウス尼崎は，1ユニット9室で，各部屋には6畳間にミニキッチンとトイレが付いていて，共用の食堂には3つの流しとキッチンスペースがあり，浴室や洗濯機も共用となっている。**図6-1**を見ればわかるように，中庭を挟み左右2つのユニットで1棟を構成しており，中央の中庭では週に1回移動販売車による食料品の市が立つなど，地域との交流の場ともなっている。また，各棟には玄関があるが日中は鍵をかけることもなく，各居室の濡れ縁からも自由に出入りができる。ここでは，調理や入浴，洗濯なども，できるだけ自分で生活してもらうことが基本となっており，スタッフは24時間の緩やかな見守りと相談の対応，ちょっとした自立を促す支援のみで，介護などの支援は外部の介護保険サービスを利用してもらう。

一方，あがらいんの台所には流しが1つしかなく，各居室にもミニキッチンのような設備はないことから，グループハウス尼崎のように各自が同時間帯に調理をすることは難しい。かといって，食事を3食提供し，日常生活においてもスタッフが手を出し過ぎると，利用者のできることを奪い取る結果となり，

図6－1　グループハウス尼崎のプラン（棟の右翼部分）

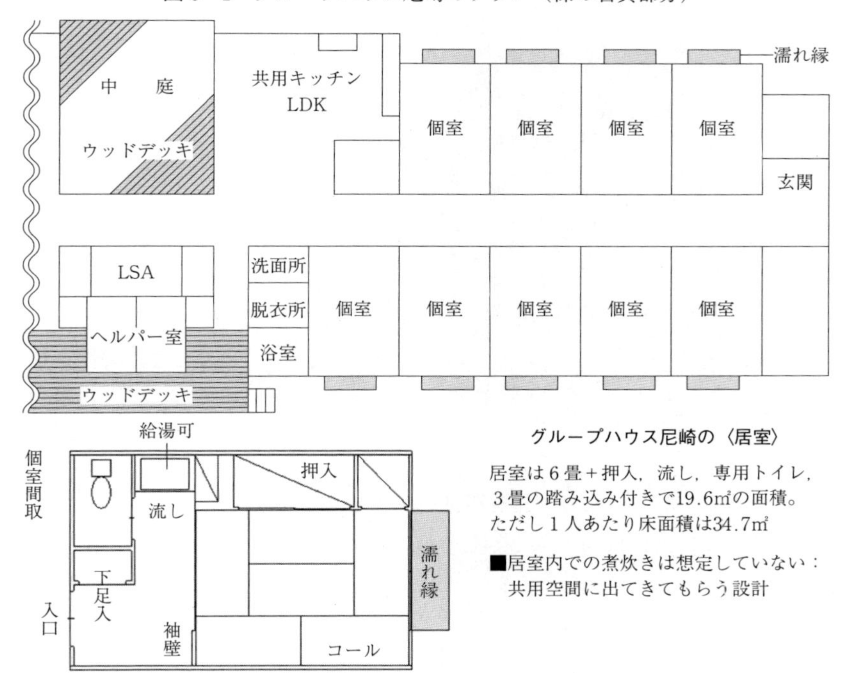

いずれ福祉仮設住宅が終了した際の行き先は，ケアの付いた施設への入居ということになってしまう蓋然性が高い。それはゆくゆく介護保険財政を圧迫することにもつながる。

こうした状況の中であがらいんは，支援の必要性はあっても，制度やサービスの狭間に陥り，現行法上受けられる支援がない，あるいは突発的で緊急性は高いが生活できる場所がないという人を受け入れ，住まいと必要な支援を提供する。しかし入居施設ではなく，利用者が落ち着きを取り戻して在宅に戻ったときのことを考え，可能な限り利用者個々がもっている力を奪わないこと，あがらいんとの関わりを保ちながらでも，在宅に帰る，あるいは新たな住まいに移ることを目指している。

あがらいんの委託契約の文面には，「通常の仮設住宅での生活が困難で現行法でのサービス対応ができない被災者のため，また，多様なニーズに柔軟に対

図6-2　あがらいんは「個別支援」と「地域支援」を柱に「地域との共同」を目指す

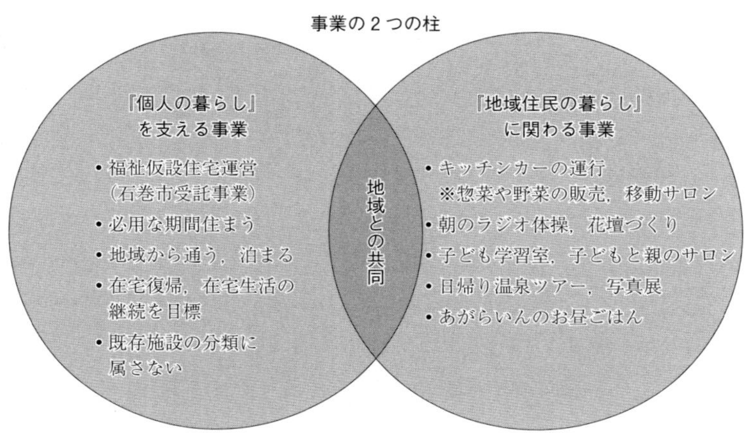

応するため」と記してあり，福祉仮設住宅２棟のうちの１棟でこれらの事業を行い，委託契約の付帯的事業にある食事の提供やサロン事業の展開はもう１棟で行っている。利用の決定については，条文の備考に「本件運営は，多様なニーズに対応する必要があることから，運営内容等について，本市と適宜，協議調整を図ることとする」とあるように，市の福祉総務課が主管し，毎週開かれる石巻市ワーキングチーム（サポートセンター等連絡会議）で判定される。

なお福祉仮設住宅名の「あがらいん」とは，石巻地方の方言で「どうぞお上がりください」という意味で，気軽に集ってほしいという思いが込められている。

3　仮設期における「あがらいん」の具体的な実践と課題

あがらいんは，暮れのおし迫った12月27日に開所した。市との委託契約のもと，**図6-2**のように「個人の暮らしを支える事業」と「地域住民の暮らしに関わる事業」の２つを大きな柱に据え，この２つの交わる「地域との共同」を拡張していくことが，だれもが住み慣れた地域で，自分らしく，最期まで暮らし続けられる地域社会の実現に帰結するものと捉えて，これまでの間，仮設住宅の住民や様々な支援団体等と協働し，地域共同ケアに取り組んできた。[4]

（1） 個人の暮らしを支える事業の状況

あがらいんにおける既存サービスによる対応困難なケースでの受入れ利用者数は，必ずしも多いとはいえないが，2013年度の利用者１人あたりの平均宿泊利用日数は157.4日，約５カ月となっている。後述する，あがらいん同様に制度で対応できない人の受け入れ事業を行っている宮城県仙台市の「ひなたぼっこ」における平均利用日数は，61.0日と約２カ月となっており（後掲**表６-１**参照），それと比較しても著しく長いことがわかる。その理由としては，震災の被害を受けて帰るべき自宅を失っていたり，あがらいんで暮らせていることに安心して，新たな住まい・生活の場の確保や周辺支援体制の整備が進んでいないことなどが挙げられる。

あがらいんでは，利用者が自宅や地域に戻って暮らせることを目指し様々な試みをしているが，家族の希望や，在宅での支援体制が不十分であることなどからケアの付いた介護保険施設や有料老人ホーム等への入所も多く，支援における今後の課題となっている。

また，利用相談を受け，受け入れ準備を進めたものの，実際の利用に結びつかなかった人も相当数おり，利用人数だけでは計り知れない役割を担っていることを付記しておく。

【特徴的な利用事例】

ア）DV シェルターとしての利用から単身用仮設住宅への入居へ

夫の DV から避難した妻は，居所を転々としていたが，精神的なダメージや自信喪失，体力等の低下もみられ，あがらいんの利用初期は，杖をついてゆっくり10mを歩くのがやっとであった。日々の生活を重視した関わりから，あがらいんにおいて自らの役割を見つけ，自信や体力を徐々に取り戻し，生活域も広がった。夫に対する気持ちの整理や子どもからの精神的な支援を受け，近隣の仮設住宅で自立した生活ができるまでになった。

イ）若年性認知症の妻と介護する夫が共に役割の果たせる場所を創出

震災で築５年の新居を失う。仮設住宅入居直後，妻は若年性アルツハイマー型認知症の診断を受けるが，夫は病状を受け入れられず叱責。妻は萎縮してひきこもり，夫婦関係は悪化した。しかしその後，妻はあがらいんの家事ボランティアに参加することで役割と楽しみがもてるようになった。2カ月後，介護予防通所介護を中断して週3回夫と一緒にあがらいんに通うことになり，夫もあがらいんの外回りの保全や環境整備のボランティアに参加しながら，妻との適度な距離が保てるようになり，夫婦の関係も改善し，夫婦二人暮らしが継続できている。

（2） 地域住民の暮らしに関わる事業

委託契約の付帯的事業にある食事の提供やサロン事業の展開は，もう1つの棟で行っている。2012年の1月から始めた週1回の地域食堂は，ワンコイン（500円）の昼食の提供とサロン（集いの場）を兼ねたもので，仮設住宅の住民や生活支援員などが，平均30～40人参加する。地域食堂に参加することで仲間ができたというアンケート結果もある。仮設住宅ではてんぷらなどの揚げものは危険で自分ではつくらない人が多いこともあって，人気の食事は高齢者であっても揚げものだという。

また，地域食堂に来られない人を対象に移動キッチンカーを運行して移動サロンを開いたり，仮設住宅のある地域の農家から畑を借りて利用者と地域住民との共同農園を始めたり，子どもたちの学習と居場所，子育て中の親子の遊びと居場所など，仮設住宅でひきこもったりしないよう，つながりづくりや気軽に訪ねられる居場所づくりに積極的に取り組んできた。これらの活動に，上記のような被支援者としてあがらいんで生活をしている利用者に，できるだけお手伝いなどで関わってもらうように仕向けているのも，1つの特徴である。

その結果，個人の暮らしを支える事業の利用者が，地域住民の暮らしに関わる事業に一住民として参加し，渾然一体とした中でそれぞれできる範囲の役割を果たすことで，例えばそれが認知症の人の場合，地域住民の認知症の理解の促進や見守り合う力の醸成につながっていった。1日に何回もお出かけ（徘徊）をする認知症の人の場合は，地域住民のみなさんがそのことをよく理解して，率先して見守り，声掛けをしてくれ，その人があがらいんを退去する際には，お別れ会に60人もの住民が駆けつけてくれたほどで，こうした共同の場の必要性を実感させられたエピソードでもあった。

4　復興期における一般化に向けた「ひなたぼっこ」の展開

(1)「ひなたぼっこ」の開設の背景

あがらいんのモデルとなった「ひなたぼっこ」は，仙台市青葉区の国見小学校区域とその周辺地域において，住み慣れた地域で，自分らしく，最期まで暮らし続けられるような地域の実現に向け，仙台市（経済局）が公募した「企画提案型コミュニティビジネス運営事業」に採択されて，2009年12月，校区内の千代田町に CLC が開設したものである。

CLC は，地域ケアや地域福祉の中間支援組織として1999年に組織化されたもので，認知症の人が住み慣れた地域で暮らし続けられるために，介護保険以前の1980年代半ば以降，草の根的に全国で誕生した宅老所（小規模多機能型居宅介護の原型を生み出してきた実践）や，特養や老健，病院にも生活の場をと生み出されたユニットケアやサテライトケアなどの先駆的実践を掘り起こし，新たな制度化に向け，実践者と共に活動してきた。

その CLC が，直接事業に取り組まなければならなかった理由は，２つある。１つは，ちょっとした支援があれば，在宅が継続できる人が多いということだ。例えば，妻が入院しなければならなくなったときに，夫を一人自宅に置いて入院できないという妻の不安を補うような，だれかがちょっと見守ってくれればなんとかなるという支援である。家に泊まってもらったり，だれかの家に泊めてもらって何かあると困るという風潮の中，お泊まりのできる場所が身近な地域にあって，だれかが一緒に泊まってくれて，だれかが食事や洗濯，風呂の心配と，ときどき妻の入院先まで一緒に行ってくれる，そんな仕組みを見出したいと考えたのである。もう１つは，介護保険制度の成熟と相俟って，法令順守（コンプライアンス）やリスクマネジメントがうたわれ，ニーズを目の前にしながらも，ペナルティによる介護報酬の返還や指定取り消し，資格はく奪などに抵触することを恐れて，制度の狭間に陥った人たちを制度の枠を超えてまで支

表6-1　年度別利用者数・利用日数

	2009年度	2010年度	2011年度	2012年度	2013年度	2014年度	合　計
利用日数	75	423	644	969	1,997	1,441	5,549
利用者数	1	8	11	17	28	26	91
平均利用日数	75.0	52.9	58.5	57.0	71.3	55.4	61.0

（注）年度をまたぐ利用者は，各年度でカウント。

えるということがなくなってしまった現実である。在宅での暮らしを支える目的でできた介護保険制度にもかかわらず，その本旨よりも制度を守ることを優先する現実の中で，制度の狭間に陥ったり，介護認定による該当者と非該当者との日常的な分断が行われ，だれもが住み慣れた地域でといいつつも，自宅や地域よりも安全で安心な施設への入所を優先する。そのような風潮の中，制度の狭間を埋める仕組みを創造することで，こうした問題を改善する仕組みを提起したいと考えたのである。

（2）個人の暮らしを支える事業の状況

実際に運営を始めてみると，介護保険の非該当者や要支援者の利用を超えて，制度福祉を駆使しても支えることが困難な人の利用が，公的機関から次々と紹介されてくるという現実に遭遇することとなった。

【年度別利用状況】

「年度別利用者数・利用日数」（**表6-1**）が2010年度に増加したのは，2011年3月11日の東日本大震災で被災し，余震が不安で自宅では落ち着いていられなかった一人暮らしの高齢者や自宅が半壊・全壊してしまった人，さらには福島県から避難してきた母子などを受け入れたからだ。それら利用者のほとんどは，地元の町内会長や地域包括支援センターからの紹介だった。その後利用者は年々増加をたどり，2013年度の1日平均利用者数は5.5人となり，一時支援に使える部屋が7つしかない中で，恒常的な部屋不足を解消するために，地元町内会と設置した「健康マージャン室」を閉鎖・流用したり，親子遊びの場である「キッズルーム」を使用したりなど，それでも部屋が足りず断ることも増えてきた。

表6－2　年度別・支援目的別件数

	2009年度	2010年度	2011年度	2012年度	2013年度	2014年度	合　計
緊急対応	1	2	4	4	8	6	25
制度外	0	2	1	3	3	6	15
地域生活支援	0	3	3	7	11	5	29
自立準備ホーム	－	－	－	－	3	5	8
合　計	1	7	8	14	25	22	77

（緊急対応）　同居者の急死，住居の喪失等
（制度外対応）　障害グレーゾーンの人，原発自主避難，健常者で不都合が発生等
（地域生活支援）　主介護者の入院，退院からの日常生活復帰，独居不安等
→施設トラブルによる退所者も地域生活にてカウント
（自立準備ホーム）　法務省保護観察所依頼による。刑事施設等出所者で，行き場のない人

表6－3　支援分野別件数

高　齢	35件	45.5%
障　害	26	33.8
生活困窮	11	14.3
DV	10	13.0
自立準備H	8	10.4
その他	9	11.7
事例総数	99	128.6

（注）　1事例に複数カウントあり。

また相談件数は，利用者数の倍ほどの件数に及び，利用時の生活支援もさることながら，利用受け入れを前提として相談対応のほか，利用中の支援機関や医療機関との調整，退去後の調整など，数字では表せない労力が少なくない。なにより制度外の事業であることから，公的機関からの紹介であっても，利用者に関する情報提供に限りがあるなど，スタッフに求められる知識や技術のほか，心労も決して小さくない。

「年度別・支援目的別件数」（**表6－2**）では，「地域生活支援」と「緊急対応」が多いが，「制度外」の利用も少なくない。2013年12月からは，法務省の「自立準備ホーム」の指定も受けて，刑事施設等からの利用もある。いずれの場合も，ひなたぼっこの場合は，医療的な支援も含め，終末期のケアや療養が必要な人の利用が多い。医療的な支援では，多いときで同時期に利用者の3人が，在宅療養支援診療所や訪問歯科，訪問看護，訪問入浴などを受けていたこともある。

「支援分野別件数」（**表6－3**）は，当初は高齢者の利用が多かったが，2013年度からは高齢者よりも障害者の利用が超え，生活困窮者や DV による利用も

表６－４　支援経路別件数（年度別）

経　　路	2009年度	2010年度	2011年度	2012年度	2013年度	2014年度	合計
地域包括支援センター	0	2	5	5	9	2	23
青葉区役所	0	0	1	3	9	6	19
太白区役所	0	0	0	0	2	1	3
保護観察所	0	0	0	0	3	5	8
訪問介護事業所	0	0	0	3	0	0	3
本人・家族	0	1	0	2	0	1	4
地域住民(民生委員等含む)	1	1	0	0	0	1	3
障害者相談支援事業所	0	0	0	0	2	3	5
泉区役所	0	0	0	0	0	1	1
地域定着支援センター	0	0	0	0	0	1	1
そ　の　他	0	3	2	1	0	1	7
合　　計	1	7	8	14	25	22	77

増えている。

「支援経路別件数（年度別）」（**表６－４**）は，大半が地域包括支援センターと青葉区となっている。地域包括支援センターとは，青葉区内外の６カ所の地域包括支援センターを含み，青葉区役所も保護課，障害高齢課，家庭健康課の各課から相談がある。

（３）地域住民の暮らしに関わる事業

ひなたぼっこの地域支援の展開は，地域サロンや地域食堂，貸室に始まり，講習会や小学校区内に全戸配付の広報紙の発行，外出サロンに居酒屋，見守り付きの１日３食のお弁当・惣菜配達，親子サロン，託児，買い物代行，自立準備ホームなど，ニーズとひなたぼっこの職員体制が許す限り，事業を広げてきた。

開設まもなくから，ひなたぼっこの運営方針や活動内容，利用状況等を，国見小学校区の関係者と協議する場として，「ひなたぼっこ運営推進委員会」を組織し，２月に１回の割合で委員会を開催している。連合町内会長や地区民生児童委員協議会長，地区社会福祉協議会長など13人の委員で構成され，ひなた

図6－3　活動を通じてつながった連携先

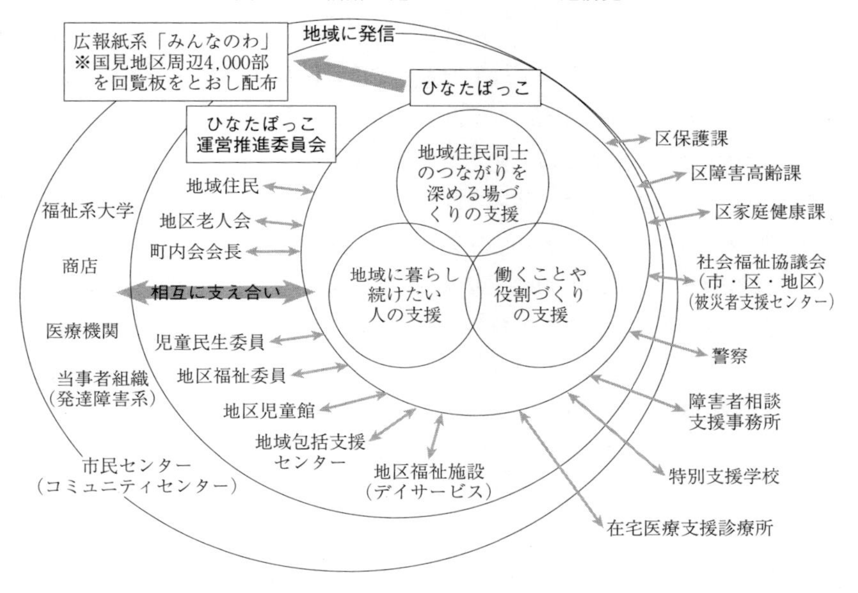

ぼっこの応援団として，活動の支えとなっている（図6－3）。

5　あがらいん・ひなたぼっこの継続のための提案

あがらいんもひなたぼっこも，いずれも現時点では長期的に継続するための支援策はないが，この2つを運営してみえてきたことは，支援の必要な人が地域で暮らし続けるためには，「個人を支える事業」と「地域住民の暮らしを支える事業」が両輪のごとく，ある種渾然一体となって機能する必要があるということだ。課題を抱えた人が，あがらいんやひなたぼっこを利用して生活し落ち着きを取り戻しても，帰るべき地域社会が受け入れる力を失っていては，結果として入所施設のような場所しか，出口としての選択肢がなくなる。『住み慣れた地域で最期まで暮らす』ための「個人を支える支援（個別支援）」には，実は「地域住民の暮らしを支える支援（地域支援）」が欠かせないのである。この両者がバランスよく機能しないと，目的の実現は難しい。また地域包括ケアシステムの実現には，この両者が必要だということでもある。

そのためには，新たな支援策を制度化することも考えられるが，これまでの経験から，制度化することによって一定の解決は図れるものの，一方でまた枠外になってしまった新たな狭間を生み出すことになり，問題の根本的な解決にはならなかったということに，何度か遭遇してきた。

介護保険の地域密着型サービスでは，利用者やその家族，地縁団体や公的機関の専門職が加わって構成される「運営推進会議」が必置となっているが，こうした機関に一定の範囲で制度を弾力して運用できるなどの権限を与えて，制度の狭間をつくらない仕組みの運用ができれば，課題解決は制度化よりも容易に可能となるのではないかと思う。同様に，あがらいんやひなたぼっこも，既存制度の弾力運用でその機能が実現できるような仕組みと運用の配慮が求められている。

注

⑴ 「東日本大震災に係る応急仮設住宅について」社援総発0415第１号，平成23年４月15日。

⑵ 児玉善郎「１．被災３県における制度外仮設住宅の運営と支援課題」平成24年度厚生労働省老人保健事業推進費等補助金老人保健健康増進等事業「震災被災地における要援護者への個別・地域支援の実践的研究」報告書，CLC，平成25年３月。

⑶ 久保成章・神吉優美『アシステック通信』第49号（2006年３月）社会福祉法人兵庫県社会福祉事業団総合リハビリテーションセンター　兵庫県立福祉のまちづくり工学研究所。

⑷ 藤井博志監修「地域共同ケアのすすめ」平成22年度厚生労働省老人保健健康増進等事業「一定の地域内で，多様な主体が協働・連携して，生活支援サービスを提供するあり方や普及に関する調査研究事業」報告書，CLC，平成23年６月。

第7章
被災者支援アプローチの工夫と組織づくり

斉藤正身・工藤健一

1　医療法人真正会の被災者支援活動[1]

(1)　医療法人真正会

医療法人真正会は，埼玉県川越市において1987年に開設した「霞ヶ関南病院」を中心に，「霞ヶ関中央クリニック（訪問医療，訪問リハビリテーション）」，訪問看護ステーション，ホームヘルパーステーション，通所リハビリテーション，通所介護，居宅介護支援事業所，地域包括支援センター，トレーニングセンター等の多岐にわたる事業を展開している[2]。外来，入院，リハビリテーションの充実はもとより，「病院は地域と離れて存在しない」という考えに基づき「地域性・社会貢献」を事業理念の柱の１つとして掲げ，地域医療，介護，地域リハビリテーションや地域貢献事業に特に力を入れて取り組んでいる医療法人である。また，関連法人として社会福祉法人真寿会があり，介護老人福祉施設，３つのケアセンター，グループホームを運営している。

2011年３月11日の東日本大震災においては，発災直後から，被災地・被災者支援に積極的に取り組んできた。医療法人真正会が震災直後から被災地や被災者の県外避難先で継続的に実施してきた「地域リハビリテーション（モバイルデイケア）」の取組みは，リハビリテーションへの参加促進・継続性の維持における工夫やサービス実践の方法論，多職種協働を可能にする組織づくりといった観点から非常に学ぶところの多い経験であった。それと同時に，支援活動のプロセスにおいて，民間事業者連携による地域生活自立支援を実現するための，異なる組織の連携や協働関係の構築とそれを支える組織の一体感の醸成といった組織のマネジメントに係る知見を得ることができた。

（2）　被災地支援の初動の経緯

被災者支援の初動の経緯は次のとおりであった。発災時，医療法人真正会理事長の斉藤正身は，福島県小名浜の友人の消息が気がかりであった。また，法人職員には東北出身者も多く，その親御さんの安否も含めて被災地の状況が非常に心配であった。そこで何か被災地域の力になれないものかと埼玉県医師会に連絡を入れたところ，「さいたまスーパーアリーナにすぐに行ってほしい」という要請を受けた。さいたまスーパーアリーナには高齢者も多く含む約3000人の人々が避難していたが，リハビリテーションが実施されることもなく，座りきりの人々が多い状況であった。このような状況を目のあたりにした斉藤は，すぐに職員派遣の体制を整え，継続的な支援に入っていくこととなった。

さいたまスーパーアリーナにおける支援活動をきっかけにして，双葉町町長からの直接の支援依頼や斉藤の全国デイ・ケア協会の会長としてのネットワーク等を通じて，後述する様々な被災地支援活動を展開していくこととなる。そのプロセスにおいて，旧騎西高校（埼玉県加須市）での支援活動のために埼玉県医師会が中心となり，埼玉県理学療法士会・埼玉県作業療法士会・埼玉県言語聴覚士会の４団体の協力組織「CBR-Saitama Med.」が立ち上げられた。組織の発足にあたっては，医療法人真正会内に事務局が設置された。2011年４月15日の団結式には約250人の参加者を得て，同４月20日から支援活動が開始された。CBR-Saitama Med. による組織的な被災地支援活動において医療法人真正会は，埼玉県内の様々な医療機関からのボランティアスタッフ数百人を取りまとめるリーダー的機能を果たした。次に，これらの支援活動の概要を紹介する。

（3）　被災地における様々な支援活動

①さいたまスーパーアリーナにおける支援活動

一次避難所であったさいたまスーパーアリーナでは，福島県双葉町の人々を中心に約3000人が避難生活を送っていた。医療法人真正会は法人として支援に入り，2011年３月22日から３月29日まで，医師（３人），理学療法士（15人），作業療法士（７人），健康運動指導士（13人），その他のスタッフ（17人）を派遣し，廃用予防チェックおよびストレッチ体操ボランティアを実施した。活動実日数は8日間（午後2時間／1日）であり，参加者はのべ839人にのぼった。

②双葉町避難所（旧騎西高校）における支援活動

CBR-Saitama Med. は，2011年4月20日から2013年11月末の避難所閉鎖まで継続的に支援を実施した。2013年9月30日時点で，活動実日数はのべ513日間，派遣されたスタッフののべ人数は理学療法士（873人），作業療法士（564人），言語聴覚士（110人），その他のスタッフ（医師，看護師，介護福祉士，相談員，健康運動指導士，事務）であった。支援活動の内容は，ストレッチ体操，個別リハビリ相談，マシントレーニング，体力測定，社会福祉協議会への協力，すでに活動しているリハビリテーション・ボランティアのサポートなどと多岐にわたった。参加者はのべ4845人（個別支援1963人，ストレッチ体操418人，デイサービス2005人，二次予防事業459人）にのぼった。

③特別養護老人ホーム「おながわ」へのスタッフ派遣

宮城県牡鹿郡女川町の特別養護老人ホームおながわにおいて，2011年5月23日から6月27日まで支援を行った。1チーム3人体制（看護師1人，介護職2人）として，5週間にわたり15人の業務派遣（夜勤を含む）を行った。また，2011年5月8日には同ホームにおいて，10月1日には女川町避難所および仮設住宅において炊き出し支援も行った。

④双葉町避難所（リステル猪苗代）における支援活動

2011年6月15日から同9月30日まで，CBR-Saitama Med. は福島県耶麻郡猪苗代町のリステル猪苗代（双葉町避難所）に医師（のべ28人，以下同），理学療法士（151人），作業療法士（125人）を派遣した。実活動日数は108日であった。派遣したスタッフの内，リハビリ班（医師1人，理学療法士2～3人）は，避難所に設置された保健室のスタッフの一員として支援活動を行った。保健室は双葉町の保健師3人，双葉町社会福祉協議会職員（ケアマネジャー）1人，他県から派遣された保健師，管理栄養士4～5人と，CBR-Saitama Med. から派遣されたリハビリ班で構成された。支援内容は朝の体操や小グループでの活動といった集団対応から，医師の診察・同行訪問，身体機能や生活場面の評価・アドバイス，自主トレーニングの提案・伝達，移動手段の評価・アドバイス，コルセットやサポーター等の選定・フィッティングといった個別対応まで多岐にわたった。支援のべ人数は3181人（診察82人，個別支援1333人，グループ体操1766人）にのぼった。

⑤双葉町仮設住宅（福島県内）への支援活動

2011年10月５日から2013年９月26日まで活動実日数は100日であった（2013年11月現在，継続中）。月に２回ずつ１泊２日で福島県内日和田仮設住宅団地（拠点）に宿泊しながら，福島市120戸（さくら32戸，飯坂88戸），猪苗代町10戸，郡山市250戸（富田65戸，日和田122戸，喜久田63戸），会津若松市５戸，白河市10戸，いわき市250戸の各仮設住宅の支援を行っている。

⑥巡回型リハビリテーション・ケアチームの派遣

2011年10月５日から2013年９月26日までで活動実日数は100日，専門スタッフの派遣はのべ435人，のべ2008人に支援を行った（2013年11月現在，継続中）。いわき市，郡山市，会津若松市にキャンピングカーで巡回型リハビリテーション・ケアチームを派遣（モバイルデイケア）している。派遣チームは看護師１人，リハビリスタッフ２人，介護福祉士，事務職，レクリエーションワーカーなどから１人（ときに医師）の４人で構成されている。支援内容は健康チェック，健康体操，余暇活動，マッサージ，下肢運動等である。

（４）　多機関連携組織の構築

こうした被災地における積極的，継続的な支援活動を通じて得られた様々な知見やノウハウも活かされながら，医療法人真正会の本拠地である埼玉県において，地域包括ケアの実現に向けた地域リハビリテーション支援体制構築の取組みが進められている。これは，地域の高齢者や障害者を対象として，寝たきりの防止や機能維持，在宅生活の継続を支援するため，「地域リハビリテーション・ケア・サポートセンター（通称：「地域リハケア・サポートセンター」）」が県総合リハビリテーションセンターや各地域包括支援センター等をつなぐハブ組織として機能し，地域として一体的に相談支援を実施する多組織協働の仕組みである（**図７-１**）。被災地・被災者支援を契機として立ち上がった事業者連携組織である CBR-Saitama Med. の実践経験や活動を通じて得られた知見

図7－1　埼玉県における地域包括ケアに係るリハビリテーション支援体制の構築

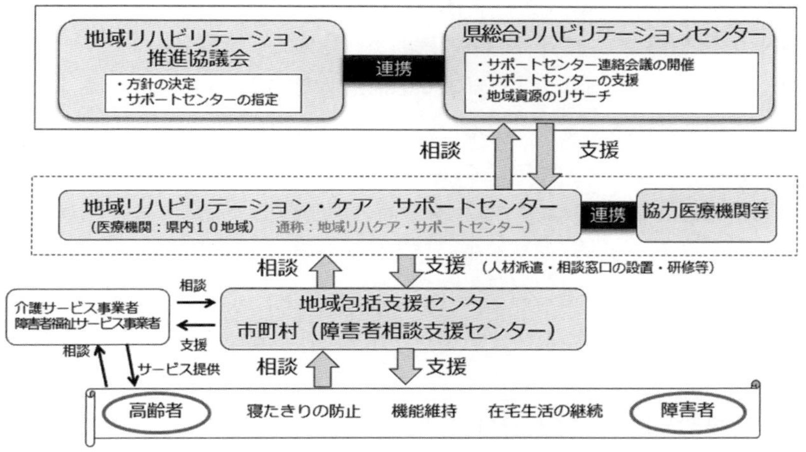

（出所）日本介護経営学会主催「被災地における医療・介護のイノベーションと地域包括ケアへの展望」シンポジウム（2013年11月24日，石巻専修大学）における，斉藤報告スライド資料より。

が，地元（埼玉県）の地域包括ケアシステム構築の取組みにフィードバックされ，地域での生活自立支援のシステム構築に活かされ始めているということである。

2　被災者支援におけるサービスアプローチの工夫(3)

（1）リハビリテーションへの参加促進，継続性の維持における工夫

リハビリテーションへの参加を促すことや継続性を維持することは，人々が地域（自宅）において可能な限り自立的な生活を送ることを支える上で，大事な要素の1つである。様々な被災地支援を通じて，サービス提供場面におけるコミュニケーションのあり方や情報共有の仕方の工夫に係る知見が得られた。

リハビリテーションへの参加促進や継続性の確保にあたっては，プログラムの実施以前に，対象者とのコミュニケーションを丁寧に行うことによって人間関係・信頼関係の構築を行うこと，対象者を含む集団内の人間関係の理解に努

めることが有効である。この場合のコミュニケーションとは，直接リハビリテーションに関わることというよりも，もっと生活全般的な「人と人としてお互いを知る」ために交わされる会話といったことである。何気ない会話の中で発せられる情報について，専門職の観点から分析的に解釈をしていくということはもちろん重要であるが，それよりも前に，支援者・被支援者がお互いを知るということが非常に重要であるということである。

旧騎西高校やリステル猪苗代での予防，悪化防止リハビリの支援活動においては，最初から体操（プログラム）を全面に出すのではなく，避難されている人々とのコミュニケーションを通じた人間関係や信頼関係の構築が優先された。それによってまず，話せる輪（和）をつくっていき，徐々にリハビリテーションプログラムの実施につなげていった。性急なリハビリ実施に凝り固まることのない柔軟なコミュニケーションと，それを通じた人間関係づくりがリハビリ参加への障壁を低くしたり，継続性を担保したりするということである。

また，専門職と対象者個人の関係だけでなく，避難所の集団内にある人間関係の理解に努めたことが参加や継続性の確保に寄与した。地域社会と同じように，避難所にも人それぞれの役割や人間関係が時間の経過とともに生まれてくる。支援者として，その「場」に形成されている人間関係に配慮して関わることで，あまり乗り気ではなかった対象者や遠慮深くプログラムへの参加をためらっていた対象者なども，うまく参加に結びつけることができたり，継続を促したりすることが可能となった。

さらに，継続性の確保のために，関わりをもつ他主体との連携をしっかりと行った。具体的には，町の保健課，社会福祉協議会，他のボランティア団体（マッサージ）とボランティアチームを結成して丁寧なミーティングを定期的に実施した。それぞれの組織や専門性からみた対象者の人々の情報を共有することで，対象者の多面的な理解が深まった。そうした多面的な理解に基づく利用者との関わりが，利用者との信頼関係の構築，ひいてはリハビリテーション活動への参加の継続性に寄与した。

（2）　生活全体を見据えたサービス実践へのアプローチ

リハビリテーションの実践にあたっては，患者や利用者の体の状態（身体機能）だけではなく，「生活の状況」や「生活歴」「人間関係」といったその人を取り巻く環境条件を理解することが非常に重要である。ケア実践において，生活歴や既往歴が重要であるということはこれまでもいわれてきたことである。しかしながら，病院という「治療」を第一の目的とした環境の中では，どうしても患者の「体」を中心に診ることになりやすい。

避難所でのリハビリテーションの実践を通じて，場合によっては身体の状況よりも，生活の成り立ちや生活歴，人間関係を優先して理解することのほうが支援の質を高めることができるという経験をした。震災によって人間関係や生活環境が突然奪われるという状況の中で，過去にどのような社会的つながりや環境の中で生活をしてこられたのか，そして現在，どのような人間関係や社会関係が構築されようとしているのか，あるいは構築されずにいるのか，ということも含めて対象者と向き合っていくということが重要であった。サービス実践へのアプローチの方法論に関して，視点の転換があったということである。

3　事業者間連携を可能にする組織づくりと組織運営

（1）　多職種協働を可能とする組織づくり

多職種協働の重要性は喧伝されるが，これを組織的に実践することはとても難しい。被災地支援というある意味特殊な状況の中で，多職種協働を可能にする組織運営の仕方の1つの要素となりうるであろう取組みが行われた。

当然のことながら，被災地支援は本拠地の病院から派遣される形で行われたし，派遣される職員は順次入れ替わるという形態であった。このように，病院の中よりも情報共有が困難な状況の中，職員の側では ICT もフルに活用しながら，記録・報告会・ミーティング・メール配信等の情報共有の取組みを綿密に行った。また，リハビリ専門職だけが情報共有を行うのではなく，事務系のスタッフやレクリエーションに関わるスタッフも含めて行われた。それぞれの専門職の視点から把握・理解される情報には幅や深さに違いが生じるが，はじめから分業を前提とした情報の選別は行わなかった。

これを実施することによって，たとえ訪問するスタッフ（職種—専門性）が入れ替わっても，対象者の人々の全体的な状況を理解した上で関わりをもつことが可能となった。つまり，専門ではないから理解しようとしないのではなく，できる範囲で情報を読み取ってしかるべき専門職につないでいくということが可能となり，結果的にリハビリテーション活動に参加する人々との関係構築もうまくいったということである。

（2） 徹底的な情報共有に基づく異なる組織間の連携・協働関係の構築

支援活動を通じて，異なる組織間での連携や協働を進める上で重要な実践が行われた。避難所にはリハビリテーション支援を行う個人や団体が複数入っていた。それぞれがバラバラに記録をもっていたのでは，利用者それぞれの日々の取組み状況を踏まえた支援の継続は難しい。そうした情報の分散化を防ぎ，支援に継続性・一貫性をもたせていくため，複数の組織間で1つの記録を使うことや議事録を共有すること，緊急性の高い対象者の情報は現場に貼っておいて支援に入った誰もが見ることができるようにすることといった情報共有のあり方が実践され，質の高いリハビリテーション実践に寄与したということである。対象者の情報が断片的に複数の組織に分散するのではなく，あくまでも対象者を中心とした情報の集約の仕方が，結果として，関わる多組織間の協力関係構築の壁を取り払った。

被災地・被災者支援で力を発揮している CBR-Saitama Med.。その知見も活かされながら進められている埼玉県での地域包括ケアシステム構築の取組みなど，異なる専門職能団体や異なる専門家たちとの連携が実践できているのは，やはり震災を契機とした支援を通じて得られた経験知が非常に大きい。混乱状況の中で複数の組織，団体が関わっていた状況で，リハビリテーション支援を実施している時間や場所だけでなく日常的にどのようにすればいいか議論し，異なる組織に属するスタッフあるいは異なる専門性を有するスタッフが一緒に悩むという経験を通じて目標や目的が組織を超えて共有され，協働で関わる合意形成ができたということである。異なる組織や専門職であったとしても，利用者を中心に置くという原則と，共通の情報をもつ／つくっていくという実践は，連携や協働を可能にするために非常に重要な要素であると考えられる。

（3）組織の一体感の醸成

組織として継続的な支援を行っていくと共に，組織を超えた連携を可能としていくための前提条件として，組織の一体感の醸成も重要な要素であった。本拠地を離れて被災地に支援スタッフを継続的に派遣するということは，派遣元の現場からみた場合には，現場を担うスタッフの数が減るということである。本体事業はもちろん変わりなく継続されているわけであるから，現場にとっては負担になる。したがって，本体業務を担うスタッフと支援に派遣されるスタッフの相互理解がなくては成り立たない。本業も外部支援も私たちの組織がもつミッションとして同等の重みをもつものであるという価値観を組織的に共有できるか，ということが鍵になる。また，そうした価値観を共有できた組織でなければ，組織を超えた連携がうまくいくとは考え難い。

医療法人真正会では，組織のトップによるスタッフ全体への呼びかけや感謝の言葉が忘れられることがなかった。被災支援に派遣されるスタッフばかりに声がけするのではなく，留守を守るスタッフの力があってこそ，本業を疎かにしない支援活動が成り立っているという事実を，きちんと伝えるということである。現場レベルで仲間を気持ちよく送り出し，さらに現場に仕組みとして根づかせていくために，被災地へのスタッフの派遣を現場のシフトに組み込んでいった。これは，現場のスタッフがどのように動いているのか（被災地支援に行っているのか休みなのか，等）について，課長や主任はもとより現場スタッフ同士がよく理解し合うことができるという効果をもった。それだけでなく，朝礼やメール，あるいは忘年会等のあらゆる機会を捉えて情報共有が丁寧に行われた。

また，「組織として」被災地支援を行っているという実感をスタッフ一人ひとりがもつために，初期の段階から薬剤師や栄養士，レクリエーションワーカーといったリハビリテーションの専門職以外のスタッフも戦略的に活動に参加してもらうようにした。こうした取組みは，被災地支援だけでなく，種々の地域貢献活動においても充分活かされるべき工夫であると考える。

注

(1) 第１節の実践内容の記述については，日本介護経営学会主催「被災地における医療・介護のイノベーションと地域包括ケアへの展望」シンポジウム（2013年11月24日，石巻専修大学）における，斉藤正身（医療法人真正会 理事長，全国デイ・ケア協会 会長）による報告および資料に基づいている。

(2) 医療法人真正会ホームページ　http://www.kasumi-gr.com/index.html　2014年４月14日アクセス。

(3) 第２節および第３節の記述内容については，2013年12月９日に日本介護経営学会「被災地における地域包括ケアの創造的な展開とシステム化への支援策に関する調査研究事業（平成25年度老人保健事業推進費等補助金〔老人保健健康増進等事業〕）」において実施された，斉藤正身と渡部慶和（医療法人真正会　作業療法士，CRU：地域支援担当　サブマネジャー）へのヒアリング調査（実施者：工藤健一）を基にしている。

参考文献

医療法人真正会「Annual Report 2010.4～2012.3 DATA FILE」 http://www.kasumi-gr.com/img/Annual2010_2012.pdf　2014年４月14日アクセス。

医療法人真正会「Annual Report 2012.4～2013.3 DATA FILE」 http://www.kasumi-gr.com/img/Annual2012_2013.pdf　2014年４月14日アクセス。

日本介護経営学会「被災地における地域包括ケアの創造的な展開とシステム化への支援策に関する調査研究（平成25年度老人保健事業推進費等補助金〔老人保健健康増進等事業〕）」事業実施報告書，2014年３月。

第8章
モバイルデイケアと
リハビリテーション・サービスの多機能化

土井勝幸・加藤　誠

1　災害とリハビリテーション

大災害発生に伴う大規模な避難生活では，生活の突然の途絶や強い心理的喪失感などに加え，地域社会の馴染んだ関係の離散や健康や生活を支える支援サービス提供の悪化などにより，心身の活動性は著しく低下する。東日本大震災では，そうした状況が，大規模に，しかも広範囲にわたり，長期継続的に起こっている。特に，避難所から仮設住宅への移行後の段階で，不透明な生活再建の先行きへの不安や仮設住宅での生活の長期化などが予想される中で，意識の閉塞や身体的な活動性の低下に対応するための新しい支援介入の開発が急がれた。

リハビリテーションには，機能回復や予防を通して，「生きづらさ」を抱え込んだ人々に生活への指導権の再獲得を促すという機能がある。その機能を，心身の活動性が低下した大規模災害の被災者に対し提供するためには，利用者がリハビリテーション施設に通所する方法や自宅という孤立空間で訪問サービスを待つという従来のサービス提供方法を改善し，地域内に小規模な集合空間を準備し，巡回型で頻回性のあるサービスを継続的に提供する方法の開発が必要になる[(1)]。リハビリテーションの提供機会をモビリティ化するのである。そのことで，被災者の生活孤立の防止と個別的な実情を考慮した協働型のサービス提供とを一体的に組み立て，包括的かつ創造性に富んだやり方で支援できる新しいリハビリテーションを試みることができるのである。

2　巡回型リハビリテーション（モバイルデイケア）の基本構想

「モバイルデイケア（巡回型通所リハビリテーション）」は，施設で提供する通所リハビリテーションを利用するのに困難を抱える山間地や離島などに居住する高齢者に対し，通所リハビリテーションをモバイル化することで身近にサービス機会を提供することを狙いとして，公益社団法人全国老人保健施設協会により2005～06年度に試行的事業として取り組まれたことがある。介護保険法改正により地域密着型サービス，介護予防サービス，介護予防事業が創設されたものの，リハビリテーション・サービスそのものの量的不足やサービス提供における地域間格差などの解消が課題となり，その解決に老人保健施設として貢献する１つの方法として施設において提供されてきた通所リハビリテーションを巡回型で出前することが構想されたのであった。2006年度には，新制度開始後に明らかになった課題をふまえて，実施対象層の絞り込みや実効性の高い新サービスの開発などが試みられている。

2006年度の事業では，要支援・ハイリスク層への対象者層の絞り込みや大都市圏の山間部や豪雪地帯といった地理的条件のターゲットの拡大が試みられたが，その経験は，東日本大震災の被災者に対しモバイルデイケアを提供する上で，有効な検証条件となった。東日本大震災後の被災者の避難生活では，地域の中心部に支援資源が集中し縁辺地域への支援が希薄になる傾向や，移動手段や生活手段の喪失などの制約から通所型のサービス利用に困難を抱える被災者が大半であった。仮設住宅の住民の大半は，高齢者世帯ないし高齢者同居世帯であった。住民は，財産や仕事を失っただけでなく，突然の人生の途絶や先行きへの不安といった深い心理的喪失に加え，日常社会における役割や参加機会も失っていた。要するに，“リハビリテーション過疎”と定義できるような状態が出現したのである。

仮設住宅での生活に伴う問題として，運動器系の障害（骨粗鬆症，骨格筋の萎縮，関節拘縮），循環器系の障害（深部静脈血栓症，エコノミークラス症候群，起立性低血圧，褥瘡），精神・認知の障害（抑うつ状態，仮性認知症），その他，尿路結

図８－１　仮設住宅・避難所での生活上の課題

- 食糧・栄養状態：不足，偏り
- 衛生環境：清潔な水，消毒剤
- 社会心理的環境：不活動による健康障害，心的外傷症候群 PTSD

深部静脈血栓症に伴う肺梗塞

廃用症候群／生活不活発病／筋肉減少症／ロコモティブシンドローム

→要介護状態／自立度の低下

リハビリテーションの必要性が高い

運動器系の障害：骨粗鬆症，骨格筋の萎縮，関節拘縮
循環器系の障害：深部静脈血栓症，エコノミークラス症候群，起立性低血圧，褥瘡
精神／認知の障害：抑うつ状態，仮性認知症
その他：沈下性肺炎，尿路結石，尿失禁，便秘

石，尿失禁，便秘などが多発し，リハビリテーションへのニーズが高まっていた（図８－１）。

そこで，全国老人保健施設協会では，岩手，宮城，福島３県の応急仮設住宅各１カ所を対象に選定し，2012年10月から翌年２月まで試行的な巡回型リハビリテーションを，チームケアの考え方で実施することとした。事業の目的は，被災者の仮設住宅等での生活の長期化に対応して，生活機能の維持・向上・改善を図ると共に，閉じこもり予防・認知症予防などを図ること，そのために，これまで蓄積されてきたノウハウを活用展開させることにあった。応急仮設住宅においてリハビリテーションを十分に受けることのできない人々を対象に，週１回通算16週の連続プログラムで，医師，看護師，理学療法士，作業療法士，介護スタッフ，支援相談スタッフ，歯科衛生士などのチームによるケアが提供される仕組みである（表８－１）。

なお，2013年度は，多職種チームケアで老健機能を地域に開放提供するというモバイルデイケアの考え方と同様の視点に立って，介護予防事業が対象としない地域で自立生活を送っている高齢者および対象であっても参加していない高齢者を対象に，介護予防サロンを開設している。

筆者の土井が施設長を務める医療法人社団東北福祉会老人保健施設「せんだんの丘」は，全国老人保健施設協会のモデル事業担当施設の１つとしてモバイルデイケアならびに介護予防サロンの両事業に取り組み，またモデル事業終結後は，宮城県の健康支援事業の活用によりその成果を引き続き展開させてきて

表8-1　モバイルデイケアのスケジュール（2012年度）

開催日	参加者数	トピックス
10月5日	13	身体機能の測定
10月12日	13	
10月19日	9	歯科衛生士同行
10月26日	9	欠席者の自宅訪問。運動強度の検討
11月2日	7	地域包括・保健師とミーティング
11月9日	7	
11月16日	7	
11月23日	8	地域包括・保健師とミーティング
11月30日	11	手芸・活動
12月7日	9	
12月14日	10	飾りづくり・保健師とミーティング
12月21日	12	
12月28日	11	歯科衛生士同行
1月4日	10	
1月11日	−	継続支援についてのミーティング

いる。本章では，「せんだんの丘」の取組みの成果に焦点をあてて記述している。

3　石巻市「にっこりサンパーク」における取組み

（1）「にっこりサンパーク」への支援の経緯

宮城県内の支援対象地として選ばれたのは，石巻市十三浜（じゅうさんはま）地域である。十三浜は，漁業を生業とし，経済，生活，文化など地域の結びつきの強い地域であった。東日本大震災の津波は，沿岸の家屋と共に生活の基盤を根こそぎ奪い，もともと高齢化率の上昇に伴い様々な高齢者生活支援のあり方が模索されてきたところ，突然の急激な生活変容が人々の生活のリズムや生活を成り立たせてきた全体的な社会機構を奪ってしまった。加えて，これまで地区の生活支援を中心に担ってきた石巻市北上総合支所の職員の生存率はわずか5％で，犠牲になったほとんどの職員と共に，暮らし支援のノウハウも失われてしまった。

十三浜地域の介護サービスは，地元の社会福祉法人や社会福祉協議会が運営する通所介護と訪問介護で担保されていた。津波被害等によりそうした介護事業のすべてが一時中断や撤退を余儀なくされた。

図8-2　モバイルデイケアのイメージ

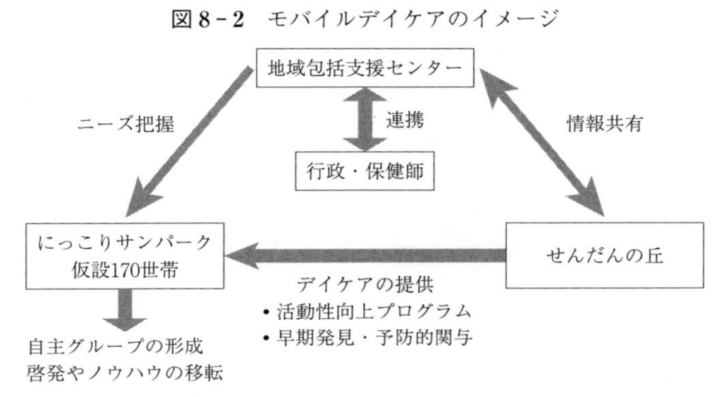

北上地域には応急仮設住宅が3カ所，約300世帯が確保されていたが，他の応急仮設住宅に比べ世帯数が少ないために，積極的介入が始まったのは他の地域に比べ最も遅い地域の1つとなった。そのうち，十三浜地域の被災住民は，旧北上町地域で数少ない高台の平地であるスポーツ複合施設「にっこりサンパーク」に建設された178戸の仮設住宅に入居した。被災入居住民の約8割が高齢者であることに加え，被災による深い喪失感などから生活不活発，認知症，アルコール依存などの問題が表面化していた。被災前からリハビリテーション資源が存在しなかったことに加えて，上記のとおり行政担当者や介護・福祉サービスの担い手の被災・離散や活動場所の消失などで，サービスのネットワークも，それを支えてきた情報・ノウハウも失われた状態にあった。さらに，津波による交通ルートの破壊で，支援の集中する石巻市内の大規模仮設住宅団地や中心部とは対照的に，発災から6カ月を経た段階でも専門的なリハビリテーション支援がまったく行われていない状況であった。

モバイルデイケアの基本的な考え方は，生活における心身の活動性の向上に向けリハビリテーションによる支援のニーズが存在しているにもかかわらず，施設・通所型のサービス資源やサービス提供体制が整っていない地域に居住するために，サービスへのアクセスに困難を抱える人々に対し，包括的なチームケアの仕組みにより短期集中のリハビリテーション・プログラムを出前で提供するというものである。「にっこりサンパーク」の仮設団地は，大規模災害による喪失・悲嘆という心理社会支援が強く要請されるという条件が加わっていたにせよ，モバイルデイケアの基本的な考え方がまさに想定する対象であった（図８－２）。

（２） 介入方法

モバイルデイケアは，農山漁村の過疎地域や都市圏の縁辺地域など，一般に，高齢化，生活孤立化，健康社会サービス基盤の衰微が相互性をもって進行してきている条件不利地域を対象とする構想であるため，利用者とサービス事業者の当事者間でサービスが提供・利用されるという関係づくりにとどまらず，様々な関係情報の収集整理と専門的な解釈判断，支援目的と方法に関する事前の説明周知，仲間や地域の顔見知り関係の活用，地元行政との円滑な協力，効果的で効率的な成果を生み出す統合的チームケアの構築など，当該対象地域の住民ニーズに適応した支援機構の構築と最適なマネジメントが必要になる。

モバイルデイケアでは，介入の主旨として，「リハビリテーション」と「いつか終わる支援」「健康意識の啓発・啓蒙」をコンセプトに，地域住民と向き合うこととした。「いつか終わる支援」とは，外部団体は北上地域に根ざすということはできないから，期間を区切って退かなければならないのが現実である。そのためには，地域に対して，できないことをしてあげるという支援ではなく，自分たちでできるようになる支援が必要であると考えた。地域の資源を最大限活用するためには，アセスメントと資源の発掘，ネットワーキングが重要で，分断された地域のつながりや資源のつながりを適正化かつ効率化する視点が必要であった。その考えを具体的に進めるための主軸となるツールとして「リハビリテーション」を活用する。いつか退かなければならないことが前提であるから，地域住民の参加を積極的に促し，自主的主体的に運動や活動に取り組もうとする「健康意識の啓発啓蒙」を並行して進めることで，仮設住宅を中心に地域全体に働きかけることを目的とした。

そこで，①北上地域の地域包括支援センター・北上保健センター・北上総合支所・在宅介護支援センター・地域住民ボランティア団体との話し合いを重ね，地域の実情，ニーズ，進め方，地域の特性などについて，情報の整理と意識合わせを行った。生の情報をもつ現地の当事者のもとに足を運び情報の収集整理を行うことは，介入対象の特定のために不可欠な作業である。②介入の具体的な方法論を見定めるために，仮設住宅居住者の生計の条件，人のつながりの様子といった現地の生活実態を可視化する情報を，地域住民の運営するボランティア組織の協力を得て収集した。その中で，顔見知りの集う空間づくりや介入スタッフの顔つなぎといったお互いの関わり難さを解消するための方法の見定めを進めた。③介入への協力と参加を組織するために，地域包括支援センター，保健師，ボランティア，仮設住宅代表など入念な打ち合わせを実施した。その目的は，支援の目的を明確に伝え，共有すること，また，期間限定の介入であり，そのノウハウを住民に移転して介入撤退後に住民が自主的に継続して役立ててもらうようにする意図のあること，を説明することであった。④打ち合わせに参加した当事者に，それぞれ気にかかっている人やその友人を誘ってもらったり，訪問して参加を進めたりといった活動に力を入れた。

最も重要なことは，介入側の「やりっぱなし」にしないことであった。事業計画として実施しなければならないことを押しつけるのではなく，地域住民にとって必要な支援と介入側のやらなければならないことを相互理解が成立するまですり合わせ，実施にあたっても被支援者やそれを支援する住民との同意を形成しながら行うことを重視した。透明性，合意，参加といったコミュニティ・ガバナンスの基本原則を推進する方法を採ったことになる。

（3）　支援内容

支援内容は，①生活活動性の促進のための運動支援，②口腔・栄養支援，③健康マネジメントへの支援，④ノウハウ現地化のための人の育成，の4領域から構成されている。

活動性の促進支援では，運動プログラムに「集まる」こと，「共同する」，それに「創作する」の要素を重視すると共に，生活の前進に向けたリハビリテーション意識の啓蒙を重点化した。口腔・栄養支援では，参加者の食事実態調査の結果，高カロリーではあるが栄養バランスを欠くという問題が検出されたため，栄養指導ならびに日常的な介入については住民生活の実態に近接した情報をもつ地元保健センターの保健師に役割を依頼した。口腔ケアについては，口腔機能を正しく理解することが出発点になることから，チームの歯科衛生士による講話を実施した。

健康マネジメントについては，医師による問診や現病，通院状況，既往症などのデータ把握から始め，看護師を中心に，個別の健康把握や指導を実施した。特に，日常的に健康を意識して生活する姿勢を醸成するため，自宅でのバイタルデータの自測と記録，看護師へのフィードバックと自測データに基づく助言指導のプロセスを重視した。

人の育成は，外部からの支援の終了後に，この活動を自力で継続するためのマネジメント人材を養成することを目的としている。したがって，ノウハウの移転・現地化という意味を有している。一般に，外部から被災地に向けた生活自立支援の活動では，補助金や委託費，寄付金など活動経費の裏づけと結びついたものが多く，経費の終了に伴い活動も停止するものが多い。臨時的な雇用機会の創出プログラムについても同様のことがいえる。これに対し，モバイルデイケアのプロジェクトでは，短期間集中の質の高い支援を，効果の効率的達成，手法の透明性，ノウハウの公開を原則に実施した。支援主体中心ではなく，継続性に向けたノウハウの現地化とリーダー人材の育成を中心に活動を組み立てたのはそのためである。つまり，活動内容と意義を地域のできるだけ多くの人に知ってもらい，参加してもらい，活動の基盤となる輪を拡げること，その中から，代表となって活動をマネジメントできる人々を育てること，その人々に対し運動指導の方法，活動に必要な物品の調達の方法，地域包括支援センターや保健センターとの協力の進め方などのノウハウを一連のものとして移転することを重視したのである。

(4)　確認できた効果

短期集中的かつ効率的なチームケアによって，次のような効果が確認できた。

まず，シルバーカー使用が杖使用に変化したり，風呂の出入りが容易になったなど，身体機能の向上がみられた。日頃の生活で困難を抱える場面に対する入念な聞き取りを踏まえた支援を行うことで，支援効果を上げることができた。第二に，参加者の中で，積極的に人を募り，支援実施日以外に自主的な活動を始めた人が出てきた。加えて，顔見知りの輪が拡がり，茶のみ会の参加人数が倍増した。相互の生活の状況を理解し，気にかけあう輪が拡がった。第三に，これまで意識して運動していたという人が皆無だったのに対し，今回の活動を通し，毎日の時間や距離（目安の場所など）を決め，数人で集まって運動する習慣が拡がった。第四に，意識してバランスの取れた食事を摂るようにしたり，食後に義歯の洗浄を実施する人が増えた。

巡回型通所リハビリテーションは全16回という短期間で終了したが，その中でも身体機能の改善以上に，課題の抽出や振り分けができたことは大きな成果であった。しかし，課題が把握できても，それに継続的にアプローチできるリハビリテーション・サービスの資源が整っていない。地域に根ざした住民参加型リハビリテーションには，率直にいって，住民意識の壁もあった。住民のリハビリテーションに対する意識は「入院してやるもの」で，通所介護等で行われているレクリエーション等から効果を得ることは難しいという意識である。

住民意識は，上記のとおり，リーダー層の登場によって徐々に変化する。公的な支援が不可欠なのは，資源の整備である。本プロジェクトでは，宮城県の実施する健康支援事業を活用して，中期的（最大５年）の支援でこれを整備していくこととした。継続支援であることと併せて，より地域に密着した事業内容であることと，要介護・要支援等の認定にとどまらず，必要性に応じて提供できる事業であるため，予防的視点の啓蒙啓発にも有効であると判断したからである。執筆時点で，これを活用した継続的な集団体操や戸別訪問によるリハビリテーションの普及・併発を実施している。

その結果，地域の介護予防事業など市総合支所・地域包括支援センターなどと共催・協働するなどの地域資源としての有効活用は進んできている。ただし，未だに「せんだんの丘」が保有する施設内リハビリテーションや地域サロン型リハビリテーションのノウハウを地域の事業所に継続的に移転していかなければならない段階にある。その意味で，過渡的な不安定な段階だといってよい。リハビリテーションは生活の中で生きる機能でなければならないし，それをアセスメントしながら介入できる事業でなければならない。それを地域の中で，地域の事業者や住民が実施してゆくことが，この先必要になろう。

4 モバイルデイケア事業全体の効果の検証

全国老人保健施設協会のモバイルデイケア事業は，2011～2012年に，石巻市「にっこりサンパーク」の他に，陸前高田市と福島市を加え3対象地域で実施された。事業効果の検証[(2)]は，以下の共通の5指標に沿って行われた。

①意欲のアンケート

Vitality Index（意欲の指標）

②運動機能

握力，開眼片足立ち時間，ファンクショナルリーチ（バランス能力の評価），長座位体前屈，Time Up & Go テスト，5m最大方向速度

③額・顔面・口腔機能（福島市のみ）

咬筋の緊張，歯や義歯の汚れ，舌の汚れ，反復唾液嚥下テスト（RSST），オーラルディアドコキネシス（口腔機能の巧緻性および速度の評価），ブクブクうがい

④E-SAS（運動機能・動作能力指標・心理社会的評価）の6つの評価項目

1）生活のひろがり，2）ころばない自信，3）入浴動作，4）歩くチカラ，5）休まず歩ける距離，6）人とのつながり

⑤事業実施後アンケート

参加者アンケート，事業実施施設長アンケート，事業実施スタッフアンケート

3対象地域の平均を取ると，運動機能については多くの項目について改善が確認される。介入スキルの向上やプログラム内容の改善により，さらに効果の向上が期待できる。他方で，E-SAS による効果では，「生活のひろがり」の微小の変化を除き，全体的に効果は認められなかった。これは，心理社会的な圧迫要素や仮設住宅といった環境因子が阻止要因として作用しているためであり，社会参加など関係性や心理的活動性の向上，IADL（手段的日常生活動作）等の主体的活動への支援が併せて重要であることを示唆している。

プログラム参加者へのアンケートでは，92人の参加者全員が「楽しみながら

参加できた」と答えている。参加理由では，「仲間と一緒にリハビリテーションをする」が最多であった。リハビリテーションの継続やモバイルデイケアへの再参加の意向が9割を占めた。初年度の参加者アンケートでは「寂しさをまぎらわすことができた」「気持ちが楽になった」という意識であったが，2年継続することで主体的参加や積極的継続への意識に転換していることがわかる。今後，これを「生活の質」の変化の詳細なアセスメントへとつなげることが求められる。

事業実施主体である施設長がモバイルデイケア事業にどのような期待を寄せているかでは，活動量の低下している高齢者の活動量の向上や運動の場の提供，仮設住宅内外の住民の交流のきっかけづくりに効果があるとの認識が得られた。老人保健施設が実施主体となることについて，多職種によるチームアプローチを用いることで多様な視点をもつプログラムの構築・提供ができることと，日頃から生活自立支援の意識が共有されていることで生活のしづらさを解消する視点や生活の幅を拡げる視点を組み込んだ高質のリハビリテーション機能を構築しやすいことが認識されている。これと同一の効果は，今後，地域包括ケアのシステム化の中で実験されていく，事業主体を超え地域大での多職種連携チームにも期待することができる機能であろう。

定期的・継続的な実施に向け，被災地域での事業実施にあたっての留意点が整理された。地域包括支援センター等との密接な協力関係の構築や適度の広さのある活動空間の確保，給排水や，冷暖房，トイレなどが必須であること，持続参加を促すためのプログラムの工夫が必要なことなど一般的な条件に加えて，実施スタッフは専任者で，リハ職，看護職，介護職または支援相談員を基本とする構成が望ましいこと，医師による診察や健康チェックが必須であること，頻度は週1回2時間程度とし，15人以内が適切であること，仮設住宅内の利用者のみならず住宅街の周辺住民とのコミュニケーション促進の配慮が必要なこと，被災時や被災地等を連想させることは避けることなどが，特に考慮されるべき条件として明らかになった。

5　被災者支援を通じたリハビリテーションのイノベーション

東日本大震災の被災地域では，発災前からすでに地域空洞化や過疎・高齢化の進んでいた沿岸半島部や島嶼部を中心に大規模な人口流出が生じており，津波被災を逃れた高台集落の孤立も進んでいる。今後，仮設住宅の集約と復興公営住宅への生活移行も本格化する。全般に，取り残される高齢・障害者の生活支援が主要課題となっている。その中で，医療，介護のサービス資源を現地に調達・配置できない地域について，代替的で効果的なサービス提供のシステムを構築することが喫緊の課題となっている。被災後の仮設住宅における心身の活動性や生活環境の向上を目的として実験されたモバイルデイケアの仕組みは，医療介護資源の窮迫状況に対する必要最小限の緊急の介入ツールとして試みられたものであったが，資源空白地域における一般的なサービス充足方法としてシステム化することも可能である。

被災直後の介入では，参加によって他者との交流のきっかけになり，参加すること自体が参加者の心理的ケアになったとも考えられるが，実施2年目においては，リハビリテーションの重要性そのものを理解するなどのリハビリテーション参加に対する主体性や実施過程での他者との協働関係の構築といった積極的な面がみられた。時間の経過にしたがい，対象者の状態やとりまく環境も様々に変化していく。その中で，対象者の状態を的確に分析把握し，必要な支援を的確迅速に提供するためには，多職種が日常的に協働する介護老人保健施設のノウハウが活きる。モバイルデイケアを機動的に実施するには，地域包括ケア方式や関係事業者のコンソーシアム方式など多様な方法論があり得るが，老人保健施設機能のアウトリーチという方法も有力な選択肢である。

事業対象となる被災高齢者は，長期にわたる仮設住宅での生活となっているため，仮設住宅地域でのコミュニティの再構築は非常に重要な意味をもつ。しかし，激変した生活環境や将来への不安などから，仮設住宅で閉じこもり，孤立する高齢者の増加が懸念される。モバイルデイケアは仮設住宅地域周辺の住民とのコミュニケーションを視野に入れたため，参加することで他参加者との交流のきっかけから新たな関係づくりが構築されたことは，コミュニティ再構築において重要な点だと考えられる。人と人をつなぐ機能である。この機能は，地域社会の関係性の空洞化への対応方式として汎用性を有していると考えられる。

6　作業療法による貢献

最後になるが，筆者はリハビリテーションの専門職種の１つである作業療法士である。

作業療法の目標は，主体的な活動と参加を援助することであり，その手段は日常生活に関するすべての作業活動で，日常生活活動（個体の生存に必要な作業活動），仕事・生産的活動（社会的に必要な義務的作業）や遊び・余暇活動（自由な時間における作業活動）等に分類される。一方，介護保険制度では，理学療法・作業療法・言語聴覚療法の役割や専門性について言及されておらず「リハビリテーション専門職種」という大枠で括られていることもあり，いつしか「リハビリテーション≒運動」というイメージが定着してしまった感がある。

作業療法（士）の専門性とは，医学の知識や技術を基盤に，暮らしを構成する作業を通して人やその生活機能を観，障害があってもその人が生活に必要な作業ができるよう援助することである。また，生活機能の状態に応じて，人的環境や物理的環境，制度・サービスなどの社会的環境を整え，対象者の生活経験やできること，したいこと，ニーズを活かし，その人らしく生活できるよう支援することにある。

今回の被災者支援はまさに前述した作業療法の本来の考え方をベースに支援を開始し，多職種・多機関との連携を前提とした具体的な地域生活支援のあり方を提言してきた。医学モデルを中心とした狭義のリハビリテーションから，個人の自立から地域のコミュニティの再構築に至るまで，生活者を取り巻く環境のすべてに寄与することができるリハビリテーションの今後のあるべき１つの姿を示すことができた。作業療法（士）は，このリハビリテーションの新たなあり方を具体的に示す役割を担うことで，サービス・イノベーションに貢献できるものであることを確信している。

注

⑴　もともと世界保健機構（WHO）の進める「地域を基盤とするリハビリテーション（Community Based Rehabilitation）」には，多元的な社会セクターの協働を通じて障害者およびその家族にリハビリテーション・ニーズを適切かつ効果的な方法で充足すると共に，社会的包摂と参加を促進するという目標が組み込まれている。リハビリテーションをモバイル化する構想は，施設内で提供されるリハビリテーション・サービスの提供空間を地域に移すというだけにとどまらず，家族・隣人との協働や当事者の関係性や社会への参加の拡充，制度資源と法外資源との効果的組み合わせによるサービス提供の効率化といったサービス・イノベーションの要素が組み込まれている。

⑵　公益社団法人全国老人保健施設協会『モバイルデイケア（巡回型リハビリテーション）事業報告書』（平成24年度独立行政法人福祉医療機構社会福祉振興助成事業報告書），１頁。

第Ⅱ部

復興への介護システム・イノベーション

II

Summary

災害復興過程は，「サービス」のイノベーションに加えて，復興後の長期的な介護提供体制のあり方を見通した「システム」のイノベーションが意識される時期となる。このとき，専門人材の育成・配置，隣接地域間での後方支援体制，復興のまちづくりと整合性のある地域介護体制，公的保険制度と民間力との接合のさせ方などの課題が，災害によって可視化することとなり，復興の方向性や復興後のまちづくりの政策づくりに責任を負う当事者は，復興の工程と復興後の姿を常に一体でデザインすることになる。そして長期の復興過程の各段階で必要となる基本構想や事業計画は一貫した序列性をもつものとなるはずである。2015年から３年間の介護保険事業計画は，10年後に想定される復興完了の姿への一里塚とならねばならない。第II部は，特に止目すべきと思われる５例の構想を取り上げている。

第９章は，WAM（独立行政法人福祉医療機構）の有する民間活動支援機能を，地域を主人公とした民間活動の促進や災害福祉広域支援ネットワーク形成に活かしていく仕組みを構想している。第10章は，被災地と都市部の未来の課題の共通性を踏まえて，釜石市と柏市の取組みを通じて，在宅医療・看護・介護の連携体制やコミュニティケア型まちづくりといった次世代型地域包括ケアのシステム構想を提示している。第11章は，被災で顕在化した地域医療の担い手不足の深刻な課題に東北大学がどう立ち向かうか地域医療体制整備のシステムを扱っている。第12章では，大規模被災地・石巻市に隣接する涌谷町の町民医療福祉センターが，その有する地域包括ケアの仕組みを石巻支援に役立てた経験から，隣接地域間での後方医療・介護機能の弾力的編成の仕組みについて提起している。第13章は，石巻市開成仮設団地における市民病院仮診療所の活動から構想された24時間医療を核にする地域包括ケア構想とその立案プロセスの革新性について紹介している。これらを通じて，私たちは現在全国で展開しつつある地域包括ケアシステムに不足しているもの，それぞれの地域にふさわしくかつ共通して用いられるべき考え方や技法，構築する際のソフトにかかわる「イノベーションの『素』」を知り，わが国の医療・病院のあり方が様変わりするであろう2025年を目指した設計図のコンポジション転換を考えることとなる。

（栃本一三郎）

第9章
復興に向けた新たな社会連携支援

長野　洋

1　まずは現場へ

(1)　WAM とは

独立行政法人福祉医療機構（以下，WAM）は，社会福祉事業振興会（1954年設立）と医療金融公庫（1960年設立）とが1985年に統合し社会福祉・医療事業団となり，その後，2003年に現在の独立行政法人となった。筆者は，初めての民間出身の理事長として2008年に就任した。理事長に就任以来「お客さま目線と健全性」を掲げ，民間活動応援宣言を経営理念として，わが国の福祉と医療の向上等に努めた。

WAM は，福祉施設や医療機関に対する建築整備等の融資および経営支援業務をはじめに，福祉施設に働く人々の退職手当共済事業，重度の障害のある人々の生活支援の一助をなす心身障害者扶養保険事業，NPO 等が行う地域の先駆的取組み等を支援する社会福祉振興助成事業（以下，WAM 助成），老後の生活の一時的な資金のための年金担保貸付事業，そして様々な福祉・保健・医療に関する情報を積極的に提供する WAM NET 事業など10の事業を実施している。

未曾有の災害となった東日本大震災に際しては，発生直後から災害対策本部を設置し，貸付事業の当面の返済猶予等の措置はもとより，各種相談等に対応できるよう全部署に専用回線を設置し，土日返上での相談対応の体制をとり，申請書類等の簡素化，ホームページや WAM NET メールマガジンでの情報提供等を実施した。

10都県にまたがる被災地の福祉施設や医療機関の建物被害の復旧はもとより，

それらを利用していた被災者の安全，安心を早期に実現するにはどうしたらよいか，被災地の事業者や利用者の期待に応えて WAM として取り組むべきものは何か等を考え続けてきた。東北に拠点をもたない WAM としては，関係機関や各種団体等との連携，情報交換を密に行いつつも，被災した人々の実情はどうか，事業の再開の見通しはどうか，何を求めているのか，真に必要な支援は何か等を知り得ることが優先課題であった。

（２）　解は現場にある

筆者は「解は現場にある」という視点で行動してきているが，「まずは私が現場へ」と決め，2011年４月29日から５月１日にかけて，理事長と役職員27人が２人１組のチームを組んで，福祉・医療の被災法人53施設ならびに県庁等に直接訪問し，現状とこれから何が必要かの聴き取りを行った。津波の惨状を目のあたりにして，心が痛むと共に，あらためて早期の復旧・復興への取組みを誓った。

（３）　出前の相談会

WAM の支店は大阪に１つだけであり，東京で待っていたのでは現地の法人のニーズは入ってこない。そのため福祉貸付，医療貸付の出前の相談会をできるだけ近い場所で開催しようと，茨城県を含む被災４県で厚生労働省，東北厚生局，被災各県の医師会，歯科医師会，社会福祉経営者協議会，社会福祉協議会，老人福祉施設協議会，障害児者関係団体，保育の協議会等の関係団体と連携をとりながら2013年３月時点で26回（のべ284件）の現地訪問相談会を実施した。筆者自身も，2013年10月までに11回，15カ所ほどの社会福祉施設，病院，仮設住宅等を訪問し，貴重な意見等を聞いてきた。

被災現場からの要望として多かったものを５点挙げると次のとおりである。

①医師・看護師などの人材確保を支援してほしい。

②復興に対する国，自治体の支援内容をその都度知りたい。

③津波被災地域や原発による警戒区域から，高台等へ移転改築したい。

④診療報酬・介護報酬の改定内容を勉強する時間がとれないため，被災地で

セミナー等を開催し，教えてほしい。

⑤復旧後の施設を経営するにあたっては，新しい体系の介護事業や小規模多機能施設などが欠かせない。こうした施設に係る経営ノウハウを知りたい。

これらの要望を受け，国の第一次，第二次，第三次補正予算として，施設整備等の無利子貸付の拡充，市町村が認めた新たな小規模施設の復興事業への支援，既存貸付の返済猶予の5年間延長，二重債務問題への対応，各種掛金等の納付期限の延長，年金担保貸付等の利息軽減と返済猶予等を実施してきた。

また，WAM NET を使った被災地支援団体用の情報掲示板の設置，復興支援の情報や経営ノウハウなどを提供する施設経営セミナーの現地開催なども行ってきた。

2　民間活動とそれを支える寄付，助成の動き

(1)　NPO，ボランティアなど民間による支援

○リアルタイムで被災を知る

WAM のもう1つ大きな取組みとして，NPO 法人等の被災地支援に対するWAM 助成の活用が挙げられる。WAM はフォーマルな支援だけでは間に合わないニーズや充足しきれない個別性の高いニーズなどに対応する，NPO 法人やボランティアなどによる温かみのある柔軟な活動を助成金で下支えしてきた。

東日本大震災ではかつて例のない甚大な被害がもたらされ，たくさんの人々が死亡・行方不明となり，被災地域の多くで電気水道をはじめとするライフライン，物流の遮断などが発生した。また被災地以外の人々も報道により都市部に近い地域の地震発生時の様子や，津波がまさに来襲する模様までその被害が尋常でないことをリアルタイムで知ることとなった。現地で大変な被害があっただけでなく，それ以外の地域でも一時的にガソリンをはじめ様々な物品の供給不足が起こるなど，深刻な事態が人々の身近に迫った。このような状況の中で多くの人たちにとって寄付やボランティアなどに関わることが自然に受け入れられたと思われる。

○ボランティアが現地へ参集

1995年1月の阪神大震災の際にボランティアなどの民間の活動が非常に高く評価され，市民活動がより確実に事業を展開できるよう，1998年12月に「特定非営利活動促進法」，いわゆる NPO 法の施行につながることとなった。さらに今回の東日本大震災では，被災地支援に関わることが一部の特別な人たちだけによるものではなく，より身近で国民的な動きとなったことが大きな特徴といえる。また，阪神大震災以降も，2004年10月の新潟中越地震などの経験を通して，NPO やボランティアによる活動は被災地支援の中で確実に重要性を増してきていたが，今回の震災では，発災直後から膨大な数のボランティアが現地に向かい，多くの NPO などの民間団体が支援活動を展開し，大きな役割を果たした。

全国社会福祉協議会の web サイト[(1)]によると，84カ所の災害ボランティアセンターが開設され，117万人を超えるボランティアによる支援が行われた（2013年3月現在），とされている。もちろんボランティアセンターに把握されずに行われた活動もあるため，実数はさらに多いはずである。

○民間活動の特徴

災害時における NPO やボランティアなどによる民間の活動は，公的な支援を補完するだけではない。むしろ民間だからこそできる大きな役割を果たしているが，その特徴の代表的なものを挙げてみる。

まず1つ目の特徴は，その迅速性にある。発災直後の救助・救命，災害救助法に基づく避難所の供与など重要な支援については行政が責任をもって行うこととなっているものの，交通や通信も途絶え，罹災によって地元の行政も混乱する中で，必ずしもすべてが迅速に決定され実施されるとは限らない。このような場面では拘束される事項が少なくスピーディな決定を下し実行に移せる民間の立場が活きてくる。今回，発災直後，特に電話回線が不通となったが，ボランティアや NPO などが安価で即時性のある情報収集・交換のツールとして活用しはじめていたメールやブログ，Facebook，Twitter などを駆使して，物資の寄付・調達・供給や人の手配，情報交換などをスピーディに行うことで大いに貢献した。

２つ目は柔軟性である。前述のような災害救助法に基づく避難所や仮設住宅の供与などはもちろん，その他の支援やサービス提供などにおいても，行政が行う支援やサービスには当然ながら普遍性や公平性が求められる。しかし，それがゆえに，必ずしも地域ごとの状況や個別のニーズにきめ細かく対応できるとは限らない。特に高齢者や障害者などのいわゆる災害弱者と呼ばれる人々の場合，個々の心身や家族の状況などにより非常に個別性の高いニーズへの対応が求められる。例えば，避難所などに一時的に移った際に，認知症や知的障害のある人たちに少しでも落ち着いた避難生活をいかに送ってもらうか，あるいは精神疾患のある人の薬の確保や不安の解消，医療的ケアの必要な人々の吸引に必要な電源の確保などは，今回の震災においても実は各地で大きな課題となったが，周囲も大変な被害に遭っている中で，当事者やその家族は過酷な忍耐を強いられていた。NPO や当事者団体，職能団体などが自らの得意分野や専門性を活かし，こうした個別性の高いニーズにも柔軟にきめ細かく対応することは，民間の活動ならではの大きな役割といえる。

３つ目の特徴は温かみのある支援である。ボランティアが一人ひとりに声掛けしながら，生活支援，見守り，癒し，広域避難者への元々住んでいた地域に関する情報の提供など，民間ならではの温かみのある支援が行われている。

（２）　民間活動を支える寄付，助成などの動き

〇8500万人の寄付

こうした民間の活動を支える資金の動向をみる。NPO やボランティア団体は基本的に財政基盤が脆弱であり，寄付金や会費収入の他は各種の助成金，補助金，委託費などが大きな割合を占め，比較的大規模な団体でなければ介護保険などの安定した収入の割合は高くない。こうした状況の中，発災から制度や補助メニューなどが整ってくるまでの間は，寄付や助成金などが民間の活動を支える大きな財源となる。日本ファンドレイジング協会が発行する『寄付白書2012』[(2)]は，「個人および法人からの義援金や自治体への寄付，中間支援組織NPO 等への寄付を合わせると震災寄付の総額は5908億円であるが，捕捉できていない受け手および独自のアンケート調査も考慮すると約6000億円と推定さ

れる」としている。そして，震災に対応して金銭もしくは物資による寄付を行った人の数を8512万人と推定しており，日本の2011年の15歳以上の人口１億248万人の76.9％に相当するとしている。直接現地の支援に向かえない多くの人たちが，寄付という形で支援につなげたいと願ったことがうかがえる。

○助成金200億円へ

日本財団，トヨタ財団などをはじめとする既存の民間助成団体の多くが，独自の助成枠を設けて NPO やボランティアなどによる活動を大きく支援した。また，中央共同募金会ではボラサポ（災害ボランティア・NPO 活動サポート募金）が創設され，きめ細かな地域の活動を支援するためにこれまでに約43億円の資金を集めている[3]。その他にも，今回の震災を受けて新たに企業が助成の仕組みをつくったもの（東日本大震災復興支援財団：ソフトバンク，三菱商事復興支援財団：三菱商事など），地域でファンドを創出したもの（地域創造基金みやぎなど）などもあり，寄付と同様，その全容をつかむことは難しいが，2012年度で主な財団・基金などだけで200億円以上の助成金が準備されたともいわれている。

NPO やボランティアなどの活動をする側にとっては，こうした助成金は寄付などに比べまとまった金額が一度に調達できること，助成する側の助成目的に沿った使途条件などはあるものの補助金や委託費などに比べてしばりが少なく，支援性の強い資金であることなどから，非常に重要な活動財源である。この資金を活用し，前述のような民間活動の特性を活かして多くの活動が展開された。それは単に被災地で具体的な支援に当たる活動だけでなく，民間の活動を後方から支援する中間支援組織の活動や，全国に避難している広域避難者を支える各地の活動などにも及んでいる。

○企業の貢献

民間の活動としては企業の貢献も忘れてはならない。近年，CSR に対する取組み姿勢が企業価値の１つの重要な尺度となっているが，前述のように被災地支援が国民的運動となった今回の震災では，企業の社会貢献力も大いに試されることとなった。経団連が実施した発災から2011年９月末までの企業・団体による支援活動についての調査によると[4]，経団連企業会員・団体会員1485社・団体のうち，回答のあった513社・団体で，「……支援額は約1,011億円であり，企業・団体が社員や消費者・顧客等に寄付を呼びかけて集めた支援額約213億円を加えると，経済界全体からの支援額は約1,224億円に及ぶ」とされている。また，「金銭寄付を行った企業の割合は95％（438社），同じく現物寄付を行った企業は72％（331社），社員等が被災者・被災地支援活動に参加した企業は56％（259社）と，多くの企業・団体が被災者・被災地支援に取り組んだ」とされている。2008年のいわゆるリーマンショックの影響や円高など，企業経営にとってはまだまだ厳しい状況の中での災害であったが，多くの企業が本業を活かした活動や社員等の人材の派遣など，単なる金銭給付にとどまらない様々な形で貢献していることも見逃せない。

今回の東日本大震災では，民間の活動はフォーマルな支援の補完的機能だけでなく，むしろエリアや支援のニーズによっては中核的な役割を果たしているケースも多い。また民間の活動が，国民全体にさらなる支援の機運を高め，一層のボランティア活動や寄付など，“誰もがそれぞれの立場でできる支援”の具現化につなげていったことは非常に意義深いと考えられる。

3　WAM 助成を活用した民間活動の実例

（1）　WAM 助成

WAM 助成は，NPO やボランティア団体などが行う民間の福祉活動に対して，WAM が助成金で支援する仕組みである。WAM では，このWAM 助成の仕組みによって民間の創意工夫ある活動に助成することで，地域における助け合いの仕組みを拡げると共に，高齢者，障害者，子どもなどの対象者別に縦割りとなりがちな制度を補完し，あるいはその狭間にある人たちに手が届くような分野横断的で柔軟な活動を積極的に支援している。

今回の東日本大震災においても，WAM ではこの WAM 助成の枠組みを活用し，被災者支援に関する活動への支援を重点助成分野と定め，発災直後の2011年度から2014年度まで303件，約16億円の助成を行ってきた。

図９−１「NPO ほうらい」（福島市）の取組み

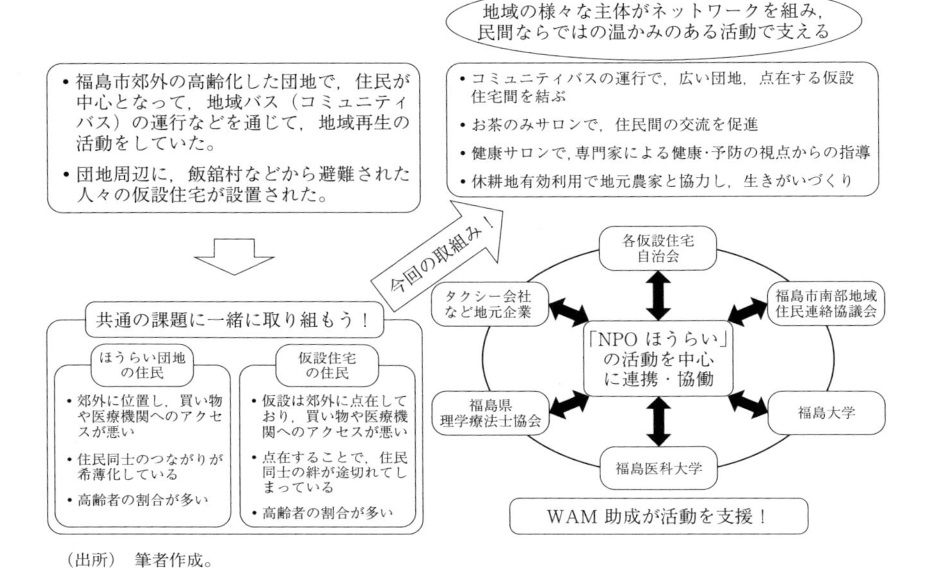

（出所）　筆者作成。

（2）「NPO ほうらい」の活動

被災地における具体的な民間活動の実例として，「NPO ほうらい」（福島市）が取り組んでいる事業を紹介する。この事業では，WAM 助成の助成金を活用して，飯舘村から仮設住宅に避難した人々への精力的な支援が行われている（図９−１）。

福島市の郊外に位置する蓬莱（ほうらい）団地は，高度経済成長期に開発された典型的なニュータウンであり，近年では住民の急速な少子化・高齢化が進行してきた。地域のつながりの希薄化や，加齢と共に買い物や通院に苦慮する住民が増えたことから，NPO ほうらいはコミュニティバスの運行などによる高齢者の足の確保だけでなく，商店街の活性化や地域再生を目指していた。

そうした折に東日本大震災が発災し，団地周辺に飯舘村から避難された人々のための仮設住宅が複数設置されたが，工場跡地などに急遽設置されたため交通の便の悪い辺鄙な場所に点在することとなった。また急な避難であったため，元々の地元のつながりが考慮されていない住宅の割当によって，個々の避難者は孤立感を深めていた。

NPO ほうらいは，これまで手がけてきたコミュニティバスのノウハウを活かし，点在する仮設住宅をつなぐ運行を実現することで，飯舘の人々の絆を紡ぎなおそうとした。また単に仮設住宅をつなぐだけでなく，新たな人の流れを呼び込むことで，地域の商店の活性化効果もつくりだし，地域住民の良好な関係を生み出している。

これらを行うにあたって，地元自治会，仮設住宅自治会，飯舘村などのほか，企業，地元大学，職能団体など，地域の様々な担い手がそれぞれの専門性を活かした役割を協働し，生活の立て直しの支援や健康増進などの活動を行うこととした。具体的には，地元大学の医学部などの協力を得て行う健康サロンでの健康指導，お茶のみサロン開催による孤独の解消や他の仮設住民あるいは避難先地域との交流など，単にコミュニティバスを運行するだけでなく，バス運行の中間地点にある地域の拠点を活用しながら，民間ならではの発想を活かした様々な活動を展開している。

また，長年農業に親しんできて避難生活の中で寂しい思いをしている人々と，農業の後継者がなくやむを得ず休耕地を抱えていた地元農家をマッチングし，農作業による生きがい創出と地元との交流の場づくりを行うなど，新たな活動分野の開拓も行っている。

長期化する避難生活を温かく支えるために，地域の様々な主体が得意分野を活かし NPO が調整拠点の役割を果たしながら取り組んでいる活動事例として注目されている。また，バス運行の実績が認められ，WAM 助成で支えていたこれらの活動費について，行政がその財源負担を検討する動きもある。

4　民間活動の課題と広域支援体制の整備

（1）　財源の確保と変化への対応

○NPO 法人の財源確保

NPO やボランティア団体による活動が発災急性期からその後にかけて重要

な支援の役割を果たすようになってきたが，一方で課題も明らかになってきた。

まず活動資金の安定的な確保である。前述のとおり NPO やボランティア団体は基本的に財政基盤が脆弱であり，寄付金や会費収入の他は助成金，補助金，委託費などが大きな割合を占めている。ただし，こうした財源は永続的に得られるわけではない。寄付金は活動の有効性をしっかりと可視化して支援者の納得を得る努力が必要とされるし，助成金は通常数倍から場合によっては10倍以上の倍率の競争ともなり，ある意味不確実な財源である。財源の確保は被災地支援の活動に限らず常につきまとう課題ではあるが，重要な活動であればあるほど当然ながら深刻な課題となる。

○主人公は地元

支援活動をいかに継続させ，どのタイミングで終えるのか，あるいは地元に引き継ぐのかも非常に重要な課題である。今回の被災地支援では，全国各地から様々な団体やボランティアなどが一気に現地に押し寄せたが，自らが満足したらさっと潮が引くように撤退し，残された地元ではそれまで提供されていた支援の量や質を確保できず，失望感だけが残されたという話が少なからず各地で聞かれた。あるいは，「また支援に来ます」と甘言だけ残し，そのときだけ整備された花壇が枯れ果てたり，不要となった支援物資が放置されたりすることによって，地元には言葉に表すことのできない喪失感がもたらされたという事例もあると聞いている。フェーズの移り変わりによって変化する被災地のニーズを敏感に察知し，主人公は地元であることを念頭に置き，そのニーズに対応して支援の形態も変化させることが求められていることを認識すべきである。

（2）　災害福祉広域支援ネットワーク

○災害弱者への支援

今回の震災では，要援護者を支援するマンパワーの確保等が一時的に困難となり，被災地以外の地域からの支援が必要となった。厚生労働省や他の自治体，事業者団体，各種職能団体等が被災地の状況やニーズを把握し，コーディネートを実施したが，多くの課題が残ったと聞く。この教訓から，災害などによって甚大な被害が広域にわたってもたらされた際，被災した地域，あるいはその地域の社会福祉施設などで暮らす高齢者や障害者などの，いわゆる災害弱者，災害時要援護者への支援の重要性があらためて認識された。

災害時にも中断することのできない支援については，地域の状況を熟知している地元の福祉サービス提供者が，施設以外（避難所，在宅など）に暮らす人たちの支援のために地域に出て活動し，その福祉サービス提供者の施設を被災地以外の福祉サービス提供者などが後方支援するという，災害広域支援ネットワークによる動きが求められてくる。

厚生労働省では災害派遣医療チーム DMAT（Disaster Medical Assistance Team）の福祉版を整備すべく，WAM 助成の枠組みを活用することで，災害福祉広域支援ネットワークの整備を開始することとなった。これを受けてWAM では，2012年度予算（復興予算）で災害福祉広域支援ネットワークのあり方の検討と，各県のネットワーク構築のための助成を開始した。2013年度末までに15都道府県においてネットワークの基礎となる協議体が整備されることとなったが，さらに全国的な整備に向かって期待したいところである。

5　地域の再生と民間活動の役割

（1）　ステージに応じた支援

前述の NPO ほうらいの活動は民間ならではの柔軟な発想によって，フォーマルな支援ではないが，人々が抱えている問題に対してフットワーク軽く確実に対応している。また，単独の機関，団体だけでは対処できない輻輳的な課題状況に，地域の様々な主体が連携して活動を進めることで，よりきめ細かく多様な対応が可能となっていることがわかる。

震災発生から約５年が経過し，被災地の様子も前述のように発災直後の救急・救命期から随分変化してきた。長期にわたる社会的・経済的な痛手が，例えば家族機能の低下などの形となって人々の生活に及ぼす影響は計り知れず，時間が経過する中でステージごとに課題が変化し，今後も様々な福祉課題が生まれてくるものと思われる。

例えば，当初仮設住宅にはあらゆる層の被災者が避難生活を送っていたが，資力や生活力などのある人たちから一般の住宅に移っていき，高齢者世帯や障害のある人たち，ひとり親家庭など，課題を抱えがちな人たちの割合が今後一層増えていくといわれている。こうした状況変化に的確に対応し地域を再生していくためには，フォーマルな制度に基づく支援はもとより，それだけでは対応できない隙間の部分を民間のフットワークの軽い柔軟な活動により，課題やニーズを察知して必要な支援につなげていくことが期待される。

（2）　被災地発モデル

今回の被害で被災地における高齢者や障害者，ひとり親家庭などのいわゆる社会的弱者が抱えている課題が凝縮されて現れているが，これは近い将来，日本のどの地域にあっても課題として抱えるに違いないものばかりである。したがって，被災地の課題を解決していくことは，将来の日本の地域課題を解決する端緒になり，非常に大きな意味をもっている。

例えば，復興庁で復興の加速化に取り組む NPO 等の法人を対象に「新しい東北」先導モデル事業の支援を行っている。被災地ですでに芽生えている先導的な取組みを育て，被災地での横展開を進め，東北，ひいては日本のモデルとしていくための取組みが期待される。

被災地の復興のためには医療・介護・福祉基盤が整備され，サービス提供体制が確保されると共に，今後さらに多様化かつ個別化していく福祉課題に対しては，NPO などによる民間ならではの温かみ，自由な発想，柔軟性，活力も活かした，新たな社会連携支援ともいえる多層的・輻輳的な支援の仕組みを考えていくことが求められる。その結果，全国の地方や過疎地，限界集落などに向けて「被災地発」でモデルを示していくこととなるが，この過程においても WAM，そして WAM 助成の役割がますます重要となるであろうと認識している。

注

(1)　社会福祉法人全国社会福祉協議会「災害時のボランティア活動について」

http://www.shakyo.or.jp/saigai/katudou.html　2013年11月30日アクセス。

(2) 日本ファンドレイジング協会（2012）『寄付白書　2012』経団連出版，20，23頁。

(3) 社会福祉法人中央共同募金会「ボラサポ（支援金）とは」 http://www.akaihane.or.jp/er/p3.html　2013年11月30日アクセス。

(4) 日本経済団体連合会（2012）『東日本大震災における経済界の被災者・被災地支援活動に関する報告書――経済界による共助の取り組み』Ⅰ-2　http://www.keidanren.or.jp/policy/2012/011.html　2013年11月30日アクセス。

第10章
震災復興における医療・介護システムの重要性

後藤　純・辻　哲夫

1　後期高齢者の急増

わが国の高齢化は，世界で最も進んでおり，2012年現在で，65歳以上の高齢者は3000万人を超え，高齢化率は24％と４人に１人が高齢者である。さらに，今後，2030年には31％，2050年には39％まで高齢化率が上昇していくと，国立社会保障・人口問題研究所は推計している。この高齢化の急速な進展の中で，特徴的な点として，今後は，65歳から74歳までの前期高齢者人口は概ね横ばいであるが，75歳以上の後期高齢者が急増することが挙げられる。75歳以上の後期高齢者は人口の中で，虚弱化した人の割合が高まるグループで，そのような後期高齢者の割合が高まることから，医療を提供する形も変わってくるといえる。年齢ごとの人口の多い団塊の世代が75歳になりきるのは2025年であり，2030年には82歳となる。この年代では虚弱化した人も多く，90歳となるのは2040年である。こうしてみると，2025年から2040年の間に超高齢化に対応するための社会システムを整えることが必要であり，その入り口の2025年に向けて，社会システムを改革できるかどうかがポイントとなると考えられる（**図10-1**）。

2　在宅医療を含む地域包括ケアシステムの構築に向けて

国は，団塊の世代が後期高齢者となる2025年を目途として，「地域包括ケア」という政策を打ち出している。その定義は，「住まい，医療，介護，予防，生活支援が，要介護者等に包括的かつ継続的に提供されること」とされている。その考え方は，地域の日常生活圏域を基本として，できる限り自立ができ，

図10－1　人口ピラミッドの変化（2012年中位推計）

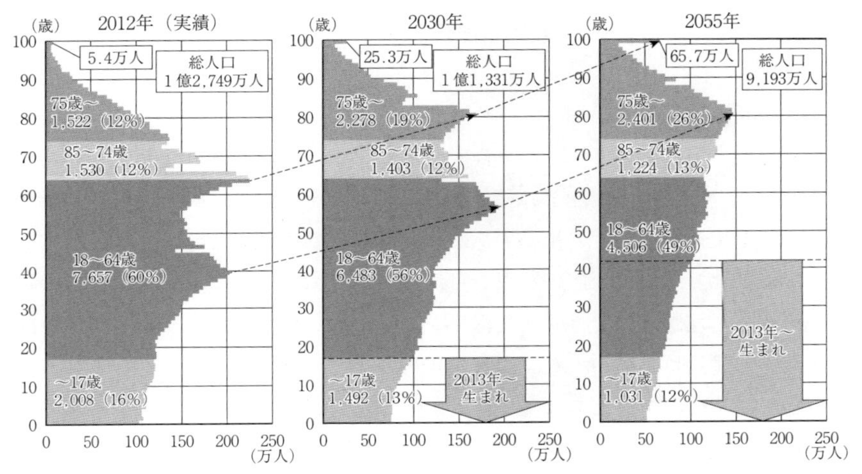

（注）2012年は国勢調査結果，総人口には年齢不詳人口を含むため，年齢階級別人口の合計と一致しない。2030-2055年は国立社会保障・人口問題研究所「日本の将来統計人口」の出生中位・死亡中位検定による推計結果。

弱ってもだれもが安心して住み慣れた地域に住み続けられることができるようなまちづくり，ということに帰着する。以下で述べる「Aging in Place」の実現と同趣旨といえる。特に重要なことは虚弱化が進み医療・介護を必要とする高齢者にとって，まず24時間対応できる在宅医療・ケアシステムが必要ということである。ところが都市部では在宅医療を行う医師が少ない。来るべき超高齢社会に向けて，今のまま，在宅医療が普及しないと，高齢患者が病院に押し寄せ，大都市圏の病院ではキャパシティを超えてしまう。東京大学高齢社会総合研究機構は，この問題を解決していくために，在宅生活の場に医療を根づかせることを重要と考え，千葉県柏市，岩手県釜石市など地方自治体と連携してモデル検討を行っている。

3　被災地復興の理念と道筋

（1）超高齢化する被災地

東北の被災地においては，震災前から高齢化率がすでに30％を超えている自治体も多く，被災後に内陸部に移住した世帯などを考えると実態として高齢化率が40％を超えているとの指摘もある。2030年の都市部の課題を先取りしているのが被災地である。今回の震災では津波被害の大きさにより，仮設住宅の建設が可能な土地が確保できず，生活インフラのない仮設住宅だけの小規模な団地が点々と建設されていった。用地不足のために談話室や集会所も，もちろん買い物や病院へのアクセスが不便なところである。さらに追い打ちをかけたのは，仮設住宅への入居が抽選方式となったことで，これまで集落単位で支え合っていた互助・共助もリセットされ，コミュニティもゼロからつくりなおすこととなった。東京大学高齢社会総合研究機構は，主に千葉県柏市において都市部の高齢化への対応に取り組んできたが，この経験を活かし被災地の復興に対して提言を行った。その理念は，経済面での復興はもとより，高齢者が孤立することなく，安心してコミュニティ内での役割をもち暮らし続ける試みを実現することである。このことは，被災地に限らず，すべての人が将来に向けて安心して過ごせる超高齢社会のコミュニティづくりの第一歩である。

（2）復興の理念と道筋

復興への理念および道筋として最も重要なことは，避難期，仮設期，復興期の全過程を通じた環境移行の支援とコミュニティ復興の連続性の確保であると考えた。環境移行の支援とは，あくまでも従来からのコミュニティが損なわれることなく，被災者が自分らしく生活し続ける環境を確保できるような支援のことである。そしてコミュニティ復興の連続性とは避難所から復興後の生活に至るまで「住まい」「生活」「かかわる人」が途切れることなく引き継がれることである。具体的には「住まい」の連続性は，コミュニティが崩れることなく避難所から仮設住宅に移れること。まちの核にはコミュニティケアの拠点とな

図 10－2 「生活」および「かかわる人」の連続性

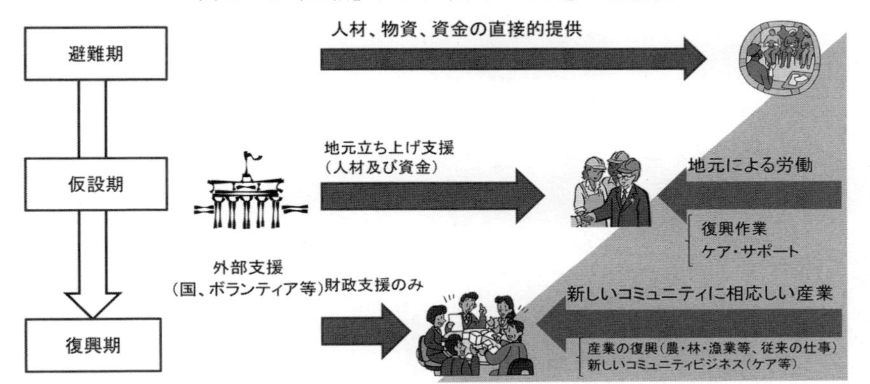

- 「生活の連続性」…サポートセンターは地元の人々を雇用し，生活を立て直す最初の立ち上がり。これらは産業復興と共に地元の就労の場へと移行される。地元行政および地元企業が上記のような復興段階に合わせた就労を展開できるよう，財政支援が重要となる。
- 「かかわる人の連続性」…地元が関わりを続けられるように，外部支援を徐々に移行する。

（出所）　東京大学高齢社会総合研究機構より。

るサポートセンターがあり，高齢者を含むすべての人がその人らしく過ごすためのケアシステムが展開されていることである。「生活」の連続性は，例えばコミュニティケアに関連して地元の人々を雇用し，農林漁業，製造業，サービス業など震災以前の職に戻る足がかりとして，コミュニティケアにビジネスとして関わることで生計の基盤を立て直すことである。これらは産業復興と共に地元の就労の場へと移行されることが重要である。また「かかわる人」の連続性とは外部支援が直接的なフルサポートをし続けるのではなく，徐々に地元によるビジネス（復興作業やケアサポート）を地元が中心となり立ち上げられるように専門家等の人材および資金支援し，徐々に実施主体を地元に移行させていくことである。過去の震災の経験では，特に社会的弱者が避難所，仮設住宅，災害公営住宅と移るたびに，環境が一変し，その都度コミュニティも途切れていた。そして閉じこもりや孤独死，場合によっては自殺へと課題が増えていく。これを未然に防ぐことが重要である（図 10－2）。

4　被災地と都市部の未来の共通点

現在被災地で起きている課題は，都市部において高齢化が進展した場合と共通することが多い。例えば被災地では仮設住宅への抽選入居によりコミュニティが一度崩壊してしまった。人と人とのつながり，住民同士の声掛けや支え合いなどが難しくなっている。都市部においても，コミュニティの崩壊が指摘されており，孤独死や身近な支え合いができなくなりつつある。被災地でのコミュニティ再生の取組みは，都市部の未来の試金石となる。また被災地では津波により診療所や病院が破壊された。そのため一部の病院に患者が集中し，また病院から溢れた患者は診療所に殺到，かかりつけ医師の疲労は高まり，プライマリケアも厳しい状況にある。復興が遅々として進まぬ中で若い世代が内陸部への移住などを考えており，看護や介護の資源も限定的になりつつある。仮設住宅での生活不活発病などが増えており，今後ますます患者は増加していく。被災地の病床は物理的に減少したが，都市部では高齢者の急増により同じ状況が発生する。被災地および都市部ともに，高齢者を取り巻く状況は今後ますます厳しさを増していく。

5　千葉県柏市豊四季台地域での取組み

（1）　千葉県柏市豊四季台地域とは

千葉県柏市は，人口40万人で高度経済成長期に急激に都市化が進んだ都心のベッドタウンである。全国的に高齢化率が上昇する中，特に都市部において高齢化が急激に進行することが予測されている。千葉県柏市において，柏市，東京大学高齢社会総合研究機構および独立行政法人都市再生機構が一体となって，今後進行する急激な都市部の高齢化に対応したまちづくりに取り組んでいる。モデルケースとなる柏市豊四季台地域は，1964（昭和39）年に建設された豊四季台団地を抱えており，2010（平成22）年現在で高齢化率40％に達している。豊四季台団地の建替え事業を契機として，長寿社会に対応したまちづくりを実現すべく，柏市，東京大学高齢社会総合研究機構および独立行政法人都市再生機構は，「柏市豊四季台地域高齢社会総合研究会」を発足し，「いつまでも在宅で安心した生活が送れるまち」と「いつまでも元気で活躍できるまち」を基本方針として在宅医療を含む地域包括ケアシステムの具現化，高齢者の生きがい就労の創成に取り組んでいる。

（2） 在宅医療を含む地域包括ケア

本章で特に論じるのは，在宅医療を含む地域包括ケアシステムの検討である。地域包括ケアシステムは，住まい・医療・介護・予防・生活支援が要介護者等に包括的かつ継続的に提供されることで，在宅ケアシステムを基本とし，住み慣れた地域で住み続けることを実現にするものである。しかし地域包括ケアを実現する上での最大の課題として，都市部では在宅医療が根づいておらず，虚弱化して自力の通院が不可能になると自ずと住まいでの継続居住が困難になる。このような状況下において，病院への入院や施設への入所を希望する人が増えることになる。他方で，都市部の病院は高齢化に伴い，病床数が増えない中で入院可能な患者の限界を超える可能性が大きい。千葉大学医学部の推計では，2030年に千葉県柏市では入院患者が倍増すると指摘されているが，今後15年間で病床を2倍整備することは難しい。また仮に病院等を追加整備しても，社会のトレンドは人口減少であり，高齢者がピークを打ったあとは，箱だけが余ることになる。在宅医療を含む地域包括ケアの必要性は，このような社会的背景から導出されるものであるが，最も重要なことは，内閣府の調査や柏市独自の調査でも，自宅で最期を迎えたいと考えている人が約6割いるということである。在宅医療を含む地域包括ケアの推進は，住み慣れた場所で家族や友人に囲まれ最期の時期を自分らしく過ごしたいという想いに応えるものである（図10-3）。

（3） かかりつけ医のグループ化

在宅医療の推進に向けて，大きなポイントとなるのは，まず，かかりつけ開業医のグループ化である。わが国の開業医は，一診療所一医師が基本であるこ

図 10－3　地域包括ケアシステム

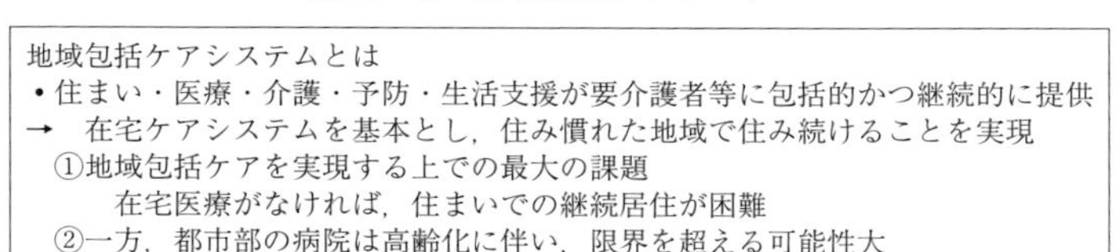
地域包括ケアシステムとは
• 住まい・医療・介護・予防・生活支援が要介護者等に包括的かつ継続的に提供
→　在宅ケアシステムを基本とし，住み慣れた地域で住み続けることを実現
①地域包括ケアを実現する上での最大の課題
在宅医療がなければ，住まいでの継続居住が困難
②一方，都市部の病院は高齢化に伴い，限界を超える可能性大

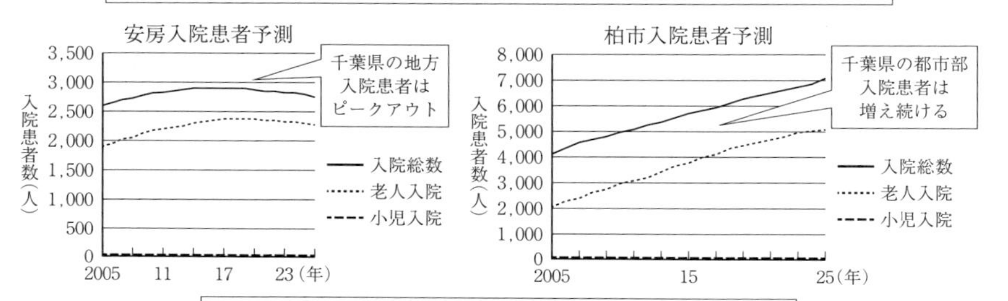

在宅医療を含めた真の地域包括ケアシステムの構築が不可欠

（出所）　千葉大学医学部附属病院「千葉救急搬送調査」2010年。

とから，時間外診療を覚悟しなければならない在宅医療には取り組みにくい。そこで，かかりつけ医同士または，かかりつけ医と24時間対応の在宅療養支援診療所等が主治医・副主治医という形でグループ化できると，かかりつけ医は自分の患者に関して必ず診るけれども，大変なときには副主治医にバックアップしてもらえる。そういうシステムを構築することが必要と考えられる。こうしたシステムは，医師だけではできず，多職種による連携が必要である。病院や施設には，医師や看護師，介護担当者が一体的に24時間ケアを行っているが，地域だと，医師は診療所，看護師は訪問看護ステーション，ヘルパーは介護事業所と分立している。皆が連携して対応しなければならない。連携してうまく稼働できるシステムを構築することが重要である。つまりは，あえて端的にいうと，地域全体を病院にしていこうということである。この場合の地域の病院長は，地区医師会長であり，病院には事務長がいて，マネジメントを行っているが，この地域の病院の事務長は市役所の介護保険課長であると考えている（図 10－4，図 10－5）。

図 10－4　在宅医療・看護・介護の連携体制の確立

△:主治医(可能な場合は副主治医)　▲:副主治医機能集中診療所　■:コーディネート等拠点事務局
★:訪問看護　●:介護支援専門員　○:訪問介護　◎:訪問薬剤　✚:訪問歯科

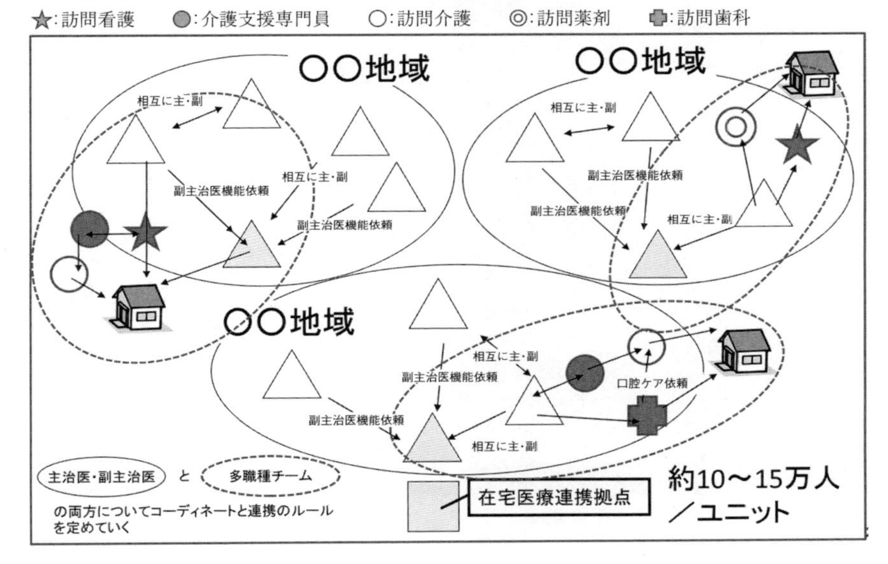

図 10－5　在宅医療を含む地域包括ケアシステムのイメージ

図10－6　UR柏豊四季台団地内のサービス付き高齢者向け住宅

（出所）東京大学高齢社会総合研究機構より。

（4）住宅と在宅ケアの拠点の連携

さらに柏プロジェクトでは，このような在宅医療を含む地域包括ケアを，住宅政策と連携させて最期まで暮らし続けられるまちづくりを行う。特に都市部では子世代との同居は急速に減少しており，一人暮らしや夫婦だけの高齢者世帯に対して，介護できる在宅ケアシステムを導入することが必要である。都市機構の団地などは建て替えの際に，バリアフリー化されるが，それ以上のソフトサービスは付加されない。そこで建て替え時に生じた土地を活用して，サービス付き高齢者向け住宅を整備すると共に，**図10－6**のとおり在宅医療と併せて，低層階に小規模多機能型居宅介護や24時間対応型訪問看護・介護などのサービス拠点を整備している。通常は施設や病院など，一体の施設内で各種サービスが提供されるが，サービス付き高齢者向け住宅は集合住宅であり，自分の部屋にいながらにして，最期まで自分の生活を守ることができる。特に都市部ではこのような複合型の拠点があることで，サービス付き高齢者向け住宅だけでなく，日常生活圏域全体へ必要に応じてサポートが行き届くことが可能となる。

なお特筆すべきは，この整備にあたっては，柏市と共に将来の都市像やコンセプトを提示し，これをもとに公募方式で民間事業者を誘致して実施したことである。民間事業者のアイデアや工夫を積極的に取り入れ，よりよいモデルづくりを目指している（図10－6）。

6　被災地でのコミュニティケア型仮設住宅地の取組み

（1）コミュニティケア型仮設住宅地

このようなコンセプトで柏モデルに取り組みはじめた直後に，東日本大震災が発生した。柏モデルのコンセプトを踏まえて，岩手県釜石市平田（へいた）地区，岩手県遠野市において，コミュニティケア型仮設住宅地を提案し実装した。コミュニティケア型仮設住宅地とは，緊急避難，応急措置として仮設住居を与えるということだけにとどまらず，家を流され，家族や友人を失った被災者が閉じこもることなく，再び生きがいをみつけ，元の生活のリズムを取り戻せるような住まいとケアそして生活に必要な機能が一体的に整備された，Aging in Placeを実現する仮設市街地のデザインである。本章で取り上げる岩手県釜石市平田地区は，市内から6㎞ほど奥に離れた元々釜石市の運動公園があった敷地である。釜石市にて最後に建設された仮設住宅であり，立地の不便さから建設当初は人気のない仮設住宅地であった。コミュニティケア型仮設住宅地のポイントは，いかにしてケアシステムやコミュニティの力で高齢者や中年男性の引きこもり，虚弱化，自殺，孤独死（自宅内で倒れたときに救急通報がされない状況）を防ぐかにある。

（2）コミュニティケア型仮設住宅の5つのポイント

①ケアゾーンの設定

独居高齢者，障がい者，シングルファミリーなど，社会的に弱い立場にある人に集住してもらうことである。これによりバラバラに住んだ場合よりも支援が届きやすくなり交流しやすくなる。また高齢者や社会的弱者は日中コミュニティ内に居ることが多い。すなわち被災者同士が声を掛け合い支えあうことが可能になるのである。

②バリアフリーと共助のための空間づくり

玄関を向かい合わせにして向こう三軒両隣の長屋空間をつくり共同性が生まれやすくした。例えば玄関前にゴミが１つでも落ちていても，だれが拾うのか，お隣さん・お向かいさんが気を配りあい，声を掛け合うことができる。また住宅地のバリアフリーの問題を解決すべく，ウッドデッキをはって天井に屋根をかけて井戸端会議ができる空間をつくった。

③在宅医療とサポートセンター

当仮設住宅地では，さらに地元病院の協力により，サポートセンター内に診療所（週2.5日）が開設されており日常的な医療が守られている。また特筆すべきは在宅医療との連携である。釜石医師会は震災以前から在宅医療の推進を図っており，かかりつけ医による仮設への訪問診療が行われている。2012年度からは在宅医療連携拠点事業に取り組み，釜石医師会と釜石市とが連携して在宅医療を含む地域包括ケアの体制づくりに取り組んでいる。

さらに高齢者の生活を支援する拠点（見守りと介護予防）として厚労省が設置する，サポートセンターを併設した。サポートセンターの生活援助員らが，朝晩２回仮設住宅を回り声掛けをしている。イベント時には，閉じこもりやすい人に声をかけて誘い，配食サービスなども実施している。

サポートセンターを担う㈱ジャパンケアサービスは，公募によって選ばれ，現在24時間365日対応の訪問介護・看護を行っている。平田運動公園仮設住宅だけでなく，地域全体へのサポート機能を展開している。特に釜石市の事例では，地元病院の協力により，サポートセンター内に診療所（週2.5日）が開設されている。

④日常生活に必要な機能の設置と連接

釜石市の事例では平田地区で被災した商店を仮設店舗にて再生し，仮設住宅地の真ん中に設置している。スーパーだけでなく，薬局，美容室，食堂などが入っている。また空間としても，住宅とサポートセンター等の機能をウッドデッキでつなぎ，ケアゾーンの高齢者のアクセシビリティを高めている。車椅

図10－7　コミュニティケア型仮設住宅

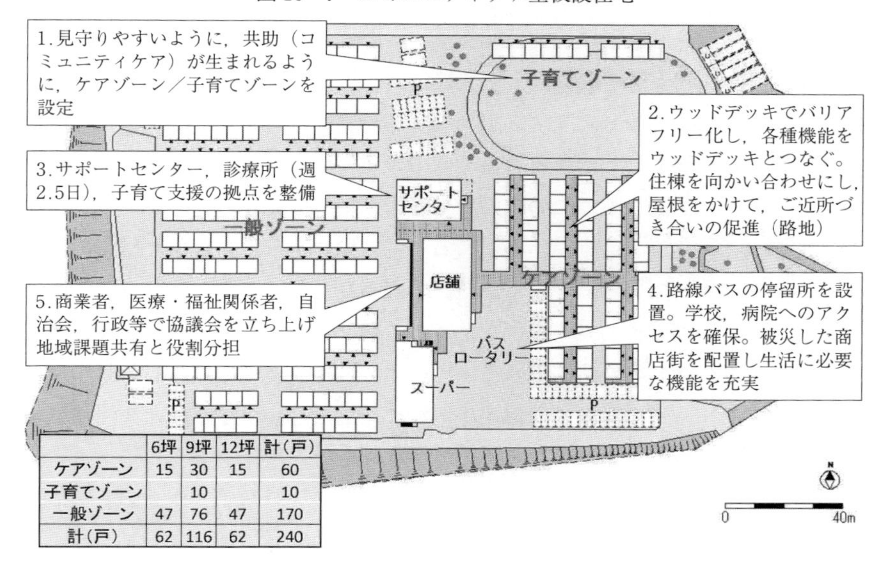

	6坪	9坪	12坪	計（戸）
ケアゾーン	15	30	15	60
子育てゾーン		10		10
一般ゾーン	47	76	47	170
計（戸）	62	116	62	240

子でもサポートセンターや買い物に自分の意思で行くことができる。さらに路線バスの停留所も設け市内への移動についても向上させた。

⑤コミュニティの包摂力向上と行政による支援体制

2011年11月に平田の仮設住宅のうちの第5，第6仮設ごとに，自治会を立ち上げた。コミュニティカフェの運営や，コミュニティ・ガーデンの整備など，自治会を中心に活動が行われている。自治会がリサイクル活動にも協力し，リサイクル報奨金を得て，自治会活動費に回すなど，独自の取組みが行われている。さらに東京大学，釜石市の都市計画課，生活応援センター等の関係各課，地元自治会，サポートセンター運営者，診療所医師，仮設商店会の代表者があつまり，月に2回定例会議を実施している。仮設住宅で発生する様々な課題について話し合い，連携して解決に導くとともに，イベントなどでの協力を呼び掛けるなど，コミュニティのマネジメントが進んでいる。この会議に医師が出席すれば，いわゆる地域ケア会議に近いものとなる（図10－7）。

（3）　コミュニティケア型仮設住宅の成果

ケアゾーンの高齢化率は約60％であり，高齢者だけでなく，障害者，シングルファミリーなども暮らしている。住民は屋根付きウッドデッキで自主的にお茶っ子の会などを実施したり，クルミを干したり，漬物をつけたりと震災前の生活文化が取り戻されつつある。コミュニティの形成も進んでおり，新設の自治会であるが，活動が軌道にのり，新しい公共創造基金などの助成金を活用し自主的なコミュニティ活動を始めている。コミュニティカフェなど住民同士の支え合いも実現している。そして釜石医師会等によれば，平田地区仮設住宅の高齢者による，病院への外来頻度が低下しており，介護予防にも一定の成果がみられると評価されている。釜石市内のいずれの仮設住宅と比較しても，病院への救急搬送率，精神科の受診率が圧倒的に低く，社会生活基盤と空間環境基盤があわせて整備されたことの効果が現れているとの評価をもらっている。

本取組みは仮設住宅での取組みであるが，被災地に限らず，住まいとケアが一体となった取組みが必要である。特に在宅医療を含む地域包括ケアの取組みは，今から整備していかなければならない。今後は，このようなコミュニティケア型仮設住宅地をモデルにして高齢社会対応のシステムをもった災害公営住宅へと切れ目なく移設することが重要である。

（4）「生きる希望にあふれたまちづくり」

2013年２月27日に地域包括ケアを考える懇話会（委員長：小泉嘉明　釜石医師会会長）が，釜石市長に対して「生きる希望にあふれたまちづくり」という提言を行った。提言の内容は，平田地区での取組みも評価してもらい，先行しがちな空間環境基盤（ハード）整備に対して，社会生活基盤（ソフト）も組み合わせて取り組むことを前提として，「コミュニティの再生・形成・発展」と「安心して子どもを育み，暮らし，健康的に老いることができるまちづくり」の二大方針を打ち出している。特に復興公営住宅設計ガイドラインに反映してほしい点として，ソフト面での対応が復旧・応急的なものにとどまっていること。医療・介護・子育て等，人材（専門職）の確保が難しく，サービスの提供に支障をきたしていること。そのためには，元気な高齢者の活用や情報システムの

図 10－8　特定地域におけるモデル実施イメージ

在宅医療を含む地域包括ケアのシステムをつくり，仮設住宅地をモデルに試行事業を行い，災害公営住宅へと切れ目なく移設し，未来都市の創造を目指す。

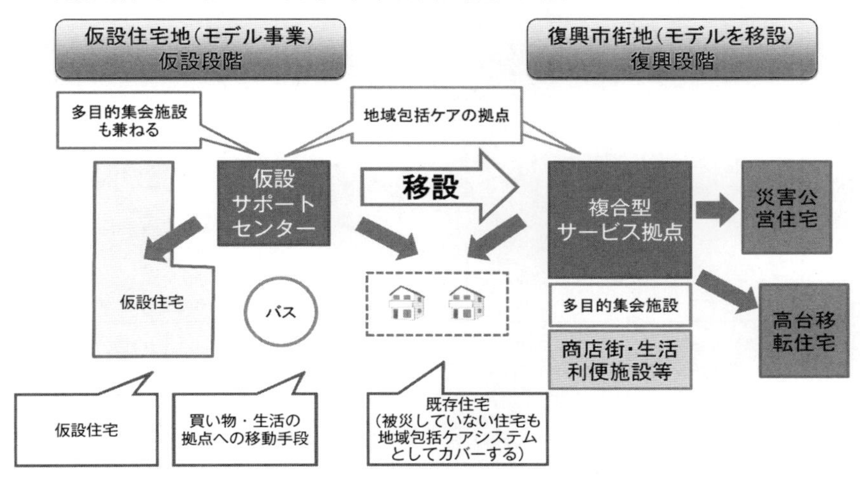

活用，特に訪問看護の活用などの提言がなされている。そしてこのソフト実現のために，ハードの予算を拡張し一体で柔軟に利用できる予算と体制が必要であると提言をしている（図 10－8）。

7　災害復興住宅における住民自治組織の立ち上げ

さて最後に重要な論点は，現在整備が進んでいる災害公営住宅において，地域包括ケアシステムの基盤となる自治組織を，いかにして立ち上げていくかである。住民自治組織は，地域包括ケアシステムにおける，社会参加・健康づくりの基本単位として，また見守り・支えあいといった住民主導の生活支援の担い手としての意義がある。

しかし被災地において住民自治組織の立ち上げは難しい。筆者の調査では，津波で自治組織が解体されたことにより，逆に，神社の清掃や隣保班などがなくなり，「地域のしがらみから自由になれた」と応えるご婦人がいた。たしかにコミュニティは排他的側面があり，荷が重いという一面もある。特に被災地

図 10－9　自助・互助・共助・公助の役割分担

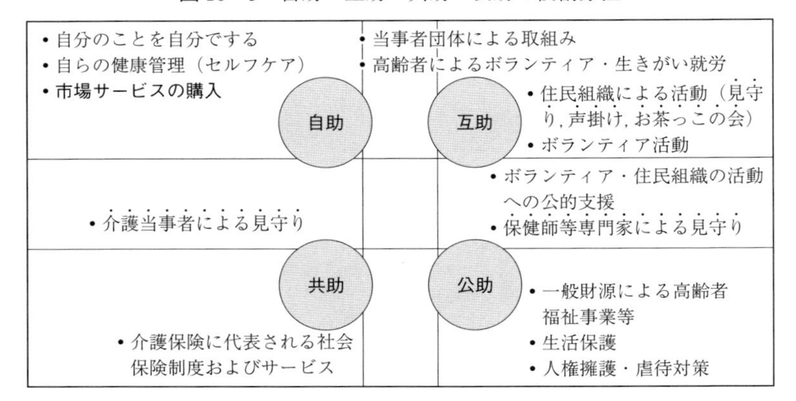

（出所）「地域包括ケアシステム構築における今後の検討のための論点」（2013 年 3 月三菱 UFJR&C 作成）に見守りに関する部分（傍点）を筆者加筆。

では，外部支援団体の手厚い支援が行われたため，自治組織がなくても外部支援者の力を頼って暮らすことができた。しかし今後は復興が進む中で外部支援者の撤退なども始まっており，手厚い支援が先細るだけでなく，住民同士の互助・共助をこの 5 年の間に育ててこなかった課題も発現する。5 年前は自力で頑張れた70歳も，後期高齢期を目前にして身体的・認知的に虚弱化が進み，周囲に頼るべき身内がいなければ，突如として弱者になる。互助と共助がなければ，公助（例えば生活保護）に頼るしかない。

そこで当機構は，災害公営住宅における新しい住民自治組織の立ち上げを支援してきた。居住者一同に呼びかけ，住民同士が抱える悩みや地域課題について，一人ひとりが提示し話し合い，検討する対話の場を設置する。この場で課題の解決策についても話し合い，住民一人ひとりがその能力に応じて自発的にすべきこと（自助），住民同士の共同生活のルールをつくり解決に導くべきこと（互助），制度等を介して行政と住民が協働して解決すべきこと（共助），行政の責任として取り組むべきこと（公助）について，検討していく。そして行政に対して自治組織の総意として改善点を提言するが，その一方で，住民同士は，互助・共助を取り戻すべく，共同生活のルールづくりや各種会合，交流イベント（節分，花見，運動会など），共同作業（道路愛護，公園清掃など）等の企画・運営を行う。このように住民が自発的につながり，互酬関係を発揮する中で，新しい信頼関係を再構築するプロセスが重要である（図10－9）。

8　新しい手法の提案

高齢化する都市部，そして復興後のまちにとって重要なのは地域包括ケアシステムである。その核を担うのが在宅医療の推進である。被災地での病床減少による病院機能の限界を，在宅医療に熱心な釜石医師会と釜石市役所とが連携し社会生活の根幹を支える基盤を形成している。ここに24時間365日を支える在宅ケア（訪問看護・介護）が連携することで，高齢者の社会生活が安定する。そのためには，行政は復興ビジョンの中で，将来どういうまちを目指すのか道路，堤防など空間環境基盤だけでなく，社会生活基盤についても合わせて検討する必要がある。

またこのような取組みの実現は，行政だけで完成するものでなく積極的な民間事業者の活用も重要である。1つの手法としては公募方式による拠点整備を提案したい。空間環境基盤と社会生活基盤が融合した新しいまちづくりのビジョンを示し，コンソーシアム方式で事業者を公募する。例えば住まいとケアを一体的に整備するビジョンを示し，事業者にはジョイントベンチャー方式で応募することをうながすのもよい。優れた人材とノウハウをもった者のよいアイデアを外から取り入れ，それを内部化していくことが望ましいのではないか。

自分の親が最期まで暮らせなかったまちは，若い世代にしても暮らしつづけたいと思えるまちにはならない。これは都市部では空き家・空き地問題としてすでに発現しており，被災地では人口流出として発現している。社会生活基盤を考える部門（主に保健福祉部門）と空間環境基盤を考える部門（建築・都市計画部門）の協調によるまちづくりのコンセンサスと，市全体の均等な拠点配置への展望およびそれを可能とする体制の改革が重要である。

参考文献

東京大学高齢社会総合研究機構編著『地域包括ケアのすすめ』東京大学出版会，2014

年。
地域包括ケア研究会報告書「地域包括ケアシステム構築における今後の検討のための論点」三菱 UFJ リサーチ＆コンサルティング，2013年３月。

第11章
地域医療の充実に向けて

石井　正

1　震災への対応から地域医療体制整備へ

筆者は，1989年に東北大学医学部を卒業後，東北大学第二外科（現移植再建内視鏡外科）に入局し，2002年より石巻赤十字病院に赴任していたごく平凡な外科医であった。2007年，同院の災害救護関係の業務を担う「医療社会事業部長」に任命されたため，外科医として勤務する傍ら，2010年1月に「石巻地域災害医療実務担当者ネットワーク協議会」を立ち上げるなど同院の災害対応の準備を進めていた。2011年2月には宮城県災害医療コーディネーターを委嘱されていた。

そこへ，2011年3月11日に東日本大震災が発生した。石巻市，東松島市，女川町からなる石巻医療圏は最大被災地となったが，圏内唯一の災害拠点病院でもある石巻赤十字病院は，圏内86の医療施設のうちただ1つ100％機能を維持しえた医療施設で，かつ高次対応可能な施設でもあったため必然的に現地医療救護活動の拠点本部となり，宮城県災害医療コーディネーターであった筆者が，「石巻医療圏」の医療救護活動を統括する役割を担うことになった。また石巻市の行政や保健所も被災し，発災直後にその機能が著しく低下したため，本来行政や保健所が担うべき業務についても当初は筆者らが深く関与することとなった。

石巻圏における筆者らの災害救護活動は2011年9月30日をもって終了した。しかしながら，石巻医療圏においては，いまだに石巻赤十字病院には救急患者数およそ100人／日と震災前の約2倍の患者が集中し，また一時無医地区となった北上地区や雄勝地区には診療所が再開したものの，継続的な医療提供体制は脆弱であるといわざるを得ない。急がれる被災地の医療復興の力になれないものかと考えていたところ，東北大学が人材育成を含む地域医療体制整備を今後行っていくにあたり，その実務調整を担う部署として位置づけられた現職へ就任することになった。現在筆者は，今回の災害対応での調整経験や培った様々の関係機関とのコネクションを活かしながら，与えられた業務を遂行したいと考えている。

そこで本章は，第2節で筆者の石巻医療圏における災害救護活動についての概略を述べ，第3節ではその経験からみえてきた被災地を中心とした宮城県さらには東北地区の地域医療の現状を考察し，第4節でその現状を鑑みた地域医療再生への課題を挙げ，第5節以降においてその課題解決のために東北大学が現在取り組んでいる，人材育成を含む地域医療体制整備について紹介してみたい。

2　石巻医療圏における東日本大震災への対応

上述したように，石巻医療圏において唯一機能を100％維持した石巻赤十字病院は，被災した行政や保健所に代わり，災害医療救護活動の当初の中枢となった。発災当日夜より県外からの救護チームが同院に集まり始め，翌日朝には17チーム（DMAT 4チーム，日赤救護班13チーム）が同院に参集していた。翌12日より，自衛隊や行政等の依頼により，石巻医療圏内の被災状況の把握を兼ねた避難所に対する散発的救護活動を開始した。3月16日に石巻市役所より300カ所を超える避難所リストを入手，これらの避難所をカバーする必要が生じたのだが，通信インフラが大打撃を受けていたため，通信による避難所の包括的情報入手は困難と判断し，避難所についての様々な情報（環境・衛生状態・傷病者内訳など）を調査項目とした全避難所アセスメントを，3月17日より参集救護チームの直接訪問により行うこととした。調査は3日間で完了した。以後も継続的に避難所アセスメントを行い，時系列に沿ってデータをすべて記録・保管しながら，これらのデータを基に対応方針を決めていった。同時に支援救護チームが個別に活動するのは効率的でないと考え，関係機関と調整し石巻の支援に入ったすべての組織の救護チームが一元的に活動する組織構築の調整を進め，３月20日に「石巻圏合同救護チーム」を立ち上げた。さらに大規模で長期間にわたる救護活動が必要であったため，石巻医療圏を14のエリアに分け，各エリアの救護ニーズに応じて救護チーム数を設定して割り振り，活動コンセプトを共有しながらエリアごとの幹事チームに日々の救護活動調整を委任する「エリア・ライン制」を３月28日より導入した。

主業務となる避難所巡回診療活動に加え，以下のような活動を行った。

①食料不足の避難所35カ所に対する行政への食料配給要望と石巻赤十字病院への支援物資の可及的配布。

②衛生環境の劣悪な避難所100カ所に対する，感染管理認定看護師の派遣およびラップ式トイレの配布（116台）や手洗い装置の設置（11カ所）。

③殺到する被災者による本院負担軽減のためのサテライト救護所２カ所の開設。

④無医地域に対して定点救護所２カ所の開設。

⑤回復遅延地域への支援としての，在宅被災者も利用可能な定点救護所４カ所の設営および被災者の交通手段確保目的のための無料医療支援バス運行。

⑥要介護者対応を協議する「介護会議」の開催と，避難所内要介護者のアセスメント調査。

⑦石巻市による福祉避難所立ち上げのサポート。

⑧災害弱者用の療養型避難所の開設。

⑨巡回診療時処方薬の後日配達システムの構築。

2011年９月30日に合同救護チーム活動終了まで，登録のベ955チームが参加し，カバーした避難所数は最大328カ所（４万6480人），避難所や定点救護所で診療したのべ人数は５万3696人であった。

3　見えてきた被災地を中心とした宮城県･東北地区の地域医療の現状

東日本大震災の医療救護活動は一段落したものの，第１節で述べたように今回の大震災は，東北の医療を支えてきた人材の人的損失・消耗を引き起こした。

図11－1　宮城県沿岸部（被災地域）の主な医療施設の状況

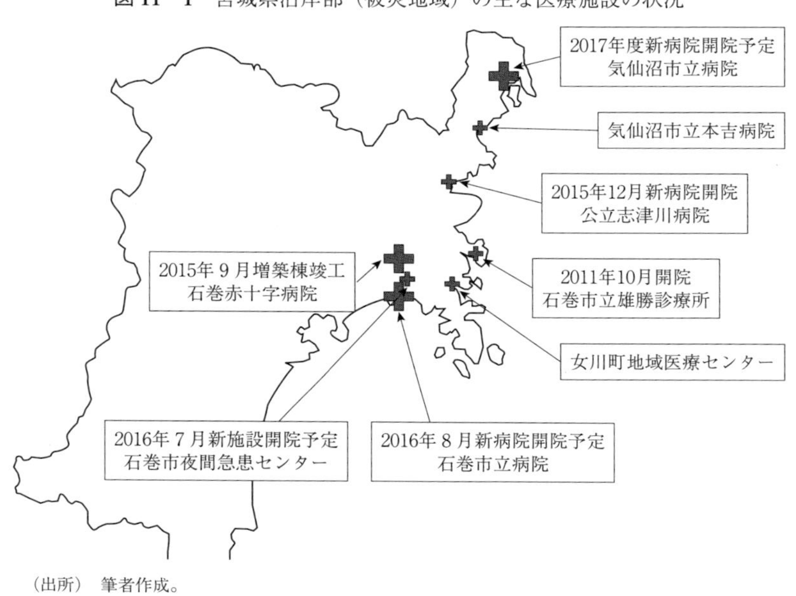

（出所）　筆者作成。

宮城県では，被災沿岸部の地域医療の中心的存在である公的医療施設の多くが３～４年以内に新築／増築／改築を予定しており（図11－1），「箱もの」の医療復興についてはすでに着手している。しかしながら例えば石巻医療圏においては，中核病院である石巻赤十字病院では震災以前と比較して外来患者数，救急車数，救急患者数のすべてにおいて大きく増加し，同院に患者が集中している現実がある（図11－2）。このため同院では医師数を98人（2010年）から131人（2014年）に増やし，１日あたりの当直医のべ人数も震災前の5.4人（2010年）から8.6人（2014年）として救急対応体制の拡充を図り，2015年９月には北棟を増築し，464床としている。しかし，病床稼働率は2014年平均94.4％とほぼ満床状態が継続し，ギリギリの状態であるといわざるを得ない。また同医療圏で被災したため無医地域となった北上地区や雄勝地区についても診療所が２カ所稼働してはいるが，医師充足への長期的展望は未だ立っていない。

このように被災地を中心としてより深刻な医療の危機に直面している宮城県や東北地区において，将来にわたり継続可能かつ有効な地域医療提供体制をど

図11－2　石巻赤十字病院の患者数（震災前後の比較）

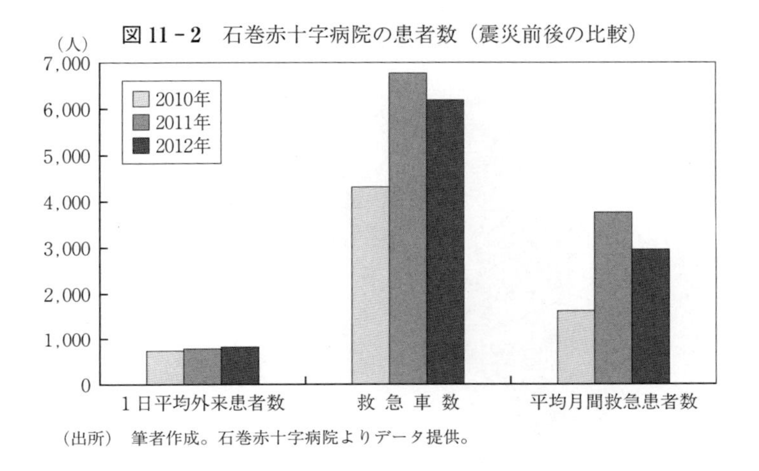

（出所）　筆者作成。石巻赤十字病院よりデータ提供。

のようにして迅速に構築していけばよいのか。医療は復興のインフラであるので街の復興より先んじて整備する必要があり，そのためには体制整備を急がなければならない。そのために最も重要なこととして，実現可能なグランドデザインを示し，スピード感をもって実務調整を行うことが，前述したように医療の担い手となる医師不足が依然として続いている現在，この時期のタイミングにおいて求められている。

4　地域医療再生への課題

2000年代中頃より医師不足が顕在化したため，国の政策は2008年度より医学部定員増に舵を切った。この政策に従い東北大学においても2009年度より段階的に入学定員数を増やし，2007年度と比較し2013年度から2017年度までと時限的ながら，135名と35名も増やしている。東北6県全体では2007年度と比較し2013年度の入学定員は，東北大学以外では弘前大学が127名（27名増），岩手医科大学が130名（50名増），秋田大学が125名（25名増），山形大学が125名（25名増），福島医科大学が130名（50名増）と，計212名の定員増を行っており，実に医学部を2大学新設したに等しい数である[(1)]。この定員増の効果が現れるのは定員増初年度の2008年度入学者が卒業する2014年度からさらに初期臨床研修を経

図 11－3　宮城県の人口10万人あたりの医療機関勤務医師数
（市町村別）

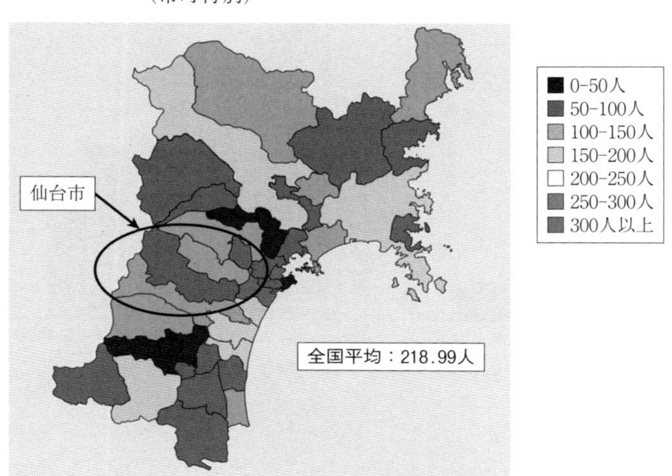

（出所）　東北大学病院総合地域医療教育支援部　田中淳一氏作成。
厚生労働省「平成22年（2010年）医師・歯科医師・薬剤師調査」，総務省統計局「統計でみる市区町村のすがた2010」データより。

た2016年以降であろうが，単純な「医師数増加政策」で問題は解決するのであろうか。

医師数だけでいえば，このままだと2017年には「厚生労働省必要医師数」に達し，「数」は足りる[(2)]。しかし一方，例えば宮城県においては医師の分布は県庁所在地である仙台市に偏り（図 11－3）[(2)(3)]，また全国的にみても初期臨床研修病院のマッチングは都市部に集中し，その結果東北大学への帰学率は低下しており，「医師の都市部集中」は2006年の初期臨床研修制度導入以降，ますます強まる傾向にある。おそらく住環境や子どもの教育環境，さらにはキャリア形成（都市部の大病院で経験を積む，など）を考えての行動パターンであると思われる。しかしながら，2010年に行われた厚生労働省３師調査[(2)]によると，医学生数と臨床教員数はほぼ同数で，１人の医師を育成するのに１人の臨床教員を要することがみてとれる。したがって，このままの状態が続くと，地域への医師不足に加え，医学部入学定員増に伴う教員不足から，市中病院から医師を教員として

図 11－4　今後増加していく修学資金貸与者卒業生数

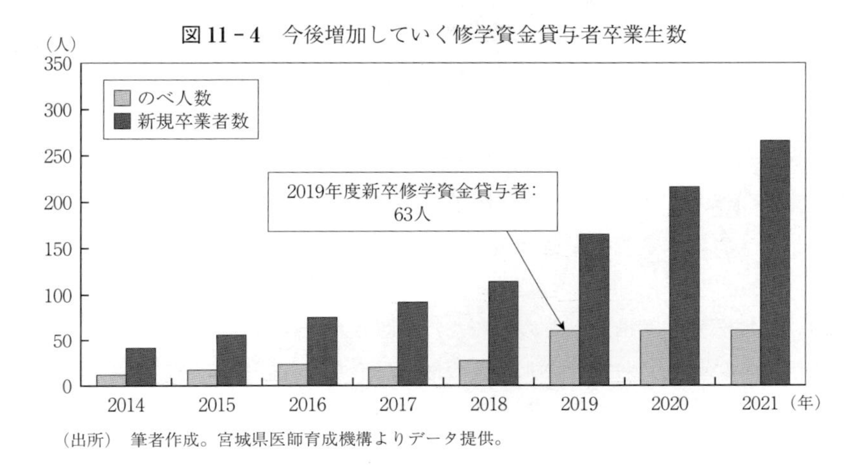

（出所）　筆者作成。宮城県医師育成機構よりデータ提供。

呼び戻さなければならなくなるリスクがあり，「医師総数は増えたのに地域の医師数は逆に減少する」事態が起こりかねず，そうなると地域医療は崩壊の危機を迎えかねない。

地域への医師確保対策として宮城県では，入学定員増に伴い修学資金貸与者枠（奨学金）を漸次増やし，2019年度には新卒修学資金貸与者は63人に達する（図 11－4）。しかしながら，今後激増するこれら修学資金貸与者が義務年限償還後も宮城県へ定着するようなシステムにしなければ，効果は一過性にとどまり恒常的な地域の医師確保は望むべくもない。修学資金貸与者の立場も鑑みた長期的展望に立った政策的医師配置の仕組みづくりが急がれる。

要するに，今後懸念される問題の本質は，「医師の偏在による局所的な医師不足」なのである。

5　地域医療充実に向けた東北大学の取組み

（1）　東北地区の地域医療を支えてきた東北大学の実績と役割

1915年に東北帝国大学医科大学として設立されて以来，東北大学医学部は今日に至るまでの100年の長きにわたり東北地区の地域医療を支えてきた。現在も東北大学関連医療施設（NPO 法人艮陵協議会加盟病院）は公的病院を中心に宮城県内だけでも57施設，東北６県全体では121施設に及び，東北大学はこれらの施設と定期的な人事交流を行いながら東北地区の地域医療を今も支え続けている。

宮城県においては，震災直前の2013年２月に関係機関（宮城県，宮城県医師会，宮城県内医療機関）と共に「宮城県医師育成機構」を設立し，県全体としての医師の招聘・育成・定着の促進を図ってきた。

（2） 地域医療充実推進のために新たに設置された組織

このように長年にわたり東北地区の地域医療を守り続けていた東北大学は，その責任感から第４節で述べたような課題の解決，すなわち医療人の流失を防ぐだけでなく，新たな人材の育成と東北地区以外のからの医療人のリクルートを積極的に行い「医師の偏在」が是正できるような新たな地域医療体制を構築することの必要性を強く認識したため，その実現を推進する新たな組織として2012年10月に「総合地域医療教育支援部」を，2013年１月には「地域医療復興センター」をそれぞれ東北大学病院内に設置した。

「地域医療復興センター」は，2013年１月１日，東北大学医学部グループ（東北大学病院，大学院医学系研究科，医学部，東北メディカル・メガバンク機構）の所掌する地域医療充実・支援のための施策を統括する組織で，地域医療の実態に則した医療支援や地域医療提供体制を具現化すると共に，入学定員増の受け皿として卒前，卒後教育を通じ，生涯にわたるキャリア形成支援を行いながら地域医療の担い手を育成する部署と位置づけられている。同センターでは，病院長，医学研究科・医学部長，副院長，東北メディカル・メガバンク機構長など，関係部署の幹部から成る「運営委員会」が意思決定を行う。すなわち，地域医療充実に向けての大学あげての体制を敷いたといえる。そして同センターで決定された方針を実行するための実務調整を，病院総合診療部を改編し新たに設置した総合地域医療教育支援部が担当している。

（3） 私たちの目指す地域医療体制とは

「医師の偏在」を是正できるような継続可能な地域医療体制は，プレイヤー

図 11－5　東北大学医学部 5 年生 117人を対象としたアンケート調査（2014年）

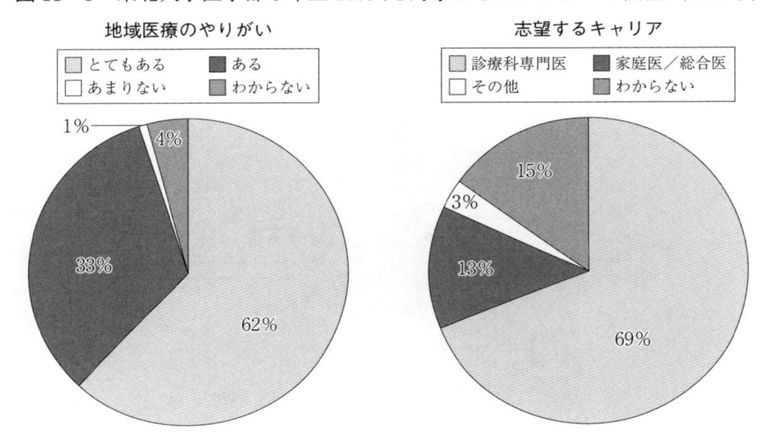

としての医師が納得するような医療提供・配置体制，すなわち個々の医師の「犠牲心」に頼らない魅力的な仕組みであることが重要である。「医者とは人々に奉仕する職業である。したがって，人々の幸せのためなら自分を顧みず僻地へも行くのは当然である」的議論は，非現実的であるし，医師の家庭や私生活へも配慮したシステムでないと継続は不能であると思われる。加えて，2014年に本学において医学部 5 年生117人に実施したアンケート調査（図 11－5）によると，学生の志向の大多数は，「地域医療のやりがいは感じているが，専門医資格を取りたい」というものであった。このことからもわかるように，若手医師の地域定着を図るためには，専門医資格取得／維持や自分の専門領域についての up to date な知識や技術の吸収といった「キャリア形成・継続可能な環境」であることが必要であると思われる。

以上のことから，どのような体制を目指すべきかについての私見を述べる。

前述のように今後増加していく修学資金貸与者の政策的医師配置を活用した地域医療体制が最も現実的であると考えている。加えて，2017年から開始される「新たな専門医の仕組み」に対応した制度設計も求められている。「新たな専門医の仕組み」とは，これまで各学会の「私的」な認定制度であった専門医資格を改め，「一般社団法人日本専門医機構」が，専門医の認定と養成プログ

図11－6　地域医療体制案

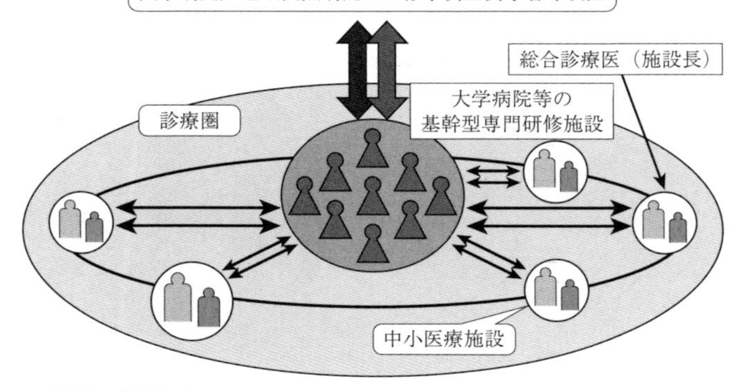

（出所）　筆者作成。

ラムの評価・認定を統一的に行う，とする仕組みである。外科，内科，整形外科，泌尿器科……など19の基本領域があり，専門医資格取得を志す医師は，2017年以降は卒業後２年間の初期臨床研修終了後，19のうちいずれかの基本領域を選択し，「専門研修プログラム」に登録し，「専攻医」となって一定期間（多くは３年間）プログラムの中で研修し，最終的に資格試験に合格することが求められるようになる。「専門研修プログラム」とは，各基本領域について，希望し，かつ決められた要件を満たす全国の施設が構築するプログラムのことで，その基幹施設数分の各「専門研修プログラム」が全国にできることになる。各プログラムは専門研修施設群を構築し，専攻医はプログラム施設群間をローテーションしながら専門研修を行う。

東北大学病院は全基本領域の基幹型専門研修プログラムを設置する予定であるが，修学資金貸与者が宮城県の定めた政策的医師配置に従い指定施設で「義務履行」を果たしながら，同時に新たな専門研修プログラムに専攻医登録可能なシステムにすることが，上述したように修学資金貸与者の義務年限修了後の宮城県定着，東北大学への帰学／入局を促すためにも，最も重要であると考える。加えて，専門研修プログラム内で専攻しつつ，プログラムが許容する範囲内で一定期間小規模の地域医療施設のローテートするいわば「循環型医師配置」を行う制度にすれば，これまで医師不足に悩んでいた中小医療施設への医師配置が可能になる。しかしながら，この「循環型医師配置」システムのみでは中小の医療施設を責任もって運営することは困難であるので，地域包括ケア調整をできるような地域に根ざす，「施設長」となりうる総合診療医も一方で育成していかなければならない（図11－6）。

このように，循環型医師配置システムと，中小医療施設長（責任者）たるべき総合診療医の育成・確保の２つの条件をそろえることが，地域医療充実のための必須条件と考える。

そのような仕組みを構築できれば，東北大学は東北地区へ再配置するマンパワーを恒常的に確保でき，100年間地域医療を守ってきたノウハウを存分に活かし，東北地区の医療のさらなる充実・均てん化に十分寄与できるものと考える。

6　地域医療充実のための具体的施策

（1）　医師支援事業

新しい地域医療体制を整備するためには，ある程度時間がかかることから，東北大学では，「応急処置」的短期プランとして，2012年10月より，東北メディカル・メガバンク機構および宮城地域支援寄附講座の事業として，前述した地域医療復興センター調整のもと，医師３人が一組（ライン）となり，１人４カ月間宮城県の被災地沿岸部を中心とした医師不足の地域の施設に派遣する地域医療支援を行っている。2016年１月現在８ラインを形成し，計５施設に派遣している。

（2）　地域医療重点プログラム（図11－7）

修学資金貸与者が初期臨床研修も義務履行しようとした場合，可能な指定施設は宮城県内で５施設あるが，募集定員の総数は48名にすぎず，また修学資金貸与者が優先的にマッチされるわけではないので，修学資金貸与者が指定施設にマッチできる人数はおそらく30名もいかないと予想され，とすれば半数以上

図11－7　地域医療重点プログラム

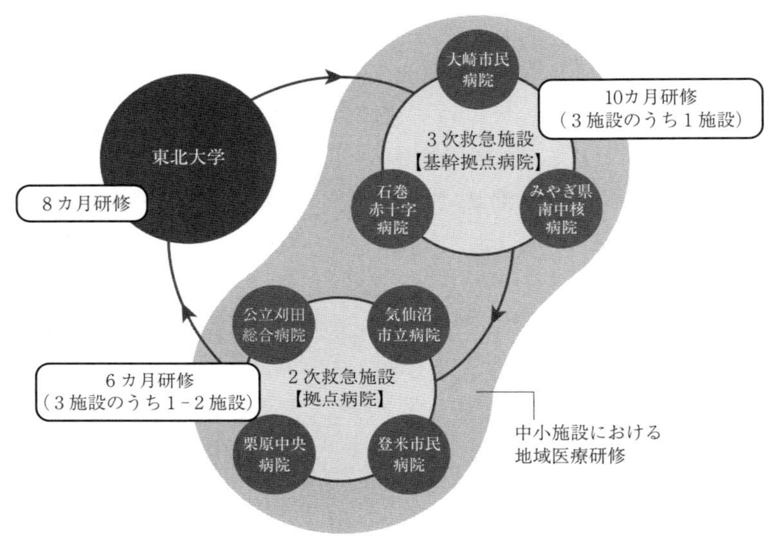

（出所）　筆者作成。「地域医療重点コースパンフレット」（東北大学病院発行）を改変。

がアンマッチになり卒後2年間は義務履行できなくなってしまう。そこで，東北大学病院では宮城県医師育成機構と協議し，修学資金貸与者のキャリア形成支援を目的の1つとした，学外研修16カ月を義務履行期間とする「地域医療重点プログラム」を2014年度から導入した。東北大学病院内研修，県内3次救急施設，2次救急施設，中小医療施設をバランスよくローテーションするプログラムであるため，特に他学卒業生にとって，東北大学や宮城県の医療事情を体感できることもメリットの1つである。

（3）　循環型医師配置を可能にする専門研修プログラムの構築

内科，外科，総合診療科以外の基本領域に関しては，プログラム構築要件が厳しく，宮城県においては東北大学病院のみが基幹型専門研修プログラムを設置する予定である。したがってそれ以外の基本領域の専門医資格取得を志す修学資金貸与者は必然的に東北大学病院専門研修プログラムに登録することになるが，その義務履行についてはプログラム所掌各診療科にマネージメントを委

図11－8　コンダクター型総合診療医養成プログラム

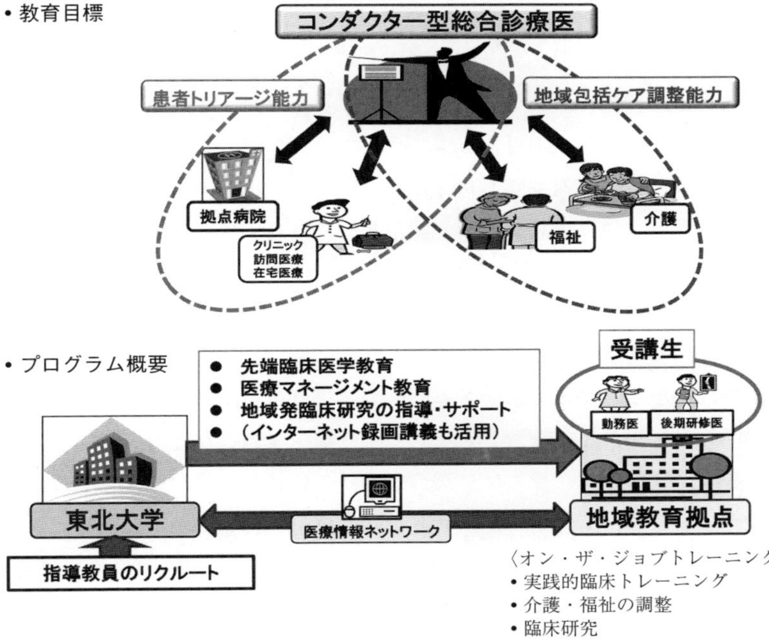

・教育目標

コンダクター型総合診療医

患者トリアージ能力

地域包括ケア調整能力

拠点病院

クリニック
訪問医療
在宅医療

福祉

介護

・プログラム概要

● 先端臨床医学教育
● 医療マネージメント教育
● 地域発臨床研究の指導・サポート
● （インターネット録画講義も活用）

受講生

勤務医

後期研修医

東北大学

医療情報ネットワーク

地域教育拠点

指導教員のリクルート

〈オン・ザ・ジョブトレーニング〉
・実践的臨床トレーニング
・介護・福祉の調整
・臨床研究

（出所）　筆者作成。

任することになる。これらの診療科は，これまでも総合的観点から東北地区の医療全体を考えながら医師配置や修学資金貸与者の義務履行マネージメントを行ってきた実績があるので問題ないと思われる。内科，外科，総合診療科領域の専門医資格取得を志望する修学資金貸与者は，東北大学病院プログラムまたは自ら基幹型専門医研修プログラムを立ち上げると思われる少数の病院のうち，義務履行指定医療機関のプログラムに登録することになる。いずれのプログラムに登録しても，一定期間小規模の地域医療施設のローテートを行い，義務履行しながら専門研修する「修学資金貸与者コース」を設置し，これにより上述した循環型医師配置システムの整備を図る。

（4）総合診療医の育成（図11－8）

先に述べたように，地域包括ケア調整をできるような地域に根ざす，「施設長」となりうる総合診療医も一方で育成することを目的として，東北大学では，文部科学省事業「コンダクター型総合診療医養成プログラム」を2014年度より開始した。具体的には，学外の日本プライマリ・ケア連合学会認定の家庭医療後期研修プログラムを有する宮城県内の５施設（東北大学病院も含む）を「東北大学連携地域教育拠点施設」として認定し，これらの施設に勤務する医師や後期研修医を受講者とし，ICT を活用しながら大学と地域が一体となって専門医療や医療マネージメントに関する専門知識・スキルおよびリソースを提供し，かつ地域発の臨床研究を指導・サポートする教育プログラムである。受講生は地域医療に従事しながらも家庭医専門医や学位取得，論文発表などのキャリア形成が図れる従来にない教育システムで，受講生総数は現在21人である。この家庭医療後期研修プログラムは，2017年度からの新たな専門医の仕組みとしての「総合診療科専門研修プログラム」に随時移行していく予定である。こうして育成した人材をプールし，５～６年のスパンによる長期循環型で，地域医療の現場へ適切に派遣する体制構築を目指す。

（5）「宮城・東北大キャリアデータベース（仮称）」の構築

2004年に開始された初期臨床研修制度以前までは，東北大学卒業生は東北大学関連病院（艮陵協議会加盟病院）で卒後研修を行うケースが大多数で，結果として本学への帰学率は９割程度であった。しかしながら初期臨床研修制度導入により卒業生が制度上全国どこでも初期臨床研修を受けられるようになると，母校や東北地区の医療のよさを実感する機会が減少するためなのか，本学への帰学率は７割程度に落ち込んでいる。そのため，本学卒業生の初期臨床研修終了後の進路ついて，必ずしも把握しきれていない状況になっている。帰学率が減少した結果，必然的に本学から地域への医師再配分機能は低下し，その結果適切な地域医療の提供が困難になってきているのに加え，本学の医学教育においても医学部定員増に伴う相対的教員不足に悩まされつつある。

一方，宮城県としても修学資金貸与者の増加に伴い，本人のキャリア形成を配慮したきめの細やかな医師配置調整も難しくなってきている。

これらの課題に対し，宮城県と共同し，本学卒業生および修学資金貸与者一人ひとりの卒後キャリア形成状況や，義務履行状況，現在の勤務先や専門診療科などについて個別にフォロー・サポート可能な「宮城・東北大キャリアデータベース（仮称）」のソフト開発を行った。これは，修学資金貸与者に対しては定期的に面談して個人データを更新し，卒業生に対しては，所定の書式を用いて個人の同意を得た上で，定期的に勤務先に問い合わせるなど進路状況を継続的に調査し，このソフト上で継続的にデータ更新を行いデータベース化するもので，今年度（2016年度）より運用を開始している。目的は，第一に，本学でのキャリア形成に関する様々なお知らせの配信を継続的に行い，第二に，適切な進路支援を継続し，第三に，修学資金貸与者に対し，キャリア形成と義務履行が両立しうる政策的医師配置を行うもので，これにより「母校にいつでも戻ってこられる体制構築・雰囲気」づくり，修学資金貸与者の義務年限修了後の宮城県定着率の上昇を図る。

7　真に有効な地域医療の充実を目指して

以上，東北大学が現在行っている地域医療充実のための取組みを「案」を含めて紹介した。

繰り返すが，入学定員増や修学資金貸与者枠の拡大のような「数を増やす」施策だけでは，「医師の偏在」解消は望むべくもない。「理想論」「べき論」「きれいごと」に陥らずに俯瞰的総合的観点に立って，現実を客観的にみつめ，修学資金貸与者の政策的医師配置を担う行政とも十分連携する体制を構築し，行政，個々の医師，地域それぞれ少しずつ譲り合いながら，かつ納得できる仕組みの構築を図ることが現実的かつ真に有効な方策である。地域医療を守ることは最重要使命の１つと考える東北大学の一員として筆者は，「いくら素晴らしい案であるとしても，具現化不能な案は，所詮『案』である」との思いをもち続け，入学定員増や修学資金貸与者枠の拡大の影響が顕在化する少なくとも数年以内にこのシステムを構築しなければならないと考えており，その一翼をこれからも担っていきたい。

注

(1) 「平成25年度医学部入学定員の増員計画について」文部科学省 HP　http://www.mext.go.jp/b_menu/houdou/24/12/1328793.htm　2013年12月23日アクセス。

(2) 「平成22年（2010年）医師・歯科医師・薬剤師調査の概況」厚生労働省 HP　http://www.mhlw.go.jp/toukei/saikin/hw/ishi/10/　2013年11月14日アクセス。

(3) 「統計でみる市区町村のすがた2010」e-Stat（政府統計の総合窓口）　http://www.e-stat.go.jp/SG1/estat/GL08020103.do?_toGL08020103_&tclassID=000001026833&cycleCode=0&requestSender=search　2013年11月14日アクセス。

第12章
後方医療・介護機能の弾力的編成

青沼孝徳

1　涌谷町の地域包括ケアシステム

涌谷町は宮城県仙台市より北東に約50㎞で，東日本大震災で甚大な被害を被った石巻市の内陸側に隣接している。大震災による被害は町の至る所で認められたが，津波による被害は皆無であった。涌谷町は，日本で初めて金が産出され，その金が奈良東大寺の大仏建立の際用いられたことでも知られる歴史ある町であり，農業を主産業としている。町の面積は約82㎢，2013年４月１日現在の人口は１万7388人，高齢化率は28.5％である。

涌谷町町民医療福祉センター（以下，センター）は，1987年旧自治省のリーディングプロジェクト事業長寿社会対策第１号に採択され，翌年11月に供用が開始された。その役割は，医療の提供のみにとどまらず，住民の健康増進（保健），福祉（当時は介護も含む）の領域まで一体的にサービスを提供することにある。センターの基本理念は町民参加によるワークショップを通じて策定された。それは，町民一人ひとりが「安らかに生まれ」「健やかに育ち」「朗らかに働き」「和やかに老いる」ことを通して，その人らしい，かけがえのない人生を送ることを謳っている。その実現のために，町民一人ひとりが，「個人は自分の健康に責任をもつ」「家族は役割を分かち合う」「地域は手を取り合う」ことに努めるという認識に立って，すべての町民が「涌谷に住んでよかった」と実感し，他の町の人からも「涌谷に住んでみたい」と思われるような町づくりに貢献することとされている。いわば涌谷町型地域包括ケアともいえる理念を掲げたのである。この理念達成のためにはセンターと行政との連携が不可欠である。そこで，センターの中に町の保健や福祉に関する部門すべてを機能的に

図12－1　涌谷町における主要死因年次推移

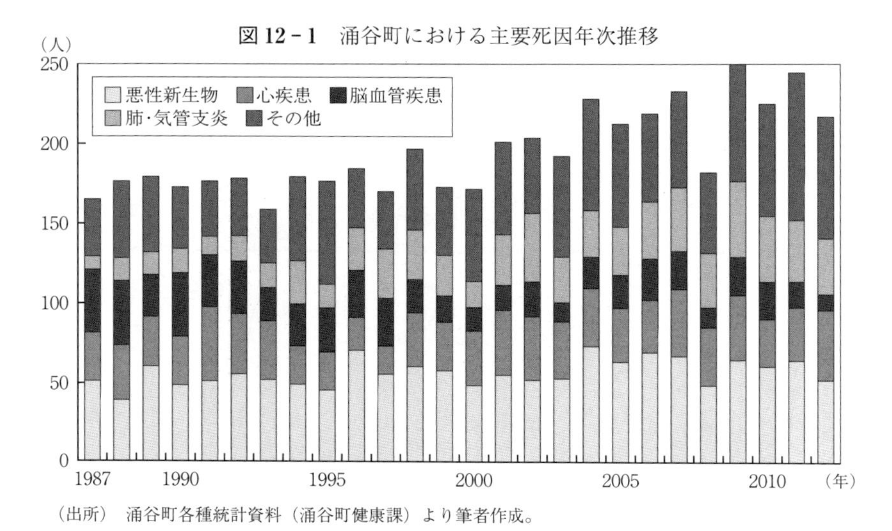

（出所）涌谷町各種統計資料（涌谷町健康課）より筆者作成。

組み込んだ。そして，町の保健・医療・福祉・介護に関する権限は，町長よりセンター長に事務委任される形の組織ができ上がっている。

このような健康づくりの主体は住民であるとの認識に立ち，住民と一体になった活動を展開してきているところであるが，その活動の基本となり，最も重要な役割を果たしているのが「涌谷町健康推進員制度」である。この制度はどの町にもある保健協力員と食生活改善推進員を統合して機能強化した制度である。涌谷町は39の行政区に分かれているが，およそ18～20世帯に１人の割合で選任され，全体で約316人がその任についている。その役割は，町の実施する保健事業への協力や，地域における健康づくりのための自主活動の担い手である。主な活動として，１）地域住民への情報提供および収集，２）高齢者への支援および安否の確認，３）地域健康教室の自主開催，４）町の健康づくり事業や健診等の支援協力，５）子育て支援活動，６）日赤奉仕団活動などがある。

健康推進員の活動は涌谷町における町民健康づくりの基盤となっている。１つ例を挙げよう。センター開設以前の1988年頃の涌谷町では，主要死因の第１位はがん，第２位は日本全体では心疾患であるのに対し，涌谷町は脳血管疾患

図 12－2　宮城県市町村の脳卒中の現状

脳卒中死亡率
　市町村の年齢構造を補正して全国平均を 100 とした場合の脳卒中リスクの相対比

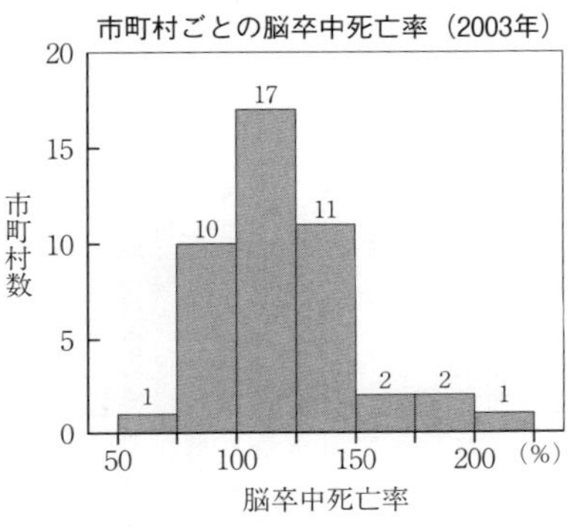

宮城県：117
最低値：　70（涌谷町）
最高値：218（大衡村）

（出所）　総務省「人口推計」，宮城県「衛生統計年鑑」厚生労働省「人口動態調査」を基に東北大学・坪野教授作成による。

図 12－3　国保 1 人あたり費用額の推移（全体）

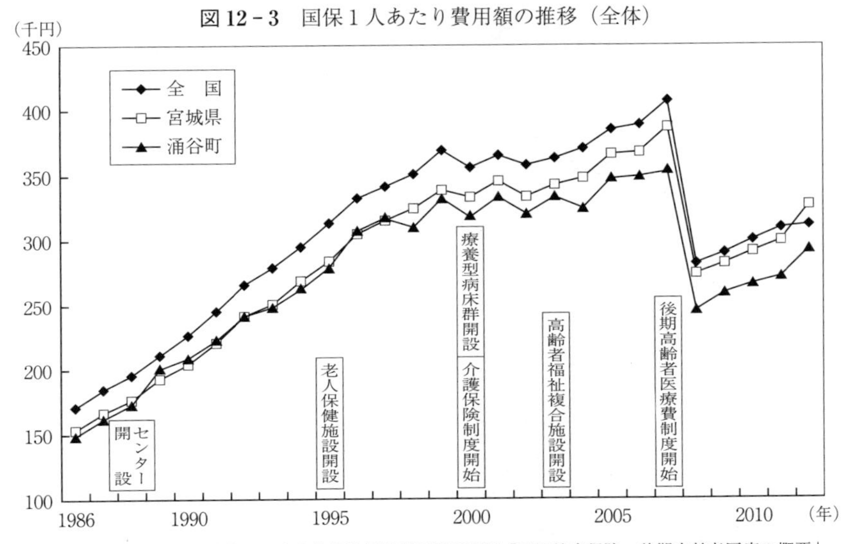

（出所）　県・涌谷町の数値は，宮城県保健福祉部国保医療課「国民健康保険・後期高齢者医療の概要」より。国の数値は，厚生労働省「医療費の地域差分析」より。

であった。塩分摂取過多による高血圧が原因と考え，各行政区で健康推進員と一緒に健康教室を繰り返し開催した。すると，10年ぐらい経過して脳血管疾患による死亡者が減り肺炎に次いで第 4 位となった（図 12－1）。2003年度の宮城県市町村の脳卒中の現状からみても涌谷町の脳卒中死亡率は県平均を大きく下

図 12－4　国保1人あたりの保険料（2011年度）

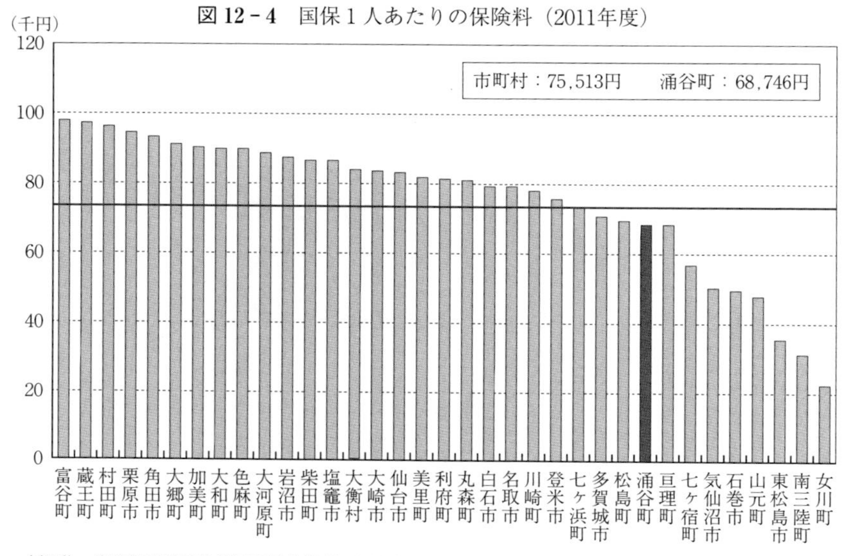

（出所）　宮城県保健福祉部国保医療課「国民健康保険・後期高齢者医療の概要」より。

表 12－1　高齢化率および介護認定率

データ調査日	2011. 10. 01	2011. 3. 31	2011. 3. 31
区　分	全　国（万人）	宮城県	涌谷町
総　人　口	12,780	2,318,956	17,854
65歳以上の人口	2,975	514,994	4,860
高齢化率	23.3%	22.2%	27.2%

介護保険事業（2012年12月分）

区　分	全　国	宮城県	涌谷町
1号被保険者	30,586,195	531,807	4,980
認　定　者	5,384,569	97,855	833
認　定　率	17.6%	18.4%	16.7%

（出所）　全国-「高齢者白書」，県-「高齢者人口調査」，町-「住民基本台帳」より。介護保険事業については，厚生労働省「介護保険事業報告」を基に作成。

回っている（図 12－2）。

このことは医療費にも好影響を与えている。センター開設前は，涌谷町の国

図 12－5　介護保険受給者１人あたり費用（2012年４月審査分）

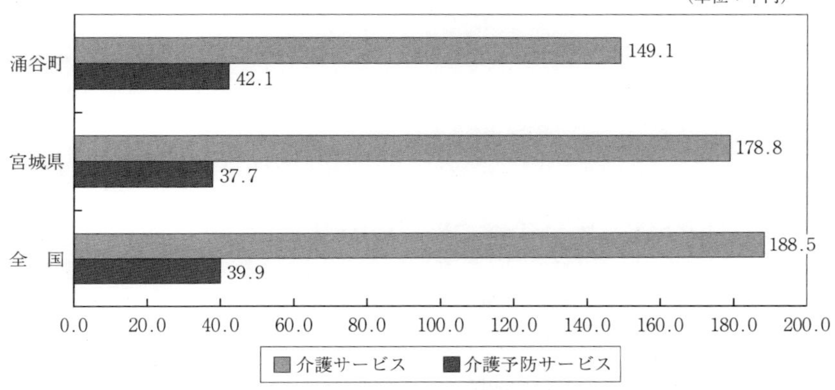

（出所）　町-涌谷町健康課，全国・県-厚生労働省「介護給付費実態調査」より。

図 12－6　第５期市町村別介護保険料

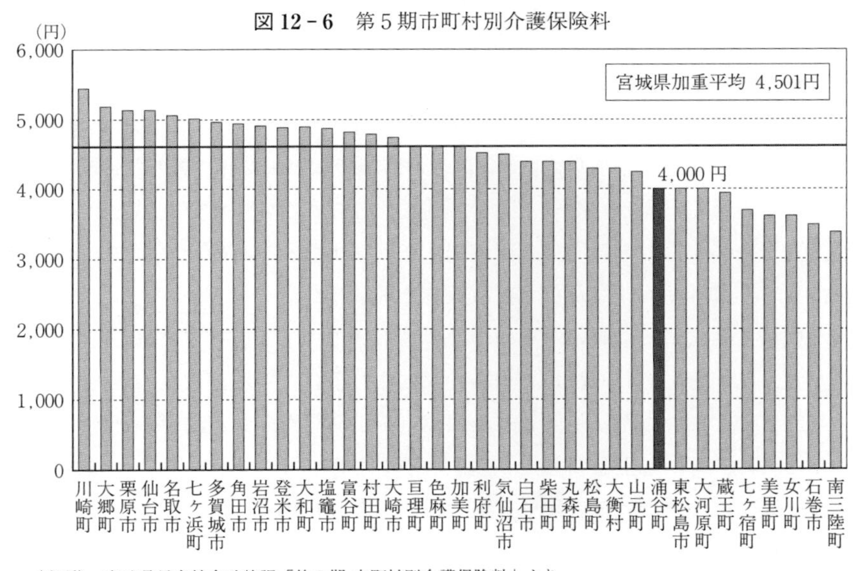

（出所）　宮城県長寿社会政策課「第５期 市町村別介護保険料」より。

民健康保険１人あたりの医療費は県平均であったが1998年頃より県平均を下回っている（図 12－3）。したがって，国保１人あたりの保険料も県平均を下回っている（図 12－4）。健康推進員を中心とした健康教室などは人々の集う場を創造するという地域コミュニケーションづくりの役割を負っており，食生活の改善および健康づくりは，介護予防の面にも効果をもたらしている。涌谷町は高齢化率が高い割に要介護認定率が低い（**表 12－1**）ことに加え，認定された１人あたりの介護保険給付費用が低い（**図 12－5**）。このため，介護保険料は県平均より低くなっている（**図 12－6**）。

涌谷町が二十数年にわたって築いてきたこうした地域包括ケアの仕組みは，東日本大震災後の被災者支援においても有用に機能することとなった。

2　震災時における「地域包括ケアシステム」の有用性

（1）　発災直後に入った父の訃報

2011年３月11日14時46分，筆者は会議のため都内浜松町の全国国民健康保険診療施設協議会の事務局にいた。大きな地震を感じテレビをつけたところ，沿岸部をものすごい津波が襲っている映像が映し出され，急ぎ戻ろうとしたが通信手段も，交通手段も途絶の状態であった。近くのホテルに向かおうとするとき，病院からメールが届いた。「ラジオの情報では，大崎市（筆者の故郷）で青沼という方が亡くなったそうだ」と。到底信じられない情報であったが，夜，偶然通じた妻からの電話で父の死が伝えられ，またテレビのテロップで父の名前を見て，ようやく「父が亡くなった」と理解した。

翌朝早く浜松町駅に着いたものの JR は不通のままで，途方に暮れる中，幸いなことに同行していた職員の東京近郊に住む子息と連絡が取れ，車で送ってもらえることになった。午前８時半に東京を出発したが，渋滞がひどく，都内を出るのに３時間以上を要した。途中も渋滞とガソリン切れの恐怖に慄きながら福島県南部鏡石町の体育館で仮眠をとり，翌３月13日８時過ぎに涌谷町のセンターに辿り着いた。

（2）　災害対策本部での全体統括と自家発電機の重要性

直ちに情報収集に努めた。そこに，「ああ，青沼先生がいる」という職員たちの元気そうな声が聞こえた。前々日から筆者がセンターを留守にしている間，職員たちはリーダー不在の不安に耐えながら必死に頑張ってくれていたのである。

続いてすぐに災害対策本部を立ち上げた。建物にはそこここにクラックが生じているものの大きな被害はない。しかし，電気，水道，下水などライフラインはすべて止まっている。一方，医薬品については，外来も含めすべて院内処方のため比較的多く保有しており，食べ物なども災害対策用の備蓄があり，農村地帯ということからコメを提供してくれる住民もあった。センター内には健康推進員が調理実習で使う大きな調理場があり，そこではプロパンガスを使用していたため，温かい食事の炊き出しもできた。

院内の医薬品備蓄だけでなく，医療用酸素についても年間契約をしていて，配達予定日だからということで震災の3日後に新潟から搬送されてきた。契約事業者の律義さと真摯な企業姿勢に改めて感心させられた。医薬品についても，納入業者との強い信頼関係のおかげで比較的潤沢に供給された。日頃のつながりの大事さを認識させられた場面である。

何より心強かったことに重油使用の自家発電機が稼働していた。電気がないと何もできない現代の生活である。停電も1日，2日ならまだ耐えられるが，これが3日，4日となるとその不安は指数関数的に増大するものだと身をもって知らされた。そんな中で，暖房と自家発電機がどちらも重油で稼働していたので，暖房を節約すれば自家発電は50日もつと事務部門より報告を受けたとき，心底安堵し，胸をなでおろしたことを記憶している。当時は3月には珍しく降雪を伴う寒い日が続き，通常であれば暖房なしでは過ごせない天候であった。結果として電気の復旧までは8日間であった。

そこでまず，上水をポンプで屋上タンクに汲み上げること，地下水を汲み上げて下水に使用することを指示し，業者が対応してくれた。飲み水がないことも大変だが，排せつを戸外ですることはかなり困難であり，トイレおよび下水対策は極めて重要である。上水に関しては，数日後に富山県からのポンプ車での給水が始まったが，運んでもらうだけでは使えない。ポンプで揚水する必要があり，これも電気が使えたので助かった。

困ったのはガソリン不足である。職員には車の乗り合いで通勤してもらい，もっと遠い職員にはセンター内に泊まり込んでもらうことにした。泊まり込んだ職員はおよそ30人ほどである。

発災直後2日間は予想に反してあまり患者は来なかった。それは，被害の大きかった沿岸部の人々が津波に巻き込まれるかどうかで生死が分かれた一方，けがをした人がそう多くなかったこと，移動手段である車が流されたり使えなくなったりして移動できなくなったためと思われた。また，涌谷町も幸い大きなけがを負った人は少なかった。町内の地震での死亡者は古い家屋の倒壊による1人であった。ところが，3日目の夕方頃より患者が増え始め，救急車で搬送される患者も増えてきた。そこで筆者も外来に出ようとしたところ，ある医師が「先生は外来に出てはダメだ。外来は私たちが診るから先生は本部にいて的確な指示をしてくれなくては困る」という。いわれればそのとおりで，筆者は，災害対策本部から，全体をみながら，いろいろ起こり得る可能性のある問題に先んじて対策を講じることができた。

（3）平時からの地域包括ケアシステム構築が非常時の住民の安心・安全につながる

沿岸部の石巻市の被害は甚大で，医療機関はほぼ壊滅した。津波被害を免れた石巻赤十字病院だけが機能しているものの野戦病院状態で，トリアージを実施しながら近隣の病院に患者を送らざるを得ない状況であった。こうした患者がセンターにも送られてくるようになった。石巻赤十字病院である程度の外傷治療が済んだ患者や，喘息，呼吸器疾患で在宅酸素療法中の患者，がん患者で痛みや不安が強いなど，その他にも極めて多様な症状を有する多くの患者が運び込まれてきた。中には，石巻から約20㎞の距離を歩いて来た患者もあった。このような患者は不安を覚え石巻赤十字病院に行ったものの，病院はオーバーベッド状態で，次々と重症患者が運ばれる。生死にかかわる状況でないと判断されると非常事態下で当然のことながら最低限の対応にならざるを得ず，また薬確保のめどが立たない状況の中で最低限の投薬を受けるのが精いっぱいな状況であり，患者の不安や痛みが解消されない。センターに来るのはそうした患者たちであった。災害時に，大病院集中型の地域医療のあり方が投影された形

図12－7　東日本大震災における震災関連死の死者数

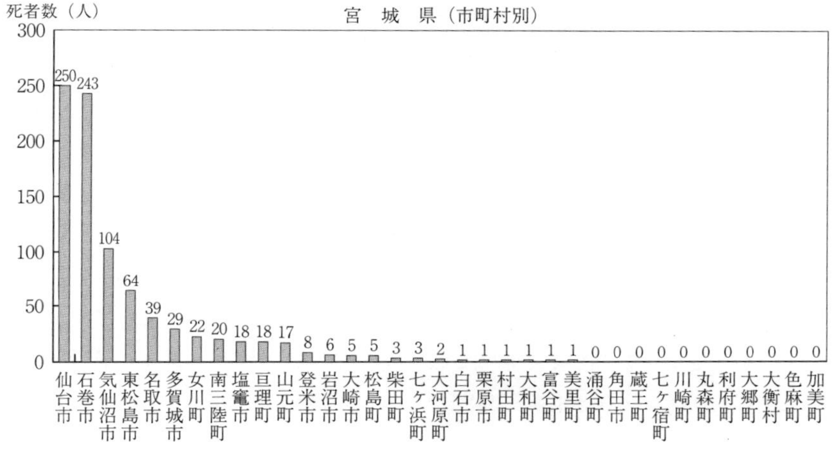

（出所）　2013年３月31日現在：復興庁統計より。

であった。

まず，送られてくる患者は家も住むところもない人たちがほとんどである。治療が終わっても帰ることができない。そこで，避難してくる人たちに住宅を提供し，家族ともども来られるようにするべきだと町長に提案した。町では早速，町営住宅を補修し住民には空き家や空き部屋の提供を呼びかけた結果，数件の住居を確保できた。また，当町保有の介護老人福祉施設の個室を二人部屋にし，生活支援ハウスを利用していた自宅を有する町内入居者にも部屋を空けてもらい，退院のめどが立った沿岸部からの入院患者に家族ぐるみで住んでもらうようにした。こうして，６月末までに当センターの病院で61人の入院患者を受け入れ，そのうち21人が涌谷町内の臨時住宅を含め自宅や知り合いの家などに帰ることができた。なお亡くなった人は６人，転院２人で，残りの人々32人は引き続き病院や併設の老人保健施設に入院，入所を続けた。

さらに，町内に設置された18カ所の避難所を震災翌日から保健師が巡回し，医師やリハビリスタッフも手分けして訪問した。保健師たちは，あわせて，町内の高齢夫婦世帯や独居世帯すべてについて，安否確認に加え薬の服薬状況確認も兼ねた訪問を行った。交通手段をもたない高齢者にとって，薬の確保は喫緊の課題である。当院に通院していた患者に限られるが，カルテからインスリン，喘息薬，ワーファリンなど休薬で生命に影響する薬を服用している患者をリストアップし，緊急対応として保健師が健康状態確認も兼ねて持参した。

避難所にいる被災者は，避難所生活の厳しさだけでなく，病気や今後の生活に対する不安も嵩じる。医師が訪問したり，保健師や行政職員が話を聞いたりするだけで大きな安心につながる。また保健師たちは，どの地域にどんな人が住んでいるかの把握はもちろん，ある程度個別のケースの問題も把握しているので，担当の行政職員と一緒になって地域を回ることが住民の安心・安全につながったと確信する。これらの活動は，地域包括ケアの推進によって，地域をきちんと把握できて初めて可能になる。因みにこういった取組みが涌谷町における震災後のいわゆる震災関連死ゼロの１つの要因になっているかもしれない（図12－7）。

（4）　長期の支援活動と後方支援の重要性

被災地には，数多くのボランティアが支援に訪れた。全国国民健康保険診療施設協議会参与鎌田實先生が代表を務める「日本イラク医療支援ネットワーク（JIM-NET）」や北海道大学の前沢政次教授が理事長（2011年当時）の「日本プライマリ・ケア連合学会の支援プロジェクト（PCAT）」から，石巻支援のための協力依頼を受けた。現地での支援活動はテント生活を余儀なくされることから，涌谷町町民医療福祉センターを拠点として貸してほしいとの要望であった。大いに歓迎しつつ，震災は甚大であり，１カ月，２カ月で引き揚げるようでは困るので，「長期でやってくれるなら協力したい」と逆に要望した。テント生活での長期の支援活動には困難が伴う。センターを拠点とすることで，近隣の温泉施設の利用も可能であることなど，長期支援の円滑化につながると筆者は判断した。

これに対し，１年間は活動を続けることを約束してくれ，PCAT は多いときで20人以上，JIM-NET も常時５～６人常駐して支援してくれた。JIM-NET は2014年１月現在も石巻地域におけるコミュニティづくりに尽力している。

他方，当院内部からも沿岸部の支援を希望する声が上がり，中央の各職域団体本部からもボランティアでの支援要請が来ていた。職員の中にも「行きたい」という者もあった。しかし筆者は，沿岸被災地域での支援も重要だが私たちの後方支援も非常に大事な支援機能を担っているので，ここの後方支援機能を充実させることが沿岸地域への支援になるという考え方をもっていた。沿岸部の石巻地域と内陸部の隣町との被災者支援における機能の関連性を一体的に捉え，不可欠な後方支援機能の提供に徹するべきという考え方である。その結果，すべての職員がセンターにとどまり，全力で沿岸部支援に徹した。

後方支援機能である以上，石巻赤十字病院からの紹介患者やいろいろな事情で石巻赤十字病院では対応できなかった患者，それから避難所から直接来た患者をすべて受け入れた。このため，多いときは約２割の定床オーバーになり，老人保健施設も同様の状態であった。後方支援機能を理解したセンター職員は，この状態に粘り強く対応してくれた。実は，センターのような複合的な施設群を統合的に抱えていることが，類型や程度の異なる多様な患者・利用者を柔軟に吸収する力になっている。行政職員もセンターにいるため，利用者の在宅復帰に際しても行政のネットワークをフルに活用でき，その結果としてベッドの回転効率を向上させることもできた。職員の中には「この患者さん，震災と関係ないのに」との声もあった。センターが後方支援機能としてそうした柔軟な吸収力を発揮することで，それに連動して，石巻赤十字病院がそのもてる機能を最適に発揮することも可能になるのである。

当然，当町，当センターもそれなりの被害を被った。筆者の他にも，家族を亡くした職員は病院長をはじめ数人あった。幸い，病院建物，医療資源など医療活動に大きな支障は生じなかった。他方，沿岸被災地域の石巻赤十字病院には救急対応やトリアージでの対応が求められた。在宅支援，高齢者医療，慢性期対応などはセンターのような後方医療機関が担わなければならないのは明らかである。したがって，他の医療機関から私たちのセンターに支援申し出があっても，沿岸地域への支援を優先してほしいと伝えてきた。医療機関の間でも機能連携はそのような基本的考え方で進めたが，実際のところ看護師や介護士を中心としたボランティア組織から支援してもらったことが大きな力になった。病院も老人保健施設もオーバーベッドの状態であったところを，このボランティアの専門職が支えてくれた。そのことで，それぞれの職員が相当の負担増に耐えることができた。しかも，途切れることなく支援をつないで安定的に派遣してくれたことが重要であった。

3　復興にふさわしい健康都市コミュニティ像

東日本大震災の被災者に対する医療・介護支援や生活継続支援を通じて強調しておきたいことは，コミュニティづくりが極めて重要だということである。通常のシステムが働かなくなったとき最も重要なキーワードはリーダーシップ（Leadership：指導力，統率力），ガバナンス（Governance：統治，管理）そしてコミュニティ（Community：地域社会，共同体）である。その中でコミュニティは，最後のよりどころとなる人と人の絆，助け合いの基盤である。コミュニティがきちんと機能しないと何事もうまく進まない。逆に，コミュニティさえきちんとでき上がっていればいろいろ困難な事象が起きたときの究極のリスクマネジメントになる。平成の大合併の負の部分がこの震災で露呈した。広域市になったものの，震災直後の支援活動，復興活動は旧市町村単位での対応にされてしまい，困難に直面した事例も数多くみられる。

これに対し，人口１万8000人弱の涌谷町は合併を選択せず，39の行政区のそれぞれの助け合いコミュニティを残した。人と情報のつながりと共属意識といった文脈性を内包するコミュニティのあり方が，大震災後の未経験の事態を町全体として，混乱なくマネジメントし得た理由だったのではないかと思われる。

このようなことから推察すると，人が形成するコミュニティ，すなわち顔と顔が見える人間関係（絆）を築ける単位にはそれなりの適切な規模があるように思われる。行政上の効率や経費も考え，また涌谷町での例をみると，必ずしも自治体単位の大きな枠ではなく，ある一定の住民の数でコミュニティを形成することが適切であろう。すなわち自治体規模に関係なく最も基盤となるのは1.5～２万人規模のコミュニティの創設である。これはいみじくも中学校区単

図12－8　健康都市のイメージ

（出所）　東京医科歯科大学大学院健康推進医学分野教授 高野健人氏のイメージ図。

位程度に一致する。東京医科歯科大学の高野健人教授は，図12－8のような健康都市イメージをデザインしているが，健康都市と仮称することが適切か，あるいは医療・介護・保健予防に住まいや生活機能支援サービスを包括した「包括ケアのある街」と呼ぶのが適切かの議論はあるにしても，涌谷町が実践してきたコミュニティ重視の住民参加型地域包括ケアシステムもこれに近い内容を伴っている。

このコミュニティ単位で保健・医療・介護・福祉の連携した総合施設（総合診療専門医対応），訪問看護ステーションやヘルパーステーション，商業機能を併設した高齢者住宅，幼稚園・保育所一元施設や小中学校，そして役所の支所機能をもつ施設など自治体を支える公共公益機能の複合施設を整備する。そして，さらに15～20万人規模で臓器別，機能別の救急対応，急性期専門分化した中核的病院（臓器別専門医対応）や，役所機能としての管理部門をもつ包括的施設や高校・大学などの教育施設を創設する。各自治体それぞれが人口の規模に応じて上記のコミュニティと中核施設を複数整えることが，非常時にも即座に対応できるシステム構築につながるというのが，筆者の経験を踏まえた提言である。

第13章
24時間医療を核にする地域包括ケア構想

長　純一

1　石巻市における地域包括ケアへの端緒

東日本大震災から４年以上を経たが，最大の被災地である石巻市（人口15万人）では2014年３月現在，7000戸のプレハブ仮設と4000戸強の民間借り上げ仮設に，いまだ約２万5000人が住む。石巻市では災害公営住宅（以下，復興住宅）は2015年以降本格的に入居が始まり，4000戸が建てられる予定であるが，自宅を建てると想定されていた住民の多くが自宅再建をあきらめ，復興住宅の希望者が想定を大きく上回っているのが現状である。

石巻市は，１市６町を合併した影響で多くの市立医療機関を抱えており，そのいずれもが被災しながら，各地区唯一の医療機関として診療を継続してきている。その中で，石巻市立病院は，石巻赤十字病院と共に急性期を担う役割であったにもかかわらず被災後診療機能が停止したままになっている。その再建は，石巻市民および市行政にとっても大きな課題となっているが，東北沿岸部の超高齢化社会という条件を背景に，再建時に市立病院を核として地域包括ケアを構築するという流れが出てきたのは当然であった。

石巻市立病院開成仮診療所は，被災地域最大の仮設住宅（1882戸・4500人）である開成・南境仮設住宅群に，2012年５月に開設された。被災者の継続的な支援を行うためには，医療だけではなく，健康問題を幅広く捉えた保健活動・介護予防活動が重要になる。被災した人々が抽選で住みなれない不便で狭小な仮設住宅に暮らすという劣悪な状況から生じる様々な課題が健康の阻害要因となるという問題意識に立ち，幅広の支援活動を行うことが求められた。そのような考え方に沿って，筆者が現地に押しかける形で仮診療所を開設してもらったという経緯がある。

筆者は，石巻の前には，長野厚生連佐久総合病院に19年間勤務していた。同院は地域医療・農村医療で知られるが，戦後の貧しい農村・農民の健康状態を改善すべく，医療はもちろんのこと，保健・衛生や農村地域のあり方そのものにも関わる活動を行ってきた。そのような活動の根源には，生命・健康はすべての人々に平等であり，健康は社会的な要因の影響を受けるといった視点であった。そのため当初より，貧困や無知から医療にかかることができなかったり，かかろうとしない人々を抱える地域に入り，健康問題をテーマにした自作自演の啓発的な演劇や出張診療などを展開した。当時の佐久病院の活動は，1978年 WHO と UNICEF による国際会議で「アルマ・アタ宣言」として確立され，今日に至るまで国際的に医療・健康の基本原則となっているプライマリ・ヘルス・ケア（PHC）を，先取りする取組みをすでに展開していた。これらの近年「健康の社会的決定要因」として注目されている諸条件の改善への活動が，国民皆保険制度より以前に取り組まれていたことが，今日長野県が全国一の長寿県になったことと関係しているのは間違いないと考えている。

そのような経験的視点を大規模な災害の被災状況に応用して考えると，いかに医療機関にかかりやすくできるか，そして健康問題をおざなりにしないような生活支援ができるかといったことが極めて重要であることがわかる。このため，医療へのアクセス環境を良好にすること，すなわち被災者の生活の場である仮設住宅団地内に診療所があることが重要である。また，貧困や精神的なダメージから医療につながらなくなってしまう多くの人々が存在することは必至であるため，特に行政の被災者対策と連携しながら，保健活動や生活支援活動に力を入れることが極めて重要である。筆者が市立の医療機関を希望した理由もそれである。

筆者は，また，阪神・淡路大震災の医療福祉領域での活動としては最も評価され現在も活動継続中である「阪神高齢者・障害者支援ネットワーク」に関わり，避難所から仮設住宅が閉鎖されるまでの一連の生活の流れをフォローした経験をもつ。そこから，東日本大震災被災地においても，被災後の生活移行過程に発生する諸課題に関して危惧していた。すなわち抽選で広域から多くの人が集まり，また数年後にはちりぢりになるという仮設住宅の特異性から，地域の支えあいは極めて弱い。これを支えるボランティアや被災者の自治活動を行う人々と連携したり，専門的に支援したりすることは極めて重要であることが阪神・淡路大震災後の経験からわかっている。同時に，縮小していく仮設住宅の特徴を理解した上で，仮設住宅から移行して行ったその後を見越しての活動が非常に重要であるとも考えていた。このようなことに配慮して，仮診療所の開設にあたり，筆者が希望した内容は以下のとおりであった。

○最も重要な活動

1．仮設住宅でのプライマリ・ケアを行う。一般内科を中心に，メンタルケアを重視する。
2．必要に応じて，地域の医療資源と連携をとり，外部の専門家の指導を得ながら，できる限り範囲の広い活動を行う。
3．仮設住宅で必要とされる，プライマリ・ヘルス・ケア活動を支援する。
4．仮設内の各種資源（ボランティアなど）の連携を促進し，コミュニティづくりを支援する。特に環境整備や福祉制度の活用などで専門性を活かした支援を行う。
5．他の仮設住宅に対しても，ICT を利用した遠隔でのカンファレンスや相談機能を提供する。つまり，開成仮診療所を広域ハブ機能に整える。
6．市立病院という立場を活かした，他職種協働を推進する。
7．今後急増する高齢者を中心としたケア・ニーズの増大に対応する。具体的には，訪問診療・訪問看護・訪問リハなどの強化と共に，ミニ・デイサービスなどの地域資源の開発の支援に取組む。ケア付き仮設（福祉仮設住宅）の支援も重要な役割とする。

○さらに取り組みたいこと

1．開成地区だけでなく他の仮設診療所への支援（人材確保を進めるためにも）。
2．開成地区のみならず，石巻全体を視野に入れ，地域包括ケア体制を構築していく。国のモデル事業などを積極的に受けながら，特に介護領域の地域化を推進する。

3．雇用創出効果に優れた介護・福祉を地域雇用拡大のモデル的事業として取り組む。

4．仮設住宅が，将来どのような形をたどっていくかモニタリングし，地域ニーズを見据えながら，高齢者の在宅支援機能を充実させていく。いずれ撤退となる時期が来ても，在宅中心であれば箱物はほとんど不要で，人材とシステムは残り，将来の石巻の重要な資源となりうる。このような視点で，プライマリ・ヘルス・ケアから地域包括ケア体制への展開とそのための人材育成を系統的に行っていく。

5．将来，石巻の復興のみならず東北一円に復興に寄与できる人材を広く集め，養成し，派遣する機能を目指す。市立病院再建時の人材確保や人材育成の取組みの展開に引き継いでいく。

2　仮設住宅入居者の健康問題と仮診療所の取組み

仮設住宅に住まう被災者の健康問題は，基本的に，保健師を中心に，被災者住民から選ばれ研修を受けた「支援員」（国が被災者の緊急雇用で行っている制度）と呼ばれる人々が関与して，モニタリングされている。これに外部から支援に入っている看護師や精神保健福祉士などが協力している。当診療所も，診療のみならず，保健活動にも積極的に関与している。

仮設住宅では，閉じこもりからの廃用症候群や，認知機能の低下は深刻である。コミュニティがないために健康状態の悪化が急速に進行する人が少なくない。後に述べるとおり，軽度の介護保険利用者が急増している。また，心の問題は深刻である。特にうつについては，被災し家族・友人や家・財産ほか数多くのものを失うといった状況そのもので当然数多くの人が陥るが，その後の仮設での生活そのものがうつの原因になっていることも少なくない。

そうした状況でも，精神科・心療内科に通院することへの患者側の強い抵抗感が現実にあり，メンタル面で明白な課題を抱えながら受診に拒否的であることにどのように対応するかが，医療面での現在の最大の課題である。当診療所では，メンタルケアを行っていることをあえてうたわずに，日常診療の中から

表13－1　要介護認定状況

	石巻市 2011年2月末	石巻市 2014年5月末	全　国 (2015年2月末)	宮城県 (2015年2月末)
1号被保険者認定者数(人)	7,065	8,205	―	―
認　定　率(%)	16.1	19.0	17.8	18.0

図13－1　介護度別認定者の推移

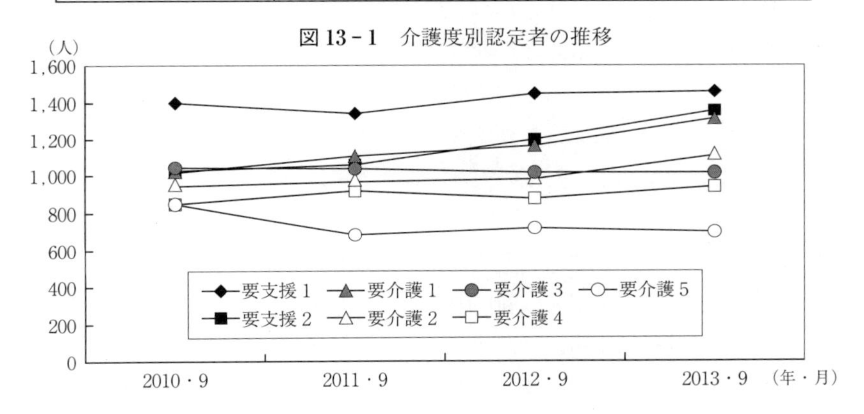

拾い上げている。すでに，うつの患者200人以上，PTSD で50人以上を診断・診療している。また医療を住民に届きやすくすることと共に，劣悪な心理社会環境そのものを少しでも改善すべく，住民自治会なкакとも共同して，外出への誘導や保健・地域活動などを通じた住民への啓発の強化など，メンタルヘルス・ケアの環境や方法の質を上げていくことが必要であると考え，体制を整えている。

3　石巻市全体の健康問題の実態

被災地で在宅医療のニーズが非常に高まっているということが広く流布されており，実際，石巻では，在宅医療の供給は震災前の倍以上に増えている。しかし在宅患者が増えたという事実をもって，在宅医療のニーズも急速に増大していると評価することには，筆者は疑念を感じている。**表13－1**のとおり，2014年5月末にかけて石巻市の要介護認定者数は急激に増加し，全国や宮城県の認定率を超えるところまできているが，**図13－1**のとおり，要介護4および

5の人々は，震災前より減っているのが現状である。津波被災や発災後の混乱で亡くなった人々が非常に多かったことに起因すると思われる。このことから在宅医療対象者の増加に関しては，むしろ掘り起こしが行われた要素が強い。将来的に重要性が増すことに異論はないが，以下に述べる被災地の現状と課題を考えた場合，最優先で取り組むべき課題ではないように考えている。

最大の課題と考えられるのは，重度要介護者が比較的減少している一方で，旧要支援1，2，要介護1，2が急増していること，そして認定率自体がかなり上昇していることである。これはおそらく被災地に共通することであるが，非常に大きな問題である。軽症の人が増えた理由は，おそらく以下の3点である。

1. 被災後の特に早い時期，多くの外部支援者が入ったことで，その人々はインフォーマルサービスの利用ではなく，介護保険につなぐ形をとることが多く，とりあえず申請したケースが多く発生した。
2. 被災後の時間経過で，閉じこもりなどから急速に健康状態を悪化させ，認定を受けるレベルまで低下している。
3. 仮設入居などに伴い，コミュニティの支え合い機能を喪失したことで，閉じこもりに対してのデイサービス利用や買い物ができずヘルパー利用など，生活支援レベルの介護サービスを利用しなければならなくなった。

といったことである。特に介護保険制度の改定で，要支援サービスのあり方が基礎自治体に委ねられてくる流れは，この要支援レベルの増加を今後も促していくことが予想される。すなわちコミュニティが支える機能を失ったことと見ず知らずの人同士で再抽選を経て，復興住宅へ移っていくという今後の方向性を考えると，数年先には在宅医療・ケアのニーズは急増する。いま取り組むべきは，保健予防・介護予防，そして何より仮設から復興公営住宅に至るまで壊れたコミュニティをどうやって少しでも再建するかといったことであろう。

4　仮設住宅自治会活動・ボランティアとの連携・地域の支え合い

筆者は，阪神・淡路大震災で避難所から仮設住宅がなくなるまでをフォローし，その後も活動を続けている「阪神高齢者・障害者支援ネットワーク」設立に参加し，その後もその活動の継続に関わった経験から，仮設住宅がどのように終焉し，その後の復興公営住宅がどういった課題をかかえていくのかを知っていたために，被災後の復興のあり方に超高齢社会像を意識した街づくり・地域づくりを行っていく必要性を強く認識していた。特に，仮設住宅では，地域の支えあいが極めて弱いことから，ボランティアや被災者の中で自治活動を行う人々と連携したり，支援することが極めて重要であると考えて，ボランティアの連絡会などにも当初より参加した。ボランティアの人たちと共に自治会の皆さんを支援しているうちに，石巻仮設住宅自治連合推進会（以下，自治連：7000戸の内4000戸が加盟）の理事に就任したため，現在は行政職と専門職と被災者の声をまとめる役という多彩な役割を担うことになっている。弱りつつある仮設の自治活動の支援を行うと共に，後述の「地域包括ケア推進協議会」にも当事者参加が必要であることを認めてもらい，石巻の地域包括ケアの基本に被災者支援を入れ込むと共に，被災者同士の支え合い活動の活性化に役立つ仕組みづくりに取り組んでいる。

石巻の地域包括ケア推進の特徴は，この自治連を，推進協議会の委員に加え，被災当事者の集合的な声を協議に反映させている点にある。さらに2014年には，推進協議会の中に，被災者支援・地域コミュニティ部会をつくり，自治連事務長を座長として，地域の支え合いを担ってきている各種住民諸団体との協議を始めている。被災者の人々が，数年先に仮設から復興公営住宅などの形で地域に戻った際に，どうやって地域社会として支え合うか。そのために，まず被災者の抱える課題と今後想定されることを共有し，それを住民相互の力でどう支えていくのか，また，その中で，地域包括ケアシステムの担うべき機能や市行政の役割はどういう形になっていくべきなのか，協議を始めている。

また，筆者は当初より，住民の支え合いやソーシャル・キャピタルの喪失こそが被災地の最大課題であると捉え，その回復・創成こそが最重要と考えてきた。識者を含め多くの人々がこのことを最大課題と主張しているが，筆者も，取り分けても重要かつ深刻な課題として捉えている。筆者は，これまでのへき地，農村医療の経験から，地方がもつ最大の特徴が地域のつながりであり，地域のつながりの強さは，超高齢社会に対する備えとしての地域医療・福祉の基盤整備や制度普及は遅れている地方の社会にあって，社会保障（医療や福祉）を代替する機能すら発揮することがあると認識している。大規模災害で地域が破壊され，支え合いの回復が困難であることの問題としての深刻さを正確に理解する必要があり，最大の課題である。これは，均質で，人工的な都市のコミュニティ環境を前提に生活している都会との大きな違いである。地方に留まり，地方で生きる人々は，地縁・血縁を基本としたつながり，支え合いの環境が暮らしやすいと考え，基本的に閉じた社会での強い人間関係を基盤として生活を構成してきているのである。今回の震災でも，東北の社会の内包するソーシャル・キャピタルの豊かさが，発災急性期における被害を少なくしたといった指摘もある。

仮設住宅から災害復興公営住宅へと生活移行が進むにしたがって，これから住む人とのお付き合いが重要という話をしても，昔はよかった，といった話になり閉じこもってしまう人が多い。ソーシャル・キャピタル，地域の近所力をあてにしてきた地域社会は，支えとなる機能を失ったことに気づかされることになる。まずは，新しい地域の支え合いの創造を視野に入れた街づくりを行うことが必要である。

5　石巻地域包括ケア推進協議会と包括ケアセンター

2013年，石巻市の重要政策として地域包括ケアが位置づけられ，復興庁の新しい東北先導モデル事業として「石巻の地域包括ケア」が採択された。それに合わせ，市長・医師会などの参加により，石巻地域包括ケア推進協議会がつくられ，協議を進めた。2013年度には協議会で「石巻地域包括ケア推進基本計画」がつくられ，2014年は引き続き，実施計画策定に向け，協議がすすめられた。

協議会では，先駆事例として，自治体と地元医師会が積極的に協働して地域包括ケアの中でも在宅医療の充実を図っている千葉県柏市，筆者がその基本をつくり地域包括ケアの１つのモデルといわれるようになってきた長野県川上村および南佐久，それに，地域福祉計画として評価のある茅野市の地域福祉計画（ビーナスプラン）とそのバックアップとしての諏訪中央病院の役割などを学ぶ視察などを行うと共に，様々な課題を検討している。各構成団体のトップだけではなく，地域包括ケアに関わる実務者レベルの話し合う場として，部会をつくって議論してきたが，2014年度は，基本計画策定の際にやや医療・介護の議論が中心になったという反省から，被災者支援・コミュニティ部会を新たに立ち上げ，医療・介護部会と２つの部会で，石巻の地域包括ケアに向けた実施計画策定の議論をしている。

2014年春に策定した基本計画（**図13-2**）は，「地域包括ケア研究会」の2013年報告書にいわれるように，すべての人々を対象にすべての人で支え合うことを目指している。一方，現行の介護保険法の中で規定される地域包括支援センターに地域包括ケアの推進の役割が求められている現状では，高齢者を対象とした現行の制度との整合性に配慮する必要がある。すなわち，①現状の地域包括支援センターの活動を活かしながら，被災者支援を考えた場合，必然的に，②被災者の転居に配慮し，③高齢者以外を含むすべての世代を含む（その意味で次世代型の）地域包括ケアになる，という被災地ならではの特徴を有している。

特に，中高年の独居男性に孤独死が多いことは阪神の震災でも指摘されているが，この世代は震災後の失業や元々のアルコール依存や社会的孤立といった課題を抱えながら，なかなか支援の対象にはなりにくい。こういった人たちが，実は，日本全体でも増えていることが，生活困窮者自立支援法がつくられる背景と理解しているが，このような人たちにはより総合的なアプローチが必要であり，被災地においても，そういった視野を組み入れた地域包括ケアのシステムづくりが課題である。

さて，石巻市における次世代型地域包括ケアのシステム化のコントロール機構となる行政機構としては，石巻市包括ケアセンターが2013年８月に開設された。2014年２月には，開成仮診療所横にプレハブ２階建てをつくり移転し，４月には包括ケア推進室が開設された。

包括ケアセンターでは，開設時より地域共生型ケア（富山方式）を意識し，すべての世代を対象にした活動を開始している。筆者は10年以上前に，全国の

図 13－2　石巻市地域包括ケアシステム推進計画基本構想

■石巻における地域包括ケアシステム構築重点ポイント

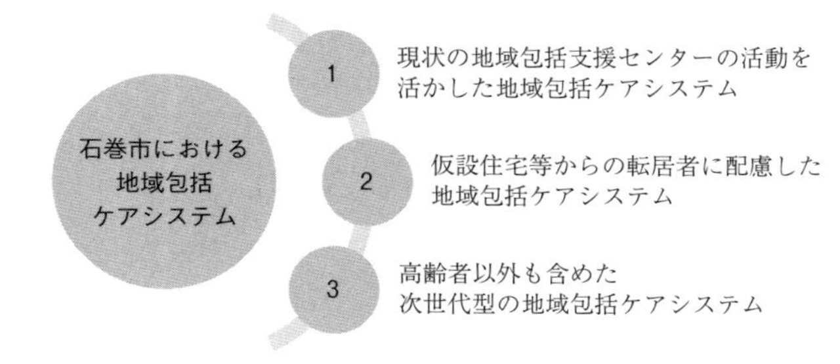

■石巻における地域包括ケアシステム将来展望

		（仮称）ささえあいセンター		各拠点（包括ケアセンター，総合支所，地域包括支援センター）
多職種連携	1	□社会福祉協議会，ケアマネジャー協会等と連携した人材育成・確保 ✓社会福祉協議会（宮城県サポートセンター支援事務所も含む），ケアマネジャー協会等と連携した介護従事者向けの研修	1	□現行の地域包括支援センターが担っている役割と同等の内容 ✓特に総合相談窓口の強化
	2	□地域をまたぐサービス調整 ✓医療・介護資源が乏しい地域に対してのサービス調整	2	□定期的な関係者会議（顔の見える会議） ✓民生委員，地域福祉コーディネータ，各地域の総合支所の保健師，介護事業者，医師，薬剤師，歯科医師等にも声がけ（可能な範囲でインフォーマル事業者にも声がけ） ✓積極的に各地域の医療資源・介護資源を活用するための連携
	3	□各地域の取組みを活性化するための勉強会の開催 ✓各地域包括ケアシステムの取組みを活性化させることを目的とした勉強会や好事例等の発表会の実施		
インフォーマルサービス	4	□インフォーマルサービスの全体管理 ✓各地域で把握しているインフォーマルサービスを一元的に管理（地域をまたぐサービス調整）	3	□当該地域におけるインフォーマルサービスの把握 ✓各地域で活動しているインフォーマルサービス（民間企業，NPO，ボランティア）の把握
情報連携	5	□高齢者情報の一元管理 ✓先進的取組みを参考に高齢者情報の共有・促進（紙，ICT 問わず） □書式の統一	4	□高齢者情報の共有・促進 ✓先進的取組みを参考に高齢者情報の共有・促進（紙，ICT 問わず）
市民の転居への対応	6	□高齢者人口等を考慮した人材配置 ✓上記の専門職の適材適所の配置	5	□転居してくる／していく市民の引継ぎ ✓公平・中立の立場による引継ぎ管理
	7	□転居者の管理や転居に伴う転居者の引継ぎ管理 ✓いつ・誰が・どこに引越しするかを把握すると共に，誰から誰に引き継げばよいか管理する（各総合支所で管理している内容と整合性を図る）		

先駆的地域福祉の事例を調査した上で，地方の実情とも合わせて最も優れたケア・モデルとして共生型に取り組むことを構想したことがあったが，当時は理解を得ることができなかった。この経験に加えて，被災地では共生型ケアへの取組みが推奨されていることもあり，子どもや障害者も含めた包括的な活動が多くの事例で取り入れられている。子どものケアあるいは子育て世代への支援の必要性は，仮設住宅内の日々の活動で痛感するところであり，地域の中で取り組むと共に，行政内部の縦割り指向にこれが浸透していくように目指している。

特に少子化対策については，ようやく国として力を入れ始め，日本創成会議・人口減少問題検討分科会が2014年５月に出した報告書や，いわゆる「増田レポート」などを受け，地方創成を目的に「まち・ひと・しごと創生本部（地方創成本部）」がつくられた。地方問題を考えると，まさしく子育て，雇用確保と就労支援（若者の流出対策），そして高齢問題にいきつくが，これは本来いずれも厚生労働行政が中心となるところであり，これらの課題を総合的に取り組んでいくことが，包括ケアセンターの役割になるのではと考えている。

6　石巻の地域包括ケアの将来

（1）　医療・看護・介護として　特に市立病院とあり方と在宅医療に関して

石巻市立病院は，2016年に JR 石巻駅前に場所を移して再建される。石巻赤十字病院に急性期医療を集約化するという流れの中，同病院と連携を取りながら，地域での療養生活を支援する役割を担うことになる。

内科系は，専門内科ではなく総合診療科とし，在宅医療を病院の柱として取り組むことに決まっている。在宅医療に関しては，柏市と柏市医師会の取組みを参考に，石巻市医師会に積極的に取り組むことをお願いしてきたところ，そのような方向となった。同時に，筆者が長年勤めた佐久総合病院のように，基幹病院であり医師の教育の機能をもつ医療機関が，地域全体の在宅医療・ケアをバックアップすることにも意味がある。特に若い在宅医を増やすという点と地域全体に24時間365日体制を維持させていく点で有用である。

筆者のもとには，被災地復興に寄与したいという若い医師が集まり始めているが，当初より在宅医療が当たり前に担える医師を集め，育成する方針である。石巻市立病院は診療所医療・在宅医療に精通した医師が集まってつくられる総合診療科が中心の，やや特殊な病院となるものと考えられる。その医師集団が，再建される市立病院本体のみならず，市の他の医療機関（牡鹿病院・雄勝診療所・橋浦診療所ほか）と連携しながら，訪問看護や ICT を利用しつつ，近い将来には，被災の激しい半島部・島嶼部も含めた市内全域の24時間365日の在宅医療・ケア体制のバックアップ機能を構築していく予定である。このように市街地では医師会と協働し，市街地から離れたところでは，各地に存続する市の医療機関や今後設置される予定の包括ケアセンターのサテライトとも連携し，すべての市民が最後まで過ごせる地域づくりとそのための在宅医療・ケア体制を構築するのは，数年内に実現可能であると考えている。そのためには，特に人口密度が低く，採算性が合わない地域の訪問看護や介護事業をどう維持するかが課題となる。医療に関しては市立医療機関がそういった地域を担っているために大きな問題とはならないと思われるが，看護・介護については，民間事業者の事業努力に加えて，どういった公共的な支援の仕組みをつくることができるかが重要で，それが2015年度に策定された実施計画の中で具体化されていくことになる（石巻市地域包括ケア推進協議会「石巻市地域包括ケアシステム推進実施計画」2015〔平成27〕年３月策定）。

7　石巻の地域包括ケアと市立病院の将来

石巻では復興住宅はようやく2015年以降本格的に入居が始まり，３，４年かけて仮設から移行していくことになる。仮設住宅がなくなれば復興は終わったとされるであろうが，実はそれからが最も健康課題が大きくなると思われる。復興住宅は，仮設から自宅再建が可能な人々すなわち多くは若く元気な人たちが減って，高齢者を中心とした自立する力が弱い人たちの割合が高まる住宅であり，高齢化率は50％を超えると考えられている。そのような自立度が低い人が，再度抽選を行い知らない人々が集まって住む，平地の現在の仮設住宅でもコミュニケーションがとりづらい人々が高層住宅で暮らすため，復興住宅が高齢者ケアなし住宅になる可能性が高いが，復興期とは異なり，そのときにはそのための対策を行う人や資金がないといったことが予想される。

今必要なことは，数年先もっと健康問題が深刻になるであろうこの被災地で，長期的視野に立ち，健康を支える限りある資源が，最も効率的に力を発揮できるシステムを考えながら活動することである。つまり仮設の健康問題に取り組みながら，元々課題が多かった上に，震災で高齢化が急速に進み超高齢社会になり，一方で支え合う地域の力が一気に破壊されたこの東北の地で，現在のように外部支援の人材や予算に基づく支援体制がなくなった後，地域に残された資源（医療・保健・福祉・自治体・住民力・NPO など）だけで，どうやって乗り越えていくのかを考え，そこから逆算して今どういった取組みを行うかといった視点が必須である。特に医療（医師）の資源が乏しい東北の地域事情を考えると，看護・介護・住宅・地域の支え合いなどを考えた復興が絶対に必要である。このように5年10年先を見据えた場合，被災者の劣悪な社会状況を少しでも軽減するべく，共感し寄り添う医療を提供するだけでなく，市民の社会保障・セーフティネットの一部を担うことが市立病院の立場として重要であると考えている。

8　さらなる展開：多職種協働教育の実践へ

東北にプライマリ・ケア，総合診療の拠点をという筆者の呼びかけに，内科系総合診療・家庭医療を基本に被災地域での活動を志す医師が全国から5人（2016年現在6人）も集まってくれ，さらに複数の希望者がいる。仮診療所も3年目に入り，総合診療の後期研修も開始した。短期に見学や研修をした医学生・医師も200人を超えた。その多くが国際保健医療に関心のある若者である。石巻市立病院は2016年には180床の在宅医療や地域連携を担う病院として再建され，その中心を総合診療科が担うことになっている。

今後も勤務を希望する者も多く，再建時には石巻市のみならず，宮城県あるいは東北のプライマリ・ケアを担える医師の拠点となり，さらに被災地で必要とされる地域包括ケアシステムを構築運営する人材を育成する拠点病院となることも期待されてきている。また東北に新設される医学部の構想でも，市立病院がサテライトキャンパスとして医学生教育に参画することになっており，数年先には医学生の教育に積極的に取り組むことになる。この中で，近年注目されており，地域包括ケア研究会報告書でも提起されている，多職種協働教育（IPE）に積極的に取り組んでいきたいと考えているが，この点でも筆者が IPE の学会（日本保健医療福祉連携教育学会）の理事を務める関係で，先駆的実践者や教育関係者からの支援を受けることが可能であり，先駆的な地域基盤型の医療者育成を行っていく予定である。

第Ⅲ部

地域包括ケアシステムへの新機軸

Summary

地域包括ケアの推進にあたっては，第Ⅰ部および第Ⅱ部で取り上げた実践から汲み取るべきヒントに加えて，理論的・政策的な観点から検討すべき論点が多く存在する。理論的には，自助，互助，共助，公助の包括性の枠組みにおける介護保険制度の守備すべき領域や「介護」概念の整理，互助の支えで成り立つ自助に生活自立への保障としての機能をもたせる上での共助と公助の機能のあり方，さらに，地域包括ケアシステムが地域資源の特性に応じた地域独自性をもつという場合に，公的保険制度や公的扶助制度が組み込まれたシステムとしての機能保障を適正に担保可能とするローカル・ガバナンスのあり方などの課題を指摘する。政策的には，独立型で地域型の介護保険制度であることから，医療保険や後期高齢者医療と介護保険との運用における一体性の確保や，医療・介護連携促進に資する保険運用技術の開発，および，人間の生活における安全性や人の生活を心理面・社会関係面一体で支える際にすでに国際的に確立している理念や原則をわが国の制度条件とどのように関連づけていくのかといった課題などが挙げられる。

第Ⅲ部では，そうした論点のうち，特に，地域の実情に即した地域包括ケア構想づくり，地域包括ケアの経営，医療と介護の連携，地域包括ケアの適正単位，ケアの統合性といった，システムの機能予見性や効果の期待可能性に関わる中心論点を取り上げている。

第14章は，高齢化状況，保有資源などにおける地域的な相違や，地域包括ケアの法律上の位置づけなどを踏まえて，地域の実情に適した地域医療・介護ビジョンをもつこと，そして地域の実情にあった方法で地域包括ケアをシステム化することの重要性を主張している。第15章は，地域完結型医療・介護保障を持続可能なシステムとするための目標理念と経営機構について，理論的な視座を提供している。第16章では，地域包括ケアづくりは地方分権の試金石との立場から，医療と介護の連携に焦点をあてて論点提起している。第17章は，介護保険３施設の中でも特に多種・豊富な資源・機能を保有する老人保健施設に焦点をあてて，地域包括ケアをシステムとして維持していく上での老人保健施設のターミナル拠点性を提起している。第18章は，地域包括ケアの中でも特に基盤となる日常生活を支える基本機能の提供について，地域の協同組合方式による事業の有効性を主張する。第19章は，災害対応に関する国際的ガイドラインに即して，包括的な支援手法としての心理社会的支援の有効性と地域包括ケアへの応用を提案する。

（田中　滋）

第14章
地域包括ケアの推進

唐澤　剛

1　地域ごとの高齢化状況の違い

今後わが国の少子高齢化は急速に進行する。2012年度から団塊の世代の第一陣約210万人が65歳になった。その前年度の2011年度に新たに65歳になった人は約130万人であり，これに比べ約80万人増加している。2013年度は約220万人，2014年度も約220万人が65歳になり，団塊の世代は皆65歳以上に到達する。そういう意味で，2014年度は団塊の世代が基礎年金の受給者になるというわが国の社会保障史上では意義のある年である。

しかし，本当の上り坂はこれからやってくる。団塊の世代の人たちが75歳に到達する2025年度までに，急増する医療・介護需要に備えた仕組みを構築しておかなければならない。75歳以上人口のピークは，団塊ジュニアがその年齢に到達する2050年代にあるので，2025年度以降もわが国はさらに坂を上り続けなければならないという厳しい実情にある。

他方，高齢化の状況は，地域ごとに相当異なる。**図14－1**は75歳以上人口に関する2025年の市町村別将来推計の分布だが，東京，神奈川，埼玉，千葉，大阪，名古屋など5割以上急増する市町村がある一方，約17％の市町村では減少すると見込まれる。高齢者人口が減少する市町村では，若者人口はそれ以上に減少する可能性もあり，集落存続の限界的な状況を迎えるおそれがある。

高度成長以降，わが国の市町村は，位置は違っても同じ上り坂に面していたが，今後は人口が相当減少する下り坂に面した市町村もかなり存在することになる。超少子高齢社会に対応していくためには，地域包括ケアシステムの構築が不可欠だが，その構築にあたっては各地域のそれぞれの実情に応じた政策を

図 14－1　75歳以上人口について，2015（平成27）年を100としたときの2025（平成37）年の指数

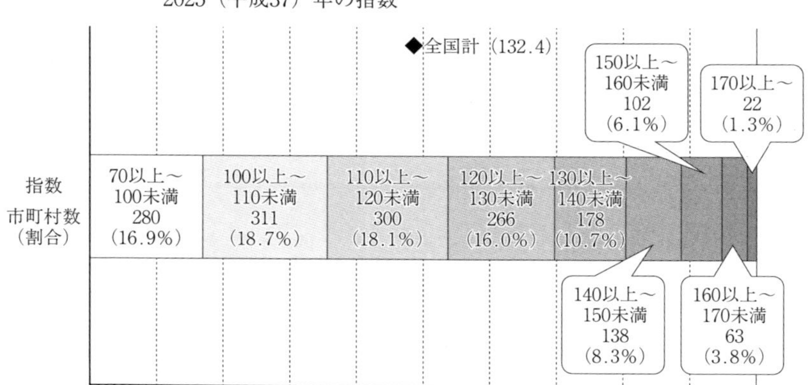

（注）　1：75歳以上人口の2015年から2025年までの伸びでは，全国計で1.32倍であるが，市町村間の差は大きく，1.5倍を超える市町村が11.3%ある一方，減少する市町村が16.9%ある。
2：市町村数には福島県内の市町村は含まれていない。
（出所）　国立社会保障・人口問題研究所「日本の地域別将来推計人口（平成25〔2013〕年３月推計）」より厚生労働省作成。

進めていくことが重要である。

2　社会保障・税の一体改革と地域包括ケアシステム

（1）　社会保障給付費の増加

図 14－2 のように，2013年度（予算ベース）の社会保障給付費は，110.6兆円と国の一般会計予算を超える巨大な金額となっている。大括りにいえば，1990年度以降，社会保障給付費は毎年３兆円ずつ増加してきており，社会保障財源の約3割が国庫負担であるので，社会保障関係予算は毎年度9000億円～１兆円増加してきた。今後2025年度に向かってさらに増加していくと見込まれている。

国民生活を支える社会保障制度の財政基盤を強化し，持続可能な社会保障制度を構築していくことが，社会保障・税の一体改革の大きな目的である。

図 14－2　社会保障給付費とその財源

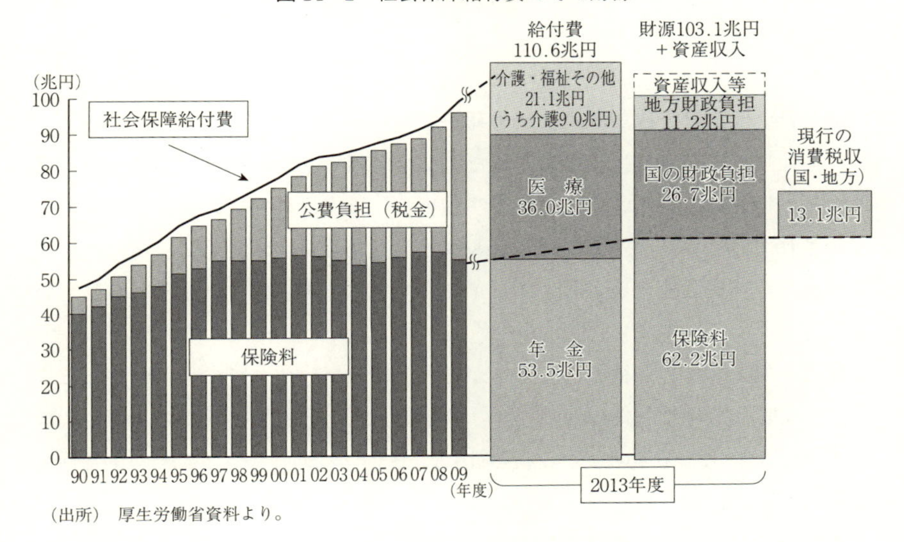

（出所）厚生労働省資料より。

（2）　社会保障制度・税一体改革の流れ

社会保障・税の一体改革は，わが国社会経済の変化を踏まえて，社会保障の充実・安定化と財政健全化という２つの目標を同時に達成することをねらいとするものである。2012年の国会に関係法案が提出され，自民・民主・公明３党による合意が成立し，合計10本の法律が成立している。

その内訳は，今後の社会保障制度改革の基本的な考え方・方針などを示す「社会保障制度改革推進法」，次に，2014年４月から８％に，2015年10月から10％に消費税を引き上げることなどを内容とする国税，地方税の２本の改正法が成立した。

また，年金については，４本の法律が成立し，基礎年金の国庫負担を２分の１へ引き上げることの恒久化，サラリーマンの被用者年金制度一元化，年金の受給資格期間を10年に短縮すること，遺族基礎年金の父子家庭への支給対象拡大，パート労働者など短時間労働者に対する厚生年金（および健康保険）の適用拡大などの改正法が成立した。さらに，低所得高齢者・障害者等への福祉的給付（年金生活者支援給付金）も設けられることになった。少子化対策については，子ども子育て支援新制度に関する新法，認定こども園法の改正など3本の法律が成立している。

(3) 社会保障制度改革国民会議の報告書

社会保障制度改革推進法では，新たに「社会保障制度改革国民会議」を設置し，その検討結果を踏まえて，推進法施行1年以内に法制上の措置を講ずることとされていた。このため，清家篤慶應義塾長を会長とする委員15名の社会保障制度改革国民会議が発足し，2013年8月6日に報告書がとりまとめられている。

報告書総論では，意欲のある人々が働き続けられ，すべての世代が相互に支え合う全世代型の社会保障を目指す，負担能力に応じた費用負担の仕組みを導入する，高齢化最先進国として成熟社会にチャレンジしていくことの重要性を強調している。

先に述べたように，年金と少子化の分野ではすでに多くの法律が成立しているが，医療・介護分野ではまだ本格的な改正法は成立していない。このため，報告書各論の重点は医療・介護制度改革に置かれており，その中心的なテーマは，医療・介護提供体制の改革と地域包括ケアシステムの構築といってよい。このほか，国民健康保険の財政運営の責任を都道府県が担うことなど医療保険制度の改革，難病対策の法制度化，医療の効率化・重点化などに触れられている。

(4) 社会保障制度改革プログラム法の成立

国民会議の報告書を踏まえ，今後の社会保障制度改革の全体像と進め方を盛り込んだ**表14-1**の「社会保障制度改革プログラム法（持続可能な社会保障制度の確立を図るための改革の推進に関する法律）」が2013年秋の臨時国会に提出され，12月に成立した。今後，このプログラム法に定められた検討項目，法案の提出時期の目途などに沿って，順次改正が行われる予定である。2014年の通常国会には，病床の機能分化と連携，医療提供体制の再構築と地域包括ケアシステムの構築を目指した病床機能報告制度の創設と地域医療ビジョンの作成等を内容

表 14－1　社会保障制度改革プログラム法
（持続可能な社会保障制度の確立を図るための改革の推進に関する法律）

【法律の趣旨等】
○社会保障制度改革国民会議の審議の結果等を踏まえ，「社会保障制度改革推進法第４条の規定に基づく「法制上の措置」の骨子について」を閣議決定（平成25年８月21日）
○この骨子に基づき，「法制上の措置」として，社会保障制度改革の全体像・進め方を明示するものとして提出（平成25年12月５日成立，同13日公布・施行）

【法律の主な概要】

■講ずべき社会保障制度改革の措置等

受益と負担の均衡がとれた持続可能な社会保障制度の確立を図るため，医療制度，介護保険制度等の改革について，①改革の検討項目，②改革の実施時期と関連法案の国会提出時期の目途を明らかにするもの

○少子化対策（すでに成立した子ども・子育て関連法，待機児童解消加速化プランの着実な実施等）
○医療制度（病床機能報告制度の創設・地域の医療提供体制の構想の策定等による病床機能の分化および連携，国保の保険者・運営等のあり方の改革，後期高齢者支援金の全面総報酬割，70～74歳の患者負担・高額療養費の見直し，難病対策等）
○介護保険制度（地域包括ケアの推進，予防給付の見直し，低所得者の介護保険料の軽減等）
○公的年金制度（すでに成立した年金関連法の着実な実施，マクロ経済スライドのあり方等）

※医療サービスの提供体制，介護保険制度および難病対策等については平成26年通常国会に，医療保険制度については平成27年通常国会に，必要な法律案を提出することを目指すものと規定。

■改革推進体制

上記の措置の円滑な実施を推進するとともに，引き続き，中長期的に受益と負担の均衡がとれた持続可能な社会保障制度を確立するための検討等を行うため，関係閣僚からなる社会保障制度改革推進本部，有識者からなる社会保障制度改革推進会議を設置

■施行期日

公布の日（平成25年12月13日）（一部を除く。）

（出所）厚生労働省作成資料より。

とする医療法の改正と，地域包括ケアシステムの構築に向けた地域支援事業の見直し，介護予防の推進，在宅・施設サービスの見直しなどを内容とする介護保険法の改正を総合的に行う「地域における医療及び介護の総合的な確保を推進するための関係法律の整備等に関する法律」が成立している（**表 14－2** 参照）。

（５）消費税増収による社会保障の充実

表 14－3 のように，社会保障・税の一体改革では，消費税引き上げの５％分のうち，４％分は社会保障の安定化と財政改革のために，１％分を社会保障の

表14－2　地域における医療及び介護の総合的な確保を推進するための関係法律の整備等に関する法律の概要

【趣　旨】
持続可能な社会保障制度の確立を図るための改革の推進に関する法律に基づく措置として，効率的かつ質の高い医療提供体制を構築するとともに，地域包括ケアシステムを構築することを通じ，地域における医療及び介護の総合的な確保を推進するため，医療法，介護保険法等の関係法律について所要の整備等を行う。

【概　要】
1．新たな基金の創設と医療・介護の連携強化（地域介護施設整備促進法等関係）
①都道府県の事業計画に記載した医療・介護の事業（病床の機能分化・連携，在宅医療・介護の推進等）のため，消費税増収分を活用した新たな基金を都道府県に設置
②医療と介護の連携を強化するため，厚生労働大臣が基本的な方針を策定
2．地域における効率的かつ効果的な医療提供体制の確保（医療法関係）
①医療機関が都道府県知事に病床の医療機能（高度急性期，急性期，回復期，慢性期）等を報告し，都道府県は，それをもとに地域医療構想（ビジョン）（地域の医療提供体制の将来のあるべき姿）を医療計画において策定
②医師確保支援を行う地域医療支援センターの機能を法律に位置付け
3．地域包括ケアシステムの構築と費用負担の公平化（介護保険法関係）
①在宅医療・介護連携の推進などの地域支援事業の充実とあわせ，全国一律の予防給付（訪問介護・通所介護）を地域支援事業に移行し，多様化　※地域支援事業：介護保険財源で市町村が取り組む事業
②特別養護老人ホームについて，在宅での生活が困難な中重度の要介護者を支える機能に重点化
③低所得者の保険料軽減を拡充
④一定以上の所得のある利用者の自己負担を２割へ引上げ（ただし，月額上限あり）
⑤低所得の施設利用者の食費・居住費を補填する「補足給付」の要件に資産などを追加
4．その他
①診療の補助のうちの特定行為を明確化し，それを手順書により行う看護師の研修制度を新設
②医療事故に係る調査の仕組みを位置づけ
③医療法人社団と医療法人財団の合併，持分なし医療法人への移行促進策を措置
④介護人材確保対策の検討（介護福祉士の資格取得方法見直しの施行時期を27年度から28年度に延期）

【施行期日】
公布日。ただし，医療法関係は平成26年10月以降，介護保険法関係は平成27年４月以降など，順次施行。

（出所）　厚生労働省作成資料より。

充実のために使うとされている。１％相当分は2.8兆円程度（2017年度ベース）で，このうち，少子化には0.7兆円程度を，医療・介護には1.5兆円程度を，年金には0.6兆円程度を充てる予定である。今後の本格的な少子高齢社会を展望して，医療・介護分野には最も大きな金額が充てられることになっており，その中に地域包括ケアシステムの構築が明確に位置づけられている。このように，

表14－3　社会保障・税一体改革による社会保障の充実

※消費税引上げによる増収分は，全て社会保障の充実・安定化に向けることとなっており，基礎年金国庫負担割合の1/2への恒久的引上げ等*による社会保障の安定化のほか，以下の社会保障の充実を予定している。*2017年度時点では，3.2兆円程度の見込み。

分野	内容	所要額
子ども・子育て	○子ども・子育て支援の充実（待機児童の解消などの量的拡充と質の向上） ・子ども・子育て支援新制度の実施による，幼児教育・保育と地域の子ども・子育て支援の総合的推進・充実 ・「待機児童解消加速化プラン」の実施 ・新制度への円滑な移行を図るための保育緊急確保事業 ・社会的養護の充実など	0.7兆円程度
医療・介護	○医療・介護サービスの提供体制改革 ①病床の機能分化・連携，在宅医療の推進等 ・病床の機能分化と連携を進め，発症から入院，回復期（リハビリ），退院までの流れをスムーズにしていくことで，早期の在宅・社会復帰を可能にする。 ・在宅医療・介護を推進し，地域での生活の継続を支える。 ・医師，看護師等の医療従事者を確保する。 （新たな財政支援制度の創設，診療報酬に係る適切な対応の在り方の検討・必要な措置） ②地域包括ケアシステムの構築 介護が必要になっても住み慣れた地域で暮らせるよう，介護・医療・予防・生活支援・住まいが一体的に提供される地域包括ケアシステムを構築するため，以下の取組を行う。 ⅰ）医療と介護の連携，ⅱ）生活支援・介護予防の基盤整備，ⅲ）認知症施策，ⅳ）地域の実情に応じた要支援者への支援の見直し，ⅴ）マンパワーの確保等 など ○医療・介護保険制度の改革 ①医療保険制度の財政基盤の安定化 ・低所得者が多く加入する国民健康保険への財政支援の拡充（国民健康保険の保険者，運営等の在り方に関する改革の前提として行われる財政支援の拡充を含む） ・協会けんぽに対する国庫補助 ②保険料に係る国民の負担に関する公平の確保 ・国民健康保険等の低所得者保険料軽減措置の拡充 ・後期高齢者支援金の全面総報酬割の導入 ③保険給付の対象となる療養の範囲の適正化等 ・低所得者に配慮しつつ行う高額療養費の見直し ・医療提供施設相互間の機能の分担や在宅療養との公平の観点からの外来・入院に関する給付の見直し ④介護給付の重点化・効率化 ・一定以上の所得を有する者の利用者負担の見直し ⑤介護保険の一号保険料の低所得者軽減強化 など ○難病，小児慢性特定疾患に係る公平かつ安定的な制度の確立	1.5兆円程度 ※充実と重点化・効率化を併せて実施
年金	○現行制度の改善 ・低所得高齢者，障害者等への福祉的給付　・受給資格期間の短縮 ・遺族年金の父子家庭への拡大	0.6兆円程度

所要額（公費※）合計＝2.8兆円程度　※消費税財源（平年度ベース）

（注）上記の表は，消費税増収分を活用した社会保障の充実について，公費に影響のあるものについて整理したものである。
（出所）内閣官房社会保障改革室作成資料。

表 14－4　2014（平成26）年度の社会保障の充実・安定化について

○消費税率引上げによる増収分は，全て社会保障の充実・安定化に向ける。
○社会保障の安定財源確保と財政健全化の同時達成を目指す観点から，平成26年度の増収額5兆円(※)については，
　①まず基礎年金国庫負担割合２分の１に2.95兆円を向け，
　②残額を満年度時の
　　•「社会保障の充実」及び「消費税引上げに伴う社会保障４経費の増」と
　　•「後代への負担のつけ回しの軽減」
　の比率（概ね１：２）で按分した額をそれぞれに向ける。

※消費税については，国の会計年度と，消費税を納税する者の事業年度が必ずしも一致しないこと等により，段階的な増収となる。

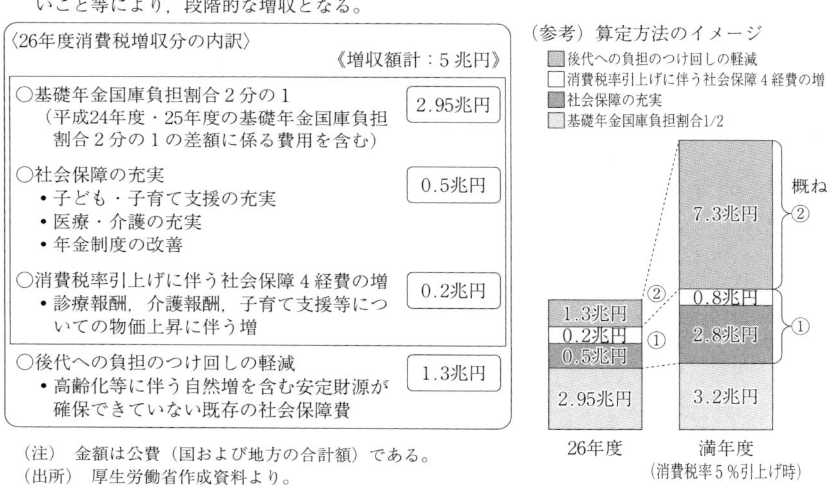

（注）　金額は公費（国および地方の合計額）である。
（出所）　厚生労働省作成資料より。

社会保障・税一体改革において，地域包括ケアシステムは最も重要な事項であるといっても過言ではない。

2014（平成26）年度の消費税収については，**表 14－4**のように，消費税３％の引き上げに伴う増収が約５兆円見込まれている。このうち，2.95兆円が基礎年金国庫負担に，1.3兆円が後代への負担のつけ回しの軽減に，0.5兆円が社会保障の充実に充てられる。この0.5兆円の充実のうち，約3000億円が待機児童解消加速化プランなど子ども・子育て支援の充実に，約2000億円が新たな財政支援制度としての地域医療介護のための基金の創設，診療報酬改定，国民健康保険の低所得者保険料軽減の拡充，医療保険の高額療養費の改善，難病・小児慢性疾患の法制度化（2014年通常国会で法律が成立），認知症対策の充実などに充

てられる。

3　地域包括ケアシステムの法律上の位置づけ

（1）　介護保険法

介護保険法では，2011年6月改正により，同法5条3項の「国及び地方公共団体の責務」として，「国及び地方公共団体は，被保険者が，可能な限り，住み慣れた地域でその有する能力に応じ自立した日常生活を営むことができるよう，保険給付に係る保健医療サービス及び福祉サービスに関する施策，要介護状態等となることの予防又は要介護状態等の軽減若しくは悪化の防止のための施策並びに地域における自立した日常生活の支援のための施策を，医療及び居住に関する施策との有機的な連携を図りつつ包括的に推進するよう努めなければならない。」と規定されている。この規定が，まとまったものとしては地域包括ケアに関する初めての法律上の規定である。ただし，地域包括ケアシステムという用語は用いられていない。

（2）　社会保障制度改革プログラム法（持続可能な社会保障制度の確立を図るための改革の推進に関する法律）

2013年12月に成立した社会保障制度改革プログラム法4条4項では，「政府は…（中略）…今後の高齢化の進展に対応して地域包括ケアシステム（地域の実情に応じて，高齢者が，可能な限り，住み慣れた地域でその有する能力に応じ自立した日常生活を営むことができるよう，医療，介護，介護予防（要介護状態若しくは要支援状態となることの予防又は要介護状態若しくは要支援状態の軽減若しくは悪化の防止をいう。次条において同じ。），住まい及び自立した日常生活の支援が包括的に確保される体制をいう。次項及び同条第二項において同じ。）を構築することを通じ…（後略）」と初めて「地域包括ケアシステム」という用語が法律上用いられると共に，国民にわかりやすい平易な表現が用いられている。医療介護総合確保促進法にも同様の規定が設けられている。

こうした経過をみると，2011年の介護保険法改正以降，社会保障・税の一体改革，社会保障制度改革国民会議報告書，社会保障改革プログラム法等を通じ，地域包括ケアという言葉は，法制度上の概念として位置づけられたと考えられる。

4　地域包括ケアシステムの図の変遷

地域包括ケアを説明する厚生労働省作成の図にも３段階がある。この図のそれぞれに深い意味はないのかもしれない。しかし，筆者はある面示唆に富むものも含まれているのではないかと考えているので，私見ではあるがあえてその含意を穿鑿（せんさく）してみたい。

（1）2011年の図「医療・介護の提供体制の将来像の例」

この第１段階の図（**図14－3**）は，2011年に社会保障・税の一体改革の検討が開始された頃のものである。この図の第一の問題点は，医療と介護が縦割りになっていることである。しかも，右半分の図は「地域包括ケアの実現（包括的ケアマネジメントの機能強化）」となっている。このため，急性期医療とは関係がないという誤解を招いた面がある。しかし，地域包括ケアは医療・介護全般にわたるもので，急性期医療も地域包括ケアシステムの重要な一部である。

第二の問題点は，右半分の図の中心が「地域包括支援センター」になっていることである。中心にあるのは，その地域に暮らしている人ではなくて，役所の機関である。つまり，この図の目線は行政機関の目線であるということである。

また，地域包括ケアは，名前も似ている地域包括支援センターの仕事でほかの機関は主ではないという誤解，介護予防で多忙を極める地域包括支援センターの職員にはさらに業務が増えるのかという誤解も生んだ。

（2）2012年の図「医療・介護サービス保障の強化」

第２段階の図（**図14－4**）は，2012年に社会保障・税の一体改革法案審議の頃の図である。

図14－3　医療・介護の提供体制の将来像の例：機能分化し重層的に住民を支える医療・介護サービスのネットワーク構築

○日常生活圏域内において，医療，介護，予防，住まいが切れ目なく，継続的かつ一体的に提供される「地域包括ケアシステム」の確立を図る。
○小・中学校区レベル（人口１万人程度の圏域）において日常的な医療・介護サービスが提供され，人口20～30万人レベルで地域の基幹病院機能，都道府県レベルで救命救急・がんなどの高度医療への体制を整備。

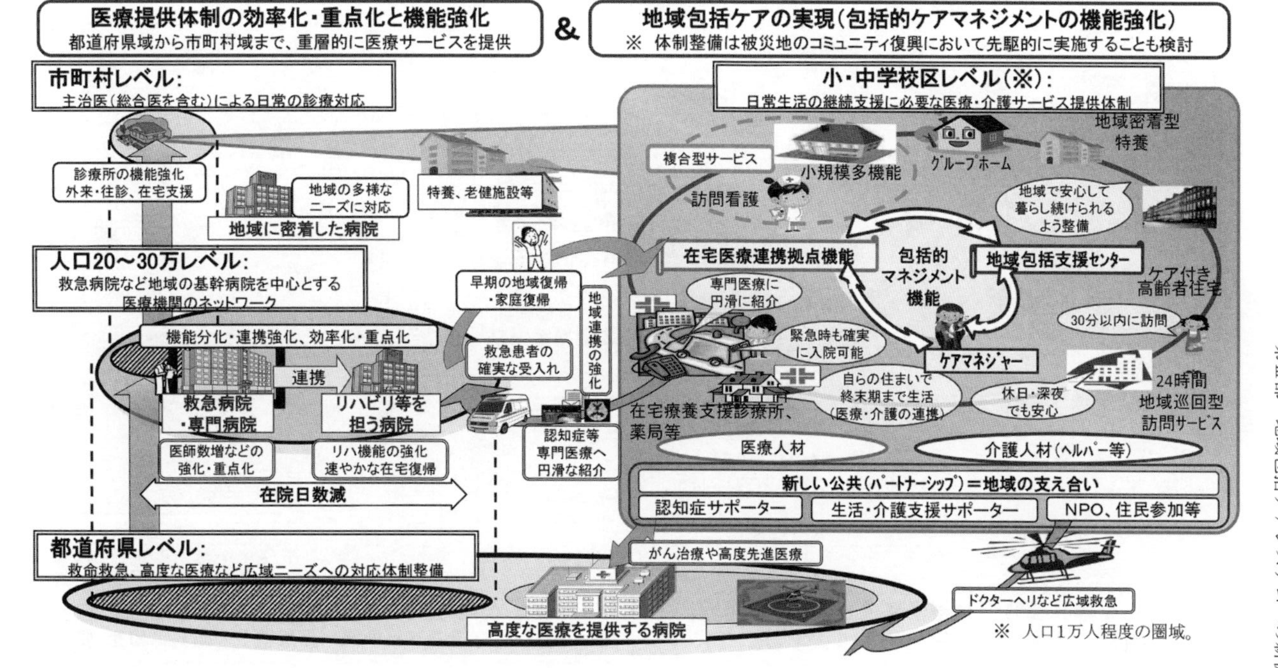

（出所）厚生労働省「医療・介護に関する資料」（平成23年５月19日）より。

図 14-4　医療・介護サービス保障の強化

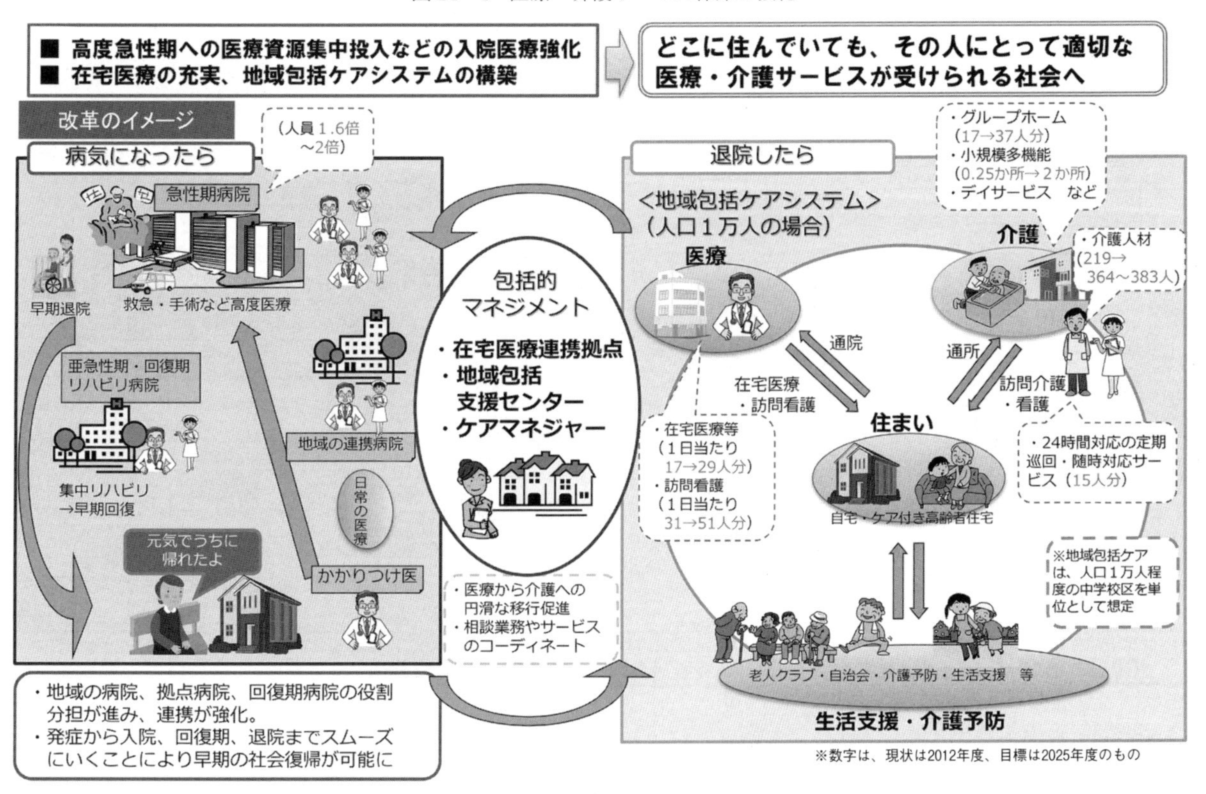

（出所）　平成24年厚生労働省作成資料より。

図 14－5　地域包括ケアシステム

○住まい・医療・介護・予防・生活支援が一体的に提供される地域包括ケアシステムの実現により，重度な要介護状態となっても，住み慣れた地域で自分らしい暮らしを人生の最期まで続けることができるようになります。
○認知症は，超高齢社会の大きな不安要因。今後，認知症高齢者の増加が見込まれることから，認知症高齢者の地域での生活を支えるためにも，地域包括ケアシステムの構築が重要です。
○人口が横ばいで75歳以上人口が急増する大都市部，75歳以上人口の増加は緩やかだが人口は減少する町村部等，高齢化の進展状況には大きな地域差を生じています。
　地域包括ケアシステムは，保険者である市町村や，都道府県が，地域の自主性や主体性に基づき，地域の特性に応じて作り上げていくことが必要です。

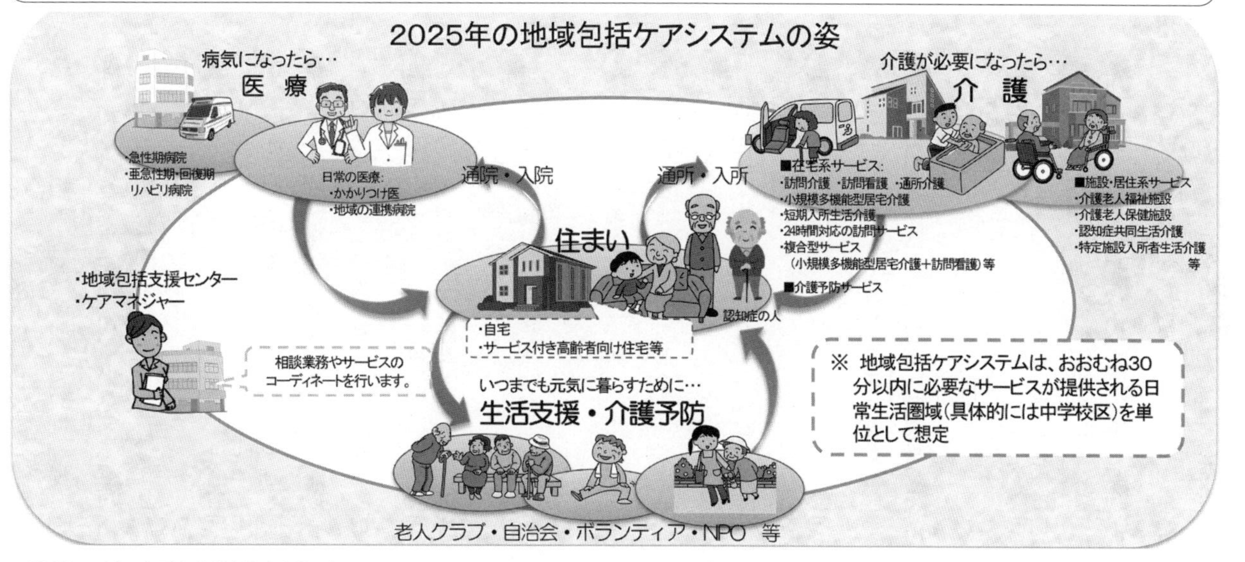

（出所）　平成25年厚生労働省作成資料より。

第１段階の図との大きな違いは，右半分の図の中心が「住まい」になったことである。つまり，地域包括ケアの中心は，生活の拠点である住まいが中心になった。それは，行政機関の目線から生活者の目線に変化したということである。その人らしい生活を支える，それぞれの人の人生の物語を尊重するという姿勢に通ずるものであろう。

他方，医療と介護部分が左右に分かれ，まだ縦割りのままとなっている。

（3） 2013年の図「地域包括ケアシステム」

第３段階の図（図14－5）は，2013年社会保障・税の一体改革法成立後の図である。

この図では，生活者の住まいを中心に，生活支援・介護予防サービス，医療・介護サービスがこれを支えるすっきりとした構図となっている。また，医療と介護の縦割が解消され，両者は一体となって包括的に提供される。医療の部分には病院と救急車があり，急性期医療が地域包括ケアの重要な一部であることを示している。さらに，介護施設も重要な一部として位置づけられている。

5　地域包括ケアシステムの構築にあたっての留意点

地域包括ケアは，介護が必要になっても，住み慣れた地域で自立した生活を送ることができるよう，医療，介護，住まい，予防，生活支援を包括的かつ継続的に提供するシステムである。すでにみてきたように，法律上の規定も設けられているが，なお曖昧として方法論も明確でないとの指摘もある。筆者も判然と方法を示すことはできないが，その構築にあたっての留意点について私見を示してみたい。

（1） 「地域に根ざした」＋「医療・介護の包括ケア」のもつ意味

地域包括ケアシステムは，介護が必要になっても，住み慣れた地域で自立した生活を送ることができるよう，医療，介護，住まい，予防，生活支援を包括的かつ継続的に提供するシステムである。

分解すれば，「地域に根ざした（Community-Based）」＋「医療・介護の包括ケア（Integrated Care）」になる。この中に，住まいや生活支援なども含まれてくるわけだが，「地域に根ざした」とは何なのか。それは，場所を指すものではなく，人のつながりを示すものである。また，「医療・介護の包括ケア」とはどのようなサービス提供体制を指すのか。医療と介護は一体的に提供されないといけない。それぞれの地域の実情に照らして，十分熟慮する価値があることだと思う。

（2）　急性期医療は地域包括ケアシステムの重要な一部である

先述の図の変遷でみたように，一時，急性期医療は地域包括ケアと関係があまりないという誤解を招いた。しかし，地域包括ケアは，「地域医療介護包括ケア」でなければならない。もし，救急も含めた急性期医療が地域包括ケアに無関係であるのなら，急性期医師，例えば外科手術をした医師は，その患者の予後に関心をもたなくてよいことになってしまう。実際，手術待ち患者が列をなす急性期病院では，患者の予後に関心をもつ余裕がある医師は少ない。

また，今日の急性期病院では何カ月もずっと入院している患者はほとんどいない。このため，急性期の医師や看護師は，手術後数カ月を経過した患者を自分の目で見る機会がない。したがって，急性期のスタッフは，患者は治って退院したと考えており，患者がその後どのようなリハビリを行い，どんな種類の介護サービスを利用し，どのような家族形態で暮らしているかなど，患者の予後について想像力が刺激されることがない。

地域包括ケアシステムの構築にあたっては，急性期のスタッフは患者の予後を，慢性期や介護，在宅医療介護などのスタッフは急性期での治療内容を，相互に知ることができるようにすることが非常に重要である。

（3）　循環的な構造の医療・介護サービス提供体制をつくる

地域包括ケアシステムでは，地域に根ざした医療・介護等のサービスを一体的に提供するものだが，その提供体制は循環的な構造であることが重要である。

急性期医療は，科学の論理と高度な医療技術を背景に，自らを頂点とし，プロフェッショナリズムに基づくヒエラルキーを構成するが，地域包括ケアは，住まいを拠点として上流を眺める生活者の視点に基づくものであり，視点は根本的に転換される。

川上から川下に向かった一方向の構造ではなく，患者や利用者はもともと戸建てや集合住宅で暮らしているわけだから，在宅～急性期～回復期～慢性期～介護～そして再び在宅という循環するものとして捉える必要がある。各ステージで連続的かつシームレスなサービスが提供されることが必要である。

このような視点に立てば，医療提供体制の再構築（機能分化と連携）は地域包括ケアシステム構築の前提であり，同時にその一部である。

（4）「顔の見える関係」を築く

地域包括ケアにとって「顔の見える関係」は極めて重要である。脳卒中やがんなどの地域連携パスはかなり普及してきているが，単に紙やデジタルの媒体を送るだけでは効果が少ない。厚生労働省も診療報酬や介護報酬で，急性期の医師と回復期の医師・在宅の医師・ケアマネジャーなどが直接面談した場合には，高い点数を設定しているがなかなか算定されていない。多忙な医師同士が面談することは，相当に困難なことだ。

こうした事柄が示唆することは，患者や利用者が送られてきてから連携の関係を構築しようとするのでは遅いということである。つまり，順序が逆なのだ。連携は先にシステムとしてでき上がっていて，そこに患者や利用者が送られてくるのでなくてはならない。急性期医師，回復期・慢性期医師，開業医，歯科医師，薬剤師，保健師，看護師，栄養師，リハ職，ソーシャルワーカー，歯科衛生士，ケアマネ，介護職，行政マンなど関係するスタッフが，お互いによく知っていて普段から交流があることが重要である。

これが，すなわち「顔の見える関係」である。「顔の見える関係」は「信頼の基盤」でもある。このことにより，安心して次のサービスステージに移行することができる。サービスの利用者には今後のサービス利用の見通しが立つことになる。それが，医療難民や介護難民の発生を防ぐことにつながる。

（5）　フリーアクセスの問題点と地域包括ケア

フリーアクセスは国民の間に広く定着しているが，同時に問題もある。1つは，よく知られているように大病院の外来への患者の集中だ。

だが，もう1つフリーアクセスによる大きな問題がある。それは，入院（転院）する病院を自分で探さなくてはならないという問題である。もっと明確にいえば，急性期後の転院先の病院や施設を自分で探さなければならない。フリーアクセスでなければ，ヨーロッパのように各病院の機能はあらかじめ明確であり，転院する病院は最初から決まっている。しかし，わが国は自由に病院が選べることになっているから，特に都市部では，患者やその家族が，自分で走り回って病院を探さなければならない。自由に選べるというのは，実は何も選べないということを意味する場合もある。いわゆる医療難民，介護難民の問題だ。

フリーアクセスであるわが国では，地域包括ケアシステムを「つくることが望ましい」のではなく，必ず地域包括ケアシステムを「つくらなければならない」のである。

（6）「顔の見える関係」における医師の役割と責任

「顔の見える関係」をつくるためには，継続的なケア会議が行われていることが重要である。しかし，こうした会議の場でも，ケアマネジャーなどのスタッフはなかなか医師に意見をいえないことが多い。もっと勉強して堂々と意見をいうべきだとはいっても，実際にはかなり困難である。

継続的にケア会議が成立するためには，自由な意見の交換が可能で，それぞれが参加していることを実感できることが重要だ。そのためには，医師が公平な参加と意見表明の機会を保障するリーダーシップを発揮する必要がある。だれでも自由に意見をいってよいということ。リーダーとしての医師は懐深く全体をウォッチする。参加を勧め，目標を共有し，ビジョンを示し，対等な関係を保障するということ。こうしたことは，多くの場合，リーダーである医師の責任であると考えられる。

（7）地域医療・介護ビジョンをつくり，地域の実情にあった方法で地域包括ケアをつくる

地域包括ケアシステムの構築のためには，地域医療・介護ビジョンを策定することが重要である。2014年通常国会に提出された「地域における医療及び介護の総合的な確保を推進するための関係法律の整備等に関する法律」では，医療機関が都道府県知事に病床の医療機能（高度急性期，急性期，回復期，慢性期）等を報告し，都道府県は，それをもとに地域医療構想（ビジョン）（地域の医療提供体制の将来のあるべき姿）を医療計画において策定することとされている。実際には，医療計画の期間が５年から６年に延長され，介護保険計画の３年の事業期間と区切りが合致することになるので，医療計画と介護計画は一体的に作成されることになる。したがって，実質的には地域医療・介護ビジョンが策定されることになろう。

わが国では，外来患者数が減少する一方，入院患者数は急増すると見込まれている。医療・介護サービス事業者は，単独で点のように存在するのではなく，地域ネットワークの中に存在している。病院完結型から地域完結型（連携型）の医療・介護に変化してきており，病院の機能分化は必然である。同時に，分化しただけではだめで連携が不可欠である。地域医療・介護ビジョンを参照しながら，各病院や事業者は自らのポジションを定め，経営戦略を策定する必要がある。また，わが国の診療所の手厚い装備を活かした在宅医療・介護の推進に取り組むことも，地域包括ケアシステムをつくっていく上で重要な事項である。

高齢化が進む以前は，位置は違ってもわが国の市町村はどの地域も皆上り坂にいた。今は，地域の置かれた状況は様々で，高齢化の坂を上る市町村もあれば人口減少のために坂を下るところもある。

21世紀には，少子高齢化により，昼間人口が増大し，通勤者が減少する。この少子高齢社会では「近接している」ことが再び価値をもつ。高齢者住宅とサービス機関が近接したコンパクトタウンで暮らすというスタイルをつくっていくことも考えられる。

地域包括ケアは，裾野が広い概念である。地域の数だけスタイルがあってよ

く，各地域の個性的な方法でつくっていけばよい。曖昧ではあるが，その分みんなが参加できるコンセプトともいえるであろう。

第15章
地域包括ケア体制の経営

西田在賢

1　体制の経営管理に備える

被災地の地域包括ケア再興の取組みは，いわば「災害に強い医療・介護保障」を模索する姿でもある。わが国の場合，医療・介護保障とは，社会保障の１つであり，国民皆保険制度と介護保険制度を指すが，その財政はたいへん巨額であり，厚生労働省の発表によると，まもなく年金財政を抜いて最大規模になるとされている（**図15－1**）。

そのようなことから「災害に強い医療・介護保障」の模索では，地域包括ケアの経済的運営の術，つまり経営管理手法が重要な課題になるのは必然となる。

しかしながら，2014年６月末現在のところ，地域包括ケアの体制は普及前夜ともいうべき状況であり，数多く現れるであろう体制モデルの類型化にも至っていない（西田，2014a）。

そのため未だ地域包括ケア体制の具体的な経営管理手法を論じられる段階にはない。そこで本章では，わが国の「地域包括ケア体制」なるものが，いかなる社会保障の位置づけになるかについて考察し，地域包括ケア体制の経営管理手法の開発に備えたいと考える。

2　地域包括ケアのシステム化と呼び方について

地域包括ケアシステムは，2012年度施行の改正介護保険法に著され，市区町村基礎自治体が取り組むことになったが，全国の自治体関係者の間では少なからず混乱が生じた（医療経済研究機構報告書，2013）。

図 15－1　社会保障に関わる将来推計

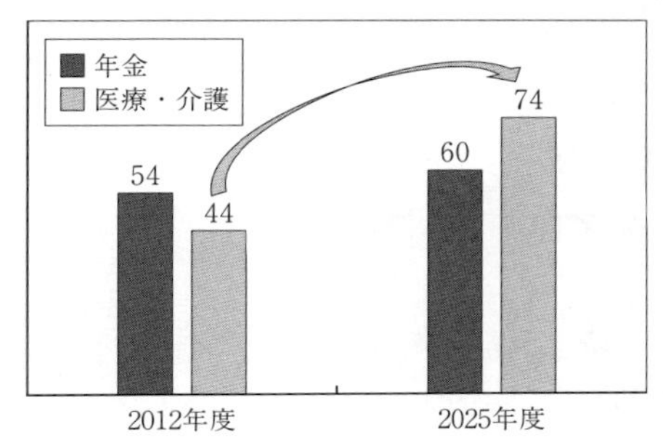

今のまま大規模超高齢社会が進むと，2025年度には年金約60兆円に対して医療・介護の給付費が約74兆円となって，比率が逆転すると見込まれている。

（出所）　厚生労働省（2012年３月公表）の資料をもとに筆者作成。

そのような中で筆者は，自治体における地域包括ケアシステムの構築という課題について，多くの有識者を講師として招いた様々な公開セミナーを企画開催し，討議することによって，どのように取り組むべきかの整理を試みてきた(西田，2014b)。

余談だが，地域包括ケアシステムがわかりにくいことの理由の１つには，先行して整備されていた「地域包括支援センター」と呼称が似ていることもあったと思う。

このことを整理して考える手掛かりを，筆者はデンマーク工科大学の社会システムの研究者たちを2012年夏に訪れて議論した際に得ることができた。このとき，日本の超高齢社会における国民の医療・介護保障を持続する努力として，国は「地域包括ケアシステム」の構築を全国で進めようとしていることを紹介してみたところ，comprehensive system for care delivery and coordination at the regional level という英語を充てることで，厚労省が意図するシステムの意味が通じるとわかった。ちなみに，「地域包括支援センター」は，for 以下は同じながら，冒頭は comprehensive support center となる。

つまり，前者 system のほうが後者 support center よりも明らかに役務の範疇が広くて複雑となるはずであり，後者を複数束ねたものになる場合も考えられる。そのようなことから，地域包括ケアのシステム化の要点は，次節に述べるような医療，介護リソースのコーディネーション機能にあると考えられる。

そこで筆者は両者を区別して扱う必要があると考え，文字で見分け，音で聞き分けられるように，地域包括の「ケア体制」と「支援センター」という表現を用いるようにしている。ちなみに，厚労省では「地域包括ケアシステム」だけでなく，「地域包括ケア体制」という表現も以前から使っている。

3　地域包括ケア体制の「経営」

「地域」というもののセグメンテーションが，医療・介護保険制度を経営していくときのアカウンタビリティ，つまり説明責任がよく行き届く範囲で区切っていくことが，最終的に被保険者である地域住民にはわかりやすいであろう。

もちろん，そこでは地域住民への会計説明もなされねばならず，また，地域の医療・介護サービスの需給や資金のやり繰りに責任をもつところが必要になる。その点で，地域包括ケア体制の構築では「経営責任組織」が不可欠であり，その権限と責任が明確にされた上で，専門的なマネジメント能力が担保されねばならないであろう。

そのように考えると，介護保険制度運営のために先行して興された地域包括支援センターでは，「権限と責任」の明確化が不十分なところがあり，地域包括ケアのマネジメント能力が担保されないままで運営されているところが全国に数多くあるように見受ける。その点からも，地域包括支援センターが地域包括ケア体制の経営を担うのは必然ではなく，また必ずしも適切であるとはいえないであろう。

そのため，地域包括ケア体制構築を促進するにあたって，地域包括支援センターの役割を見直すことは避けられず，見直すときには地域包括ケア体制の「経営責任組織」を明らかにする議論が急がれるものと考える。

筆者は，地域包括ケア体制の「経営責任組織」が備えるべき基本的な権能は，当該地域の医療・介護サービスのコーディネーション機能と，被保険者・地域住民へのアカウンタビリティ機能の両方を果たす「権限」と「能力」にあり，その成果と責任が行政のみならず，地域住民からも「評価」を受けねばならないと考えている。

コーディネーション機能の重要性については，すでに研究者たちの間で議論されているが，筆者がこの機能の必要性を確信したのは，先述したデンマークの研究者たちに，わが国の「地域包括ケア体制」のコンセプトの紹介を試みたときの経験に基づく。じつのところ，このときのプレゼンテーションを準備した当初は，ケア提供の統合を強調していたのだが，先行して高齢社会の経営を経験している彼らとの議論を通じて，地域包括ケア体制の構築を考えるときには delivery と coordination が同等の重みをもっていること，そして，このことを理解すれば曖昧になりがちな「地域」の捉え方が，「経営責任組織」が医療・介護提供をコーディネーションできる地理的範囲と説明でき，様々な地勢および地政の条件から，人口の括りが数千人から数十万人までの幅をもって地域包括ケアの体制構築が検討できるものと考えている。

また，アカウンタビリティ機能については，「経営責任組織」の権能と責任を明確にして，ヒト・モノ・資金のリソースを確保して運営していくために欠かせない。このことは，国民医療費や介護保険総費用のように［兆円］単位の報告では，国民の生活感とかけ離れ過ぎていて理解も評価もおぼつかないが，地域包括ケア体制の括りの中では，おおよそ1万分の1となる［億円］単位で財政が説明されることで，住民監視の効果を上げられることが期待できる。また，このようにして地域住民の理解が進めば，地域の特色を反映した医療・介護の付加的な報酬体系の実施なども現実味を帯びることとなり，このことがわが国のヘルスケア，つまり介護を含む医療の社会保障の持続性を高めることにつながるものと考えている。

4　医療・介護保障のサステイナビリティ

わが国の医療保障の根幹である国民皆保険制度の持続性，すなわちサステイナビリティの危惧は，単に財政面だけでなく，「社会保障に対する理念と理論の欠如」にもあるとの指摘がある（五島，2011）。

これに関連しては，世界に先駆けて福祉国家を目指した英国をみると，ブレア政権（1997年5月～2007年6月）の政策アドバイザーとして知られる社会学者アンソニー・ギデンズ博士が「福祉とはリスクの共同管理である」と再定義していることが参考になると考える（ギデンズ，1999）。

元来，「福祉」の考え方は国によって違うし，さらにいえば，それぞれの国が成立した社会的，文化的背景の違いによっても異なってくる。その上で，ギデンズ博士の教示によると，「福祉」の考え方が時代と共に変わるということになろう。そして「福祉」の考え方が変われば，社会保障の内容も変わることになる。そこで，時代と共に変化するはずの社会保障なるものについて，わが国の現状そして将来に適合する理念と理論が欠如していることが危惧されているのだと考える。

もっとも，理念を語る裏づけとして理論が必要であり，理論を根拠づけるには然るべくデータを整備することが必要となる。ちなみに，これについても福祉国家として先行する英国では，国民保健サービス（National Health Service：NHS）の制度下で，国民の医療保障の体制改革を繰り返してきており，近年に成立した法律によって Health and Social Care Information Centre を設立して，ここに病院や診療所などの医療提供側に蓄えられる国民のヘルスデータを標準フォーマットに揃えて提出することを義務づけている。これは研究のためのデータ整備ではなく，医療保障体制の経営のためのデータ整備である。

つまり，英政府は医療保障のための資金を徴収し，国民と医療提供者との間に NHS を設置して医療サービスの調達と提供を行う体制，すなわち医療保障に努めると共に，その保障のサステイナビリティを高めるためにデータを収集して根拠に基づく管理にも努めている。このような一連の運営管理のことをコミッショニング（commissioning）と呼んでいるが，日本語には対応する語彙がないので「適切なニーズに基づいたサービスの購入と提供」と説明されたりする（医療経済研究機構報告書，2014）。

一方，英国の約2倍の人口を擁し，高齢化率が世界で最も高い25％に至っている日本は，冒頭に述べたように社会保障財政が巨額となっており，このままでは国民のための医療保障持続の「保障」は定かではなく，国民皆保険制度や介護保険制度のサステイナビリティを高める施策の研究は喫緊の課題である。

もしも，わが国の国民皆保険制度が崩壊するようなことがあれば，次に来る医療保障システムが何であれ，システムの移行プロセスの間は社会の混乱が避けられず，国の施策が後手に回ると，国民は医療保障崩壊の危機に直面することとなろう。

じつのところ，英国は1970年代の石油ショックの後，経済状態が極度に悪化し，IMF（国際通貨基金）の支援を受けざるをえなくなり，また英政府は公的支出を大きく抑制せざるをえなくなったが，このとき医療費支出の抑制も例外ではなかった。このため同国を離れて米国に移住する医師たちが相次ぎ，英国内は医療保障の崩壊ともいえる状況に陥った。そこからの回復に要している年月と努力の多大さに学べば，速やかにわが国の医療・介護の社会保障のサステイナビリティに見通しを立てておくことは重要で，具体的には，目前に控える地域包括ケア体制の構築促進が重要となろう。

5　サステイナビリティの根拠はアカウンタビリティ

筆者はかねてよりわが国の医療保険財政の持続可能性について強い懸念があったので，2000年初めに，皆保険制度を持続させることを目的とした「国民の医療資金管理」の研究に取り組み，その管理手法について試案を提示したことがある（西田他，2004）。

そこでは，必要となる医療保障の資金量が，国民に向けた医療アクセス条件と医療機関側への支払条件で決まる様子を説明して，被保険者（国民）⇔保険者（政府）⇔医療提供者（病院，診療所等）の三者間で医療保険の経済リスクを共同で管理するときの形態を示してみた（図15－2）。そして，患者の疾病リスクに注目して，疾患によってアクセスや支払いといった医療提供の条件を変える「疾病別医療資金管理システム」が有効となるであろう由の説明を試みた。

要するに，医療保険事業は公私を問わず，資金繰りの管理が重要となるため，給付と負担の収支がとれた保険事業の設計ができないことには，長期的な安定が望めない。そこで，均衡のとれた投資管理方法を教えるポートフォリオ・マネジメントの発想に学んで，医療保険財政の健全化のみならず，国民の健康投資意識の健全化をも念頭に置いた，わが国医療の皆保険制度の持続的運営施策

図 15-2　医療保険の資金管理

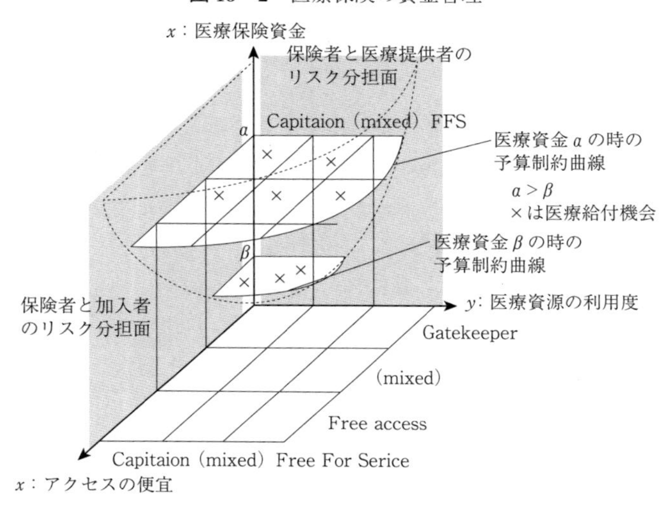

（出所）西田在賢編著『新時代に生きる医療保険制度 持続への改革論』薬事日報社，2004年。

の説明を試みた次第であった。

もっとも，この三次元の形態図は概念図であり，また，わが国の医療・介護保障の支出は，現在，50兆円規模にまで膨らんでおり，この図に沿って具体的に数値を収集して説明するのは現実的ではないであろう。

ところが，基礎自治体の中において複数設けられることになる地域包括ケア体制では，先にも触れたように医療・介護保障の財政規模は，おおよそ［兆円］の1万分の1の［億円］の単位になるため，関係三者間の経済的リスクを具体的な数値データを用いて包括的に説明することが不可能ではなくなるであろう。

そのような医療・介護財政の「見える化」ができると，地域住民に自分たちの医療・介護保障のための資金を負担する意欲（Willing To Pay：WTP）を維持してもらうことも期待できる。

すなわち，地域包括ケア体制の構築では，医療・介護保障の持続可能性／サステイナビリティの如何は，地域住民の WTP につながる説明責任／アカウンタビリティを果たすための体制／システムづくりも同時に生み出せるものと考えられる。

6　ヒューマン・セキュリティという概念

わが国の国民皆保険制度と介護保険制度，すなわち医療・介護保障の制度持続のために「社会保障に対する理念と理論の欠如」の問題を解決するもう１つの示唆として，医療政治学者のマイケル・ライシュ（ハーバード大学公衆衛生大学院教授）と武見敬三（東海大学教授，2014年現在参議院議員）の両氏が唱える「人間の安全保障（human security）」という概念を紹介しておきたい。その内容を要約すると次のようになる。

日本のみならず世界の多くの地域において，人口の高齢化と経済の成長が進む。その中で社会的格差が拡大して様々な社会の不安定要因を生み出すという昨今の深刻な課題の広がりを背景として，社会保障制度の構築と整備のニーズが高まっている。日本は先進的な社会保障制度構築により社会的格差の拡大を抑制し，急速な高齢化に対応してきた経験がある。社会保障制度は，所得保障の年金制度，健康保障の医療保険制度，高齢者の生活保障をする介護保険制度などがあるが，日本は特に健康保障という分野で先進的役割を担えると考えられ，その際の基本的な政策概念が「人間の安全保障」という考え方である。

その目的を達成するために，個々の人間の生活圏に近いコミュニティが，政策立案の基本単位となり，健康保障の分野で政策決定を考えるときには，中央政府あるいは地方政府といった，行政組織を通じた国民皆保険制度の構築等のトップダウンの政策がある。また，地域社会における多くの医療従事者，学校，保健所，そして健康に関わる様々な活動をしている企業や NGO，そういったところが地域社会において効果的に連携をするボトムアップで健康な地域社会づくりを進める政策がある（西田編，2011）。

人間の安全保障は，トップダウンとボトムアップの２つを効果的に組み合わせる政策概念であり，上からの保護をヒューマン・プロテクション（human protection），下からの個々の人間力を強化し関係者を連携させることをヒューマン・エンパワーメント（human empowerment）と呼ぶ。この２つを組み合わせて，人間の健康を守り，教育や職業訓練等を通じて生活向上の選択肢を拡大し，より有意義な人生を送ることができる政策を展開することが，「人間の安全保障」の基本的な考え方である。

両教授が説明する「人間の安全保障」なるものは，従来の社会保障を包括する，国民の社会的生存権保障とでもいえよう。健康保障というのは社会保障の一部であり，社会保障は「人間の安全保障」の一部である。つまり，現代社会の福祉を考えるときに，旧来の社会保障の枠を超えた，国民の社会的生存権保障といった包括的な安全保障を念頭に置き，その一環としての健康保障，すなわち医療・介護の社会保障というものがあると位置づけているわけである。そして，その保障の目的達成にあたって，政策立案では「コミュニティ」が基本単位となり，政策決定では中央政府や地方自治体のトップダウンと，地域社会における多くの関係者たちが連携をするボトムアップで地域社会づくりを進める，と説明する。

じつのところ，両氏が「人間の安全保障」という概念を発表したのは東日本大震災より以前からのことであり，日本で両氏の「人間の安全保障」という概念を講演する公開セミナーを筆者が主催した2011年夏当時には，両氏がわが国の地域包括ケア体制のことを念頭に置いていたはずはなかった。しかしながら，社会保障なる概念をさらに拡大して捉えつつも，運営は「コミュニティ」とするところが，まさしく地域包括ケア体制の概念とも符合していることは興味深い。

すなわち，地域単位での医療・介護保障の経営が行われる必然性について，国民にあらためて説明する必要があろう。そして，それが単なるレトリックで済まされないように，信頼に足るデータに基づいた説明責任を果たすことも必要となろう。そのときに重要なことは，国民がこの保障に必要な資金を負担する意欲 WTP の持続と向上につなげる努力も必要だということである。それは成熟した福祉国家として先行する英国で用いられる語彙「コミッショニング」に込められているものと考える。その意味からもコミッショニングは現代的な社会福祉経営の要点ともなり，地域包括ケア体制の経営ではこの要点が重要になるものと考える。

ちなみに，先述した「経営責任組織」というのは，コミッショニングに対応する語彙をもたないわが国での説明の便法として使った筆者の造語である。地域包括ケア体制の整備を通じて達成目途とする2025年までにはコミッショニングに相応する日本語が現れて定着するものと期待している。

7　国と地方で分担する医療・介護保障の制度経営

武見教授は，ヒューマン・セキュリティの目的を達成するために，「コミュニティ」が政策立案の基本単位になると説明した。そして，健康保障の分野で政策決定を考えるときに，中央政府あるいは地方政府といった行政組織を通じた国民皆保険制度のトップダウンの政策があると説明した。

ところで，日本において医療・介護システムなるものの理論整理が進み，病病連携や病診連携といった実務整理が進む中で着地点になりつつある「地域包括ケア体制（Comprehensive Regional Care Coordination and Delivery System）」という概念が示唆するものは，医療・介護保障システムも地域単位が望ましいということである。こうして生まれる新しいケア体制は，高齢者への対応に限って必要だというわけではない。

要は，安心して当該地域に住んで生活を営む保障について，国が国民に説明するときには社会的生存権保障ともいうべきヒューマン・セキュリティがふさわしく，他方で，地方自治体が地域住民に説明するときには社会保障つまりソーシャル・セキュリティと説明するのがわかりやすいのではなかろうか。

わかりやすく説明することは，アカウンタビリティを果たすために重要であり，また，わかりやすく説明することが住民の医療・介護保障資金の負担意欲 WTP につながることになる。昨今のわが国の巨額の医療・介護支出を鑑みると，従来の中央官庁による医療・介護保障の概念のままでは，国民に WTP を持続してもらえない危惧がある。それゆえに，「負担と給付のバランスのとれた持続可能な医療・介護保障制度の構築」のカギとなる「地域包括ケア体制」をベースとした制度経営は不可欠となろう。

8　地域保険と地域完結型医療・介護保障

「サステイナビリティの根拠はアカウンタビリティ」，つまり，医療・介護保障の持続可能性の如何は，国民の WTP につながる説明責任を果たす体制づくりにかかってくる。じつのところ，地域保険である国保の保険料は，同じ都道府県内でも市町村間の開きが大きい。このことをみてもわかるように，公平な保険料率の説明は容易ではない。アカウンタビリティを果たすためには，わかりやすく説明することが不可欠なので，国民の WTP につなげるには，「地域包括ケア体制」の説明もカギになろう。

地域包括ケアの圏域単位で定めた保険料率というものは，該当する医療・介護サービス圏の地域住民の理解を得やすいはずである。というのも，被保険者（国民）⇔保険者（政府）⇔医療提供者（病院，診療所等）の三者間で医療・介護保障の財政リスクを共同管理するときに，医療・介護サービスへのアクセス便宜や医療・介護機関への支払い条件が変わると，準備すべき医療・介護資金が変わり，保険料が違ってくる。だから，当該地域で医療・介護サービスが完結的に提供できるとなれば，医療・介護サービスへのアクセス事情や地域の特色ある診療報酬体系を念頭に置いた医療・介護保障の財政の説明が可能となるはずである。

このことは，医療・介護の保険ビジネスでいうところのコミュニティ・レートの保険料算定方式に近づけることになり，地域住民の保険料率の公平性を担保することつながるであろう。すでに介護保険では市区町村単位で保険料が算定されているが，医療保険の料率算定についても，地域包括ケア体制では当該地域で利用できる医療資源が具体的にみえてくるので，このような公平性を高めた保険料率の実現が将来に拓ける可能性がある。

そして，二次保健医療圏を構成する市区町村間で入院医療の保険財政リスクを調整し，さらにまた複数の二次保健医療圏を管轄する都道府県が高度専門医療の保険財政リスクの調整を行うという役割分担の明確化を図ることにもつながる。具体的には，市区町村立病院の役目と都道府県立病院の役目が原則として異なることを国民に周知徹底し，その上で厚生労働省が各都道府県間の保険財政リスクについて調整する，つまり，政府は都道府県が管理する医療の地域保険の再保険を引き受ける役割にあることを周知徹底する。これによって，わが国の医療保障体制における国の役割を国民にもっとわかりやすく説明できるものと考えている。

その意味からも，国民皆保険制度の今後の運営において，国は国民の基本的人権を守るという憲法遵守の立場から社会保障体制の管理・監督をすることが役目となり，地方は医療・介護保障の管理単位を地域包括ケア体制にまで収めてソーシャル・セキュリティのマネジメントをそこに移譲し，地域包括ケア体制の「経営責任組織」が医療・介護の保険と提供の両方の事業管理を行うことがふさわしくなるものと予想する。

まさにヒューマン・セキュリティの概念が説明する保障体制の経営の姿にもなるものと思う。ちなみに，武見教授が人間の安全保障／ヒューマン・セキュリティの概念の中でヒューマン・プロテクション（トップダウンという上からの保護）というのは，筆者がかねてより説明する医療・介護事業を「持続させる」仕組みの研究である制度経営論に該当する。また，ヒューマン・エンパワーメント（ボトムアップとなる下からの連携）は，医療・介護事業を「持続する」仕組みの研究である事業経営論に相当している。

その上で，武見教授は「人間の安全保障はトップダウンとボトムアップの２つを効果的に組み合わせる政策概念」であると説明する。筆者は，医療・介護の制度経営論と事業経営論の両方の研究成果を効果的に組み合わせることによって医療・介護保障のサステイナビリティが高められると，かねてより説明しており，地域包括ケア体制ではこの経営研究アプローチがまさに当てはまるものと考えている。

9　医療・介護保障改革の要

地域包括ケア体制の構築が急がれることは，今さらいうまでもない。そのためにはモデルが必要になる。しかし，法令が出て１年余りが過ぎる頃になってわかったのは，モデルとはいえ，かなりのバラエティが生じそうだということである。ところが，行政が管理するためには，モデルがあまりにも数多くばらばらであると財政措置が困難となる。そのため，10パターンほどの地域包括ケア体制に集約させるべく類型化を行う作業が必要となる。しかしながら，現時点（2014年6月現在）では，全国各地にモデル構築を促すことのほうが先決であり，この点についても国のさらなる支援が望まれるというのが実情である。

なお，モデルと認めるにあたっては，モデルが備えるべき要件，すなわち地域包括ケア体制の課題設定が重要となる。この課題の設定を誤ると，「地域包括ケア体制」という医療・介護保障改革のソリューションは効を得ない。そこで，本章冒頭で，「わが国の地域包括ケア体制なるものが，いかなる社会保障の位置づけになるかについて考察し，地域包括ケア体制の経営管理に備えたい」とお断りした次第である。

地域包括ケア体制の構築は，単なる高齢化対策にとどまらず，超高齢社会における医療・介護保障改革の要としての重要性に着目すべきであると，筆者は考えている。そのように考えて課題の整理を進めれば，本章が取り上げる被災地の地域包括ケア再興の取組みというのは，じつは高齢者だけを念頭に置くのではなく，超高齢社会に生きる地域住民すべてのための「災害に強い医療・介護保障」の体制づくりに取り組むべきという方向性がみえてくる。

参考文献

ギデンズ，アンソニー／佐和隆光訳（1999）『第三の道』日本経済新聞社。

五島正規編（2011）『社会保障——21世紀の課題』年友企画。

医療経済研究機構「イギリス医療保障制度に関する調査研究報告書　2013年度版」2014年3月。

医療経済研究機構報告書「地域包括ケアに関する指標の検討——地域包括支援ネットワークの構成と機能の把握と地域包括ケアの課題に関する調査」2013年4月。

西田在賢（2014a）「わが国地域包括ケア考（上）」『社会保険旬報』No. 2562，18-22頁。

西田在賢（2014b）「わが国地域包括ケア考（下）」『社会保険旬報』No. 2563，22-28頁。

西田在賢・橋本英樹・福田敬・住吉英樹・泉田信行（2004）『新時代に生きる医療保険制度——持続への改革論』薬事日報社。

西田在賢編集（2011）「武見敬三講演録：皆保険制度改革と地域医療の在り方」『社会保険旬報』No. 2478, 14-19頁。

第16章
地域包括ケアシステム化に向け自治体および事業者の担う役割

宮島俊彦

1　地方分権の試金石

地域包括ケアシステムを実現していくためには，日常生活圏域において，予防，介護，医療，生活支援，住まいの５つについて，計画的にサービスの確保が図られていくことが必要である。その際，自立支援に資するサービスの実現，医療と介護の統合の推進，生活支援・福祉サービスの整備，住まいの確保が求められている。

かつて，介護保険制度の導入は，「地方分権の試金石」であるといわれた。制度の導入から10年以上が経過し，介護サービスが普及してくるにつれ，より広範で地域に根ざした地域包括ケアシステムが求められるようになってきた。2025年までに地域包括ケアシステムが各市町村で実現できるかどうかが，新たな「地方分権の試金石」になっている。

本章では，まず，2012年度の第５期介護保険事業計画に向けて，各市町村保険者で取り組まれた日常生活圏域ニーズ調査について概観し，地域包括ケア計画への道筋を展望する。次に，地域包括ケアの中核である医療と介護の連携に焦点をあて，最近の法整備の状況，連携上の課題，今後の方策について取り上げ，自治体および事業者の担う役割について述べる。

2　日常生活圏域ニーズ調査と地域包括ケア計画

（1）　調査の方法と意義

2012年の介護保険法等の改正では，市町村介護保険事業計画の改善のため，日常生活圏域ごとにニーズ調査を行った上で，市町村介護保険事業計画を策定するように努力してもらうこととなった。すなわち，介護保険法第117条第5項として「市町村は，第2項第1号の規定により当該市町村が定める区域ごと（筆者注：日常生活圏域のこと）における被保険者の心身の状況，その置かれている環境その他の事情を正確に把握した上で，これらの事情を勘案して，市町村介護保険計画を作成するよう努めるものとする。」と規定された。

いままでの市町村介護保険事業計画では，高齢化率の上昇に合わせて，サービスの整備量を機械的に決めていくというような自治体も見受けられた。また，アンケートは行っているものの，ニーズ調査ではなく，介護施設の整備などについて住民の希望をきくという方法が多くみられた。介護サービスのニーズに対して，サービス供給量が少なかったこれまでの状況であれば，別段の問題は生じなかったと思われる。しかし，現在は，介護サービスの多様化が図られ，量的な整備も拡大し，さらに，高齢者のニーズに対して，予防，介護，医療，生活支援，住まいまでの包括的な対応を求められるようになってきた。したがって，高齢者のニーズを把握してサービス計画に反映するということが不可欠になっている。

日常生活圏域ニーズ調査は，65歳以上の全高齢者世帯にニーズ調査票を配るところからはじまる。調査項目は83項目で，身体機能，日常生活機能，認知症状，疾病状況，家族構成，所得，住まいの状況などにわたっている。これを郵送で配布して回収すると，6割か7割は戻ってくる。戻ってこなかったところには，民生委員や自治会を通じて，徹底的に全戸回収を進めるというのが本来のあり方である。これは，むしろ，ニーズ調査票が返ってこない世帯にいろいろな問題があるからである。例えば，一人暮らし，認々介護，家族関係に問題があるなどの理由があるから返ってこないことが多い。こういった問題のある世帯の実態をあらかじめ保険者が把握しておくことができるというところに，ニーズ調査の１つの大きな意味がある。

また，このニーズ調査を実施すると，日常生活圏域ごとの特徴が出てくる。高齢化が進んでいるとか進んでいないということばかりではなく，低所得者が多い地域だとか，子との同居率が高いとか，買い物が不便だとか，住宅団地で同じ年齢層が多いので急速に高齢化が進むことになるというようなこともわかってくる。そして，サービスのニーズも同時に把握しているので，今後，どのようなサービスが必要になるか，高い精度で予測がつく。この予測に応じてサービスの整備を図っていくということになる。

さらに，このニーズ調査は，地域の課題を抽出すると同時に，課題解決のための地域支援ネットワークの形成にも役立つ。ニーズ調査の実施に，自治会，民生委員，社会福祉協議会，商店街，金融機関，ケアマネジャー，サービス事業者，医療関係者，などに幅広く参画してもらうことによって，声掛け，閉じこもりや孤立・孤独防止のための住民による見守りネットワークや，医療や介護のサービスの事業者ネットワークが形づくられる。このようなネットワークが地域包括支援センターごとに形成されることによって，日常生活圏域ごとにおける地域包括ケアシステムの基盤が整備されることになる。

（2）　日常生活圏域ニーズ調査の実施状況

2012年８月に，介護保険事業計画の第５期（2012～2014年度）に向けて，日常生活圏域ニーズ調査という新たな手法を導入した各市町村保険者の計画策定過程や地域ケア会議等の取組み状況が公表されている（厚生労働省老健局調べ）。

このアンケート調査によると，全体の８割強の1322保険者でニーズ調査が実施された。サンプル調査であったり，特定地域だけの調査であったりと，全数調査になっていないところが多いが，多くの保険者が参画しており，今後の地域包括ケアの展開が期待できる取組み状況になっている。調査を実施した保険者では，約６割が「潜在的な要介護予備軍の把握」，４割弱が「管内の圏域ごとの課題の違いや特徴の把握」，約４分の１が「サービス基盤のミスマッチの把握」ができたと回答している。しかしながら，要介護者やサービス見込み量の推計にあたって，地域診断の結果を反映させたと回答した保険者の割合は，全体の約２割で，把握したニーズをどのようにサービスの整備に結びつけるかが介護保険事業計画の課題になっている。

（3）　地域包括ケア計画へ

日常生活圏域ニーズ調査は，介護サービスの整備のためのものだが，実際の調査項目は，高齢者の疾病や住まいの状況まで幅広い。つまり，予防，介護，医療，生活支援，住まいまでの地域包括ケアの主要事項に関わるニーズを網羅している。

一方，現在の介護保険事業計画をみると，介護予防の普及や介護サービスの整備目標について記載してあるのは当たり前であるが，2006年度から地域支援事業が始まったことも反映し，見守り，緊急通報，安否確認システム，配食，買い物支援，移動支援，社会参加の機会提供，その他の生活支援サービスの普及についても記載してある。

住まいの確保については，2009年に「高齢者の居住安定確保に関する法律」（高齢者住まい法）が改正され，住宅施策と福祉施策が一体となった高齢者の住まいの安心確保のための取組みを進めるため，国土交通省の所管する高齢者住まい法が厚生労働省と共同で所管する法律に改められた。これに伴い，同年８月には，両省共同で，高齢者に対する賃貸住宅および老人ホームの供給の目標の設定，供給の促進に関する基本的な事項，高齢者居宅生活支援体制の確保に関する基本的な事項などについて，基本方針が定められた。そして，各都道府県は，この基本方針に基づき，高齢者居住安定確保計画を策定できることとなった。この計画策定には，国土交通省の助成制度があり，さらに，市町村が高齢者居住安定確保計画を策定する事業も助成対象となる。このように，高齢者の住まいについても市町村レベルで計画策定ができることとなっている。

そして，地域包括ケアシステムの中核をなす医療と介護の連携については，2014（平成26）年の通常国会に，「地域における医療及び介護の総合的な確保を推進するための関係法律の整備等に関する法律案」（医療・介護総合確保推進法案）が提出され，本格的な取組みが始まろうとしている。これについては，次節以降で詳述する。

以上のように，地域包括ケアの計画的整備に関する準備は整いつつある。したがって，各保険者が，より徹底したニーズ調査を行い，サービスの整備に反映することが求められている。ニーズ調査なしでは，地域包括ケアのベースは固まらない。そして，3年ごとに，地域包括ケアのPLAN，DO，CHECK，ACTIONのサイクルを回すことが必要になる。まずニーズの把握，それからニーズをサービス整備へと転換する，そして，できあがったサービスシステムを評価するというサイクルである。まだ評価については，評価指標が開発途上であるが，地域包括ケアがどこまで進んだか，内容的にどこが問題かを計る尺度がなければ，このサイクルは完成しない。しかし，このようなサイクルを市町村の地域包括ケアの事業計画に合わせて回していけば，地域包括ケアシステムは自ずと形成されていくことになる。

3　医療・介護総合確保推進法案

(1)　地域包括ケアシステム関連の改正

社会保障と税の一体改革（消費税を現行の5％から8％，10％に引き上げ，持続可能な社会保障の構築のための財源を確保する）を受け，医療・介護改革は急ピッチで進められている。2013（平成25）年8月6日には社会保障制度改革国民会議報告書が提出され，同年12月には社会保障改革プログラム法が成立した。そして，これを受ける形で，2014（平成26）年の通常国会には，医療・介護総合確保推進法案が提出され，同年6月に成立した。

医療・介護総合確保推進法案の目的は，「地域において効率的かつ質の高い医療提供体制を構築するとともに，地域包括ケアシステムを構築することを通じ，地域における医療及び介護の総合的な確保を促進する措置を講じる」こととされている。地域包括ケアシステム関連では，次の3つの改正が行われている。

①新たな基金の創設

消費増収分を活用した新たな基金を都道府県に設置し，病床の機能分化・連携，在宅医療・介護の推進等を図る。

②病床機能報告制度の導入

各医療機関は病棟単位で，「高度急性期」「急性期」「回復期」「慢性期」の4つの医療機能について，都道府県知事に報告する。都道府県は，それをもとに地域医療構想（ビジョン）を医療計画において策定する。

これにより，病床の機能分化と強化が進み，平均在院日数は，さらに短縮することになる。このため，地域包括ケアシステムを全国的に整備し，地域や在宅で要介護の高齢者が過ごすことができるようにすることが本格的に求められるようになる。

③地域支援事業の充実

全国一律の介護保険の予防給付（訪問介護・通所介護）を市町村が主体的に取り組む地域支援事業に移行し，多様化を図る。このことにより，介護予防・生活支援の充実を図る。あわせて，在宅医療・介護連携，認知症施策，地域ケア会議の推進を図る。

（2）　医療・介護の計画スキーム

医療・介護総合確保推進法案では，地域包括ケアシステムの中でも，特に，医療と介護の連携を重点課題としている。このため，厚生労働大臣は，「地域における医療及び介護を総合的に確保するための基本的な方針」（総合確保方針）を定めることとしている。総合確保方針は，医療法の医療提供体制基本方針と介護保険法の介護保険事業基本指針の基本となるべき事項などを定める。

また，都道府県および市町村は，総合確保方針に即して，医療および介護の総合的な確保のための事業の実施に関する計画を作成する。

都道府県計画を作成するにあたっては，「医療計画及び都道府県介護保険事業支援計画」との整合性を図るものとし，市町村計画を作成するにあたっては，「市町村介護保険事業計画」との整合性の確保を図るものとする。

このスキームは，**表16－1**に示すとおりであり，今後は，国，都道府県，市町村の各レベルで，医療・介護の総合的確保のための計画づくりが求められることになる。ただし，大まかに述べると，都道府県においては，病床規制や新

表16－1　医療・介護の計画スキーム

	医療介護総合確保	医　療	介　護
国	総合確保方針	医療提供体制基本方針	介護保険事業基本指針
都道府県	都道府県計画	医療計画	介護保険事業支援計画
市町村	市町村計画	—	介護保険事業計画

（出所）筆者作成。

たに導入される病床機能報告制度に代表される医療提供とりわけ病院機能の強化と分化が中心課題であり，市町村では，在宅医療の確保まで含む地域包括ケアの構築という役割分担となる。

4　医療と介護の連携の課題

（1）医療と介護の連携の状況

以上のように，法律上，計画上の対応は整いつつあるが，地域包括ケアシステムの中核である医療と介護サービスについては，一定の地域（例えば中学校区）で統合的に提供される必要がある。全国を見渡せば，医療と介護の連携が進んでいる地域も散見されるが，多くの自治体では，これからの課題である。

特に在宅医療は，在宅介護サービスに比べ普及が遅れており，その中心である訪問診療，訪問看護とも，整備されていない日常生活圏域が多く，連携以前の段階である。

次に，在宅医療が普及したとしても，連携上の課題がある。在宅の要介護の高齢者のところに，訪問診療，訪問歯科診療，訪問薬務，訪問看護，訪問リハビリテーション，訪問介護，通所ケアなどが脈絡もなくばらばらに提供されるわけにはいかない。一人ひとりのニーズにあわせて，これらが統合されたケアの提供が必要になる。

（2）デンマークとの比較

医療と介護の連携については，日本のシステムは困難な課題を抱えている。話をわかりやすくするために，世界一進んでいるといわれるデンマークの在宅

表 16－2　デンマークと日本の在宅ケア体制

	デンマーク	日　本
在宅ケアの供給体制	公的主体 統合ケア 24時間	民間多主体 医療と福祉の壁 24時間？
医　師	家庭医	開業医
ケ　ア	看護師：ケアリーダー ヘルパー：看護とチーム 社会福祉・保健ヘルパー	看護師：訪問看護ステーション ヘルパー：訪問介護事業所
サービス調整	ケアチームで	ケアマネジャー

（出所）筆者作成。

ケア体制と日本のそれとを比較してみよう（**表 16－2**）。

デンマークの在宅ケアの供給は，市町村が一元的に提供している。つまり，看護師も訪問介護員も同じステーションにいて，チームとなって訪問ケアを提供している。そして，１つのステーションが担当する市町村内のエリアも決まっている。ケアリーダーは看護師がなることが多く，訪問しながら電話で他のメンバーにケア提供の指示を出すので，「動く司令塔」といわれている。訪問介護員の中には，基礎的な医療行為もできる社会福祉・保健ヘルパーもいて，看護師と協働で医療も担当する。医師は家庭医であるので，日常的に患者に接しており，また，病状急変の場合には，訪問ケアチームの要請により往診し，看取りも担当する。また，訪問ケアのステーションには，通所ケアの場所もあって，両方を利用できる。

一方，日本では，在宅ケアの提供は民間事業者に任されている。いわば，民間多主体体制である。したがって，訪問介護事業所と訪問看護ステーションは別々である。看護師と訪問介護員が別々の事業所に属するので，チームになってケアを提供する例は少ない。また，担当の市町村内のエリアが決まっているということもない。要介護者が看護と介護の両方のサービスが必要な場合には，介護支援専門員がケアマネジメントにより両方のサービスが入ったケアプランを作成し，提供することになる。医師は家庭医ではないので，病状急変時の対応や看取りにおいて，担当する医師があらかじめ決まっていないことが多い。通所系サービスの事業者と訪問系の事業者も別々なことが多い。

5　医療と介護の連携方策

以上のように，デンマークでは供給主体は一元化され，担当エリアも決まっており，医療と介護も一体的に提供されている。一方，日本では供給主体は別々であり，担当エリアの設定，医療と介護の連携は，多くの市町村ではこれからの課題である。その際に必要となる主要な取組みは，地域包括支援センターの役割の強化，在宅医療連携拠点による在宅医療体制の整備，事業者による複合的なサービスの提供などである。

（1）地域包括支援センターの役割の強化

地域の在宅ケアの分野では，介護サービスが先行しており，訪問介護や通所系サービスはほとんどの市町村に整備されている。また，地域ケアの総合相談やケアマネジャーの支援を行う地域包括支援センターは，全国に4000カ所以上，ブランチ・サブセンターを含めて7000カ所以上になっている。将来的には，全国1万カ所の中学校区を標準とする日常生活圏域に1カ所設置し，圏域の医療・介護サービスの一体的な提供を進めていく方向である。

現在，地域包括支援センターは，総合相談支援業務，包括的・継続的ケアマネジメント支援業務，介護予防ケアマネジメント支援業務などの高齢者のケアを支える機能をもっている。今後は「地域ケア会議」を運営し，日常生活圏域における個々の高齢者の課題を把握し，個別のケアの方針を決めることが求められている。このケア方針を決めるために，実際にケアにあたっている医師，看護師，リハ職，訪問介護員，介護支援専門員などの合議を行うことになる。これがルール化されていけば，医療と介護のケアの連携はかなりの程度で実現していくことになる。

（2）在宅医療連携拠点の役割

在宅医療連携拠点については，2011年度から，モデル事業が開始された。将来的には全国的な整備が目指されている。

地域包括支援センターと在宅医療連携拠点は機能がだぶっているのではないかという批判がある。しかし，まず，対象とするエリアが異なる。地域包括支援センターは中学校区を標準とする日常生活圏域，在宅医療連携拠点は人口7～10万人の平均的な規模の市町村が対象になる。だから，在宅医療連携拠点の場合は，小さな町村の場合には，複数の町村で1カ所という設置も考えられる。

在宅医療連携拠点は，端的にいえば，介護サービスに比べて遅れている在宅医療サービスを整備するための拠点である。在宅医療は，その中心である訪問診療，訪問看護とも，整備されていない日常生活圏域も多い。したがって，在宅医療連携拠点に当面求められる主要な役割は，在宅医療に携わる医師・看護師・リハ職などの研修，市町村内の日常生活圏域における訪問診療の担当医師の確保，訪問看護ステーションの整備などである。そののちに，地域包括支援センターが開催する地域ケア会議に，医療関係者の参加が得られないという課題に関して，在宅医療連携拠点が医療関係者のコーディネートを行うなど，連携の役割を果たしていくことになる。まずは，郡市区医師会と市町村が協力して，在宅医療に取り組んでいく体制づくりが求められている。

（3）　複合的なサービスの提供

在宅系のサービスでは，1つの事業主体で，複合的なケアを提供してもらうことが有効な方策である。例えば，一般的には，重度の在宅要介護者の場合は，訪問診療，訪問看護，訪問介護が必要で，入浴サービスはデイサービスの利用，リハビリが必要な場合には訪問リハビリテーション，そして福祉用具の利用も必要になるだろう。これらすべてのサービスを別々の事業者から受けるというようなことでは，ケアマネジメントはかなり難しい。

2012年4月から法律改正によって導入された複合型サービスは，異なるサービス種別を統合していく仕組みである。2006年から導入された小規模多機能型居宅介護も，訪問介護と通所介護と短期入所介護の複合型である。定期巡回・随時対応型訪問介護看護は，訪問介護と訪問看護の複合型であるし，小規模多機能型居宅介護と訪問看護の複合型も導入された。

複合型は，法律上は，種類の異なるサービスを合わせて提供する事業所に対する介護保険の指定を１つで行い，それに合わせた介護報酬の設定をするという形で行われる。同じ事業所の職員が各種のサービスを提供するので，異なった種類のサービス間でもケア方針は共有できるし，臨機の対応も可能になる。このような機能が果たせるように，介護報酬は原則として包括払いになっている。

今後，複合型サービスはさらに進んでいき，訪問系と通所系を通じて，訪問介護事業所，訪問看護ステーション，訪問リハビリテーション，通所サービスの主要な在宅系のサービス事業所が複合化していくだろう。

参考文献

松岡洋子（2005）『デンマークの高齢者福祉と地域居住』新評論。
宮島俊彦（2013）『地域包括ケアの展望』社会保険研究所。
高橋紘士・武藤正樹共編（2013）『地域連携論』オーム社。

第17章
地域包括ケア推進における老人保健施設の新たな役割

東　憲太郎

1　地域包括ケアシステムとは

(1)　医療・介護・行政に加えて「街づくり」

約40年前，地域包括ケアシステムという言葉を最初に使ったのは，全国老人保健施設協会（以下，全老健）の山口昇名誉会長である。以後，地域包括ケアに対する様々な試行的取組みが行われてきた。2010年に公表された『地域包括ケア研究会研究報告書』では，2025年までに地域包括ケアシステムを構築することがうたわれている。その構築のために，現時点では医療と介護の連携ばかりが取り上げられているが，筆者は医療・介護だけではなく行政との連携も必要と感じているし，さらにもっと大きな視点で「街づくり」を考えるべきではないかと思っている。

地域包括ケアは厚生労働省だけの問題なのではなく，国土交通省や総務省も同じ視点で関わらなければ，その構築は成功しないと考えている。この数年国土交通省は，サービス付き高齢者賃貸住宅（以下，サ高住）の建設に多くの補助金を出し，今やその数は老人保健施設（以下，老健）の施設数を上回っている。一方で全国的な空き家の急増も問題となっている。筆者は，サ高住という障害高齢者のためだけの新たな箱物が続々とできている現状に違和感を覚える。古い団地や空き家の再生・再利用，若い人々と障害高齢者が共生できる街づくりなど「すまいとすまい方」がしっかりしていなければ，医療や介護がどう連携しても，このシステムはうまく機能しない。

（2）　心構え（覚悟）

地域包括ケアシステムにおける「５つの構成要素」の中で，植木鉢にあたる「すまいとすまい方」，すなわち「街づくり」は重要な土台である。その植木鉢が置かれている皿の部分である「本人・家族の選択と心構え」はさらに重要な要素だと考えている。筆者は，この「心構え」の部分を「覚悟」と呼ぶ。今後，独居老人や老々世帯が急増すると予測されているが，サ高住，グループホーム，特養等の終生施設（箱物）ですべて受け入れることは無理であり，不自然でもある。地域包括ケアシステムは「住み慣れた地域で生活を継続する」ことを目標とするものであり，住み慣れた「家」での生活がその基本となる。そのためには，独居であろうが，老々介護であろうが，要介護状態であろうが，認知症であっても，住み慣れた家で生活を継続するという「覚悟」が要る。あえていえば「朝，通所のお迎えが来たら自宅で亡くなっていた」ということまですべて承知の上で，在宅生活を続けるという国民の覚悟がないと，地域包括ケアシステムは成り立たない。もちろん在宅生活をサポートする仕組みづくり（特に老健の役割の重要性については後述する）は必須であるが，リスクを負うことなく要介護高齢者の在宅生活が成立するはずはない。超高齢であったり，障害が重度であるほどそのリスクは高まる。

この覚悟を社会的に醸成する上で，重要な役割を担っているのが医師である。かかりつけ医や管理医師（急性期等の医師も含む）は，様々な疾病や既往症，年齢や障害の程度等を総合的に考慮し，脳卒中や心疾患による急変，窒息等も含む突然死のリスクを，本人や家族に説明しておく必要がある。しかも，丁寧に，リスクはあっても在宅生活を続けようという覚悟がもてるよう説明することが重要である。認知症高齢者が，骨折や肺炎等で入院し，環境の変化や治療のストレスで，一時的に BPSD（生活や人との関わりの中で起きる問題，迷惑行動などの認知症の周辺症状）を生じることはよくある。認知症リハビリ等の適切なケアを講ずれば改善する一時的な BPSD であるにもかかわらず，「BPSD があるので自宅で世話をするのは無理でしょう。終生施設を探したほうがいいですね。」と主治医にいわれてしまえば，認知症の知識に乏しい家族は，それをうのみにしてしまう。急性期や回復期などの医療機関の医師が，独居であること，認知症であること（一時的な認知症状の悪化かもしれない），障害が重度であることなどを理由に，終生施設への入所を勧めていては，住み慣れた地域（家）での地域包括ケアなど夢で終わってしまう。

2　老健とは

（1）　過去

1989年に老健が創設される以前には，医療機関における，いわゆる「社会的入院」が大きな問題となっていた。当時は「介護」という言葉も概念もなかったため，特養は生活困窮者や身寄りのない方をお預かりし，お世話をする施設という認知であった。そこで，社会的入院を解決すべく，医療機関と在宅との中間施設というコンセプトで老健が生まれた。

その後老健の施設数は増えても，急速な高齢化と共に，特養などの終生施設へのニーズが高まり，老健がその肩代わりとして利用されてしまった現実がある。グループホームやサ高住の存在しない時代であったため，仕方のないことだった。だが，医師やリハビリ専門職も配置し，適切な医療とリハビリを提供しながら在宅復帰や在宅支援を行うという，老健の使命が犠牲になってしまったのも現実である。筆者は，この現象を，老健への「社会的入所」と呼んでいる。医療機関の社会的入院は解消されたが，老健は社会的入所者であふれ，当初から期待されていた在宅復帰・在宅支援という機能を十分に発揮することができなかったのである。

また一方では，当時の老健に関する制度設計が甘かったことも否定できない。

１）在宅復帰・在宅支援の機能を果たすためには，リハビリテーションの充実が必須であったにもかかわらず，リハビリ専門職の配置（入所100人につきリハ職１名）とリハビリ単価（60単位／20分）があまりに低い設定であった。

２）在宅復帰・在宅支援を実行するには，常に一定程度の空床が必要であるが，それが想定されていなかった。このような点が挙げられる。

しかしその後，2009年の介護報酬改定が老健に大きな影響を与えることになる。短期集中リハビリテーション，認知症短期集中リハビリテーションが共に

60単位から240単位へ大幅な増額となったのである。この異例の増額をきっかけに，老健における両リハビリテーションの算定数が大きく増加することになる。さらに短期入所療養介護（ショートステイ）にも個別リハビリテーション加算（240単位）が新設されたため，以後個別リハビリテーション実施加算の算定率は年々増加し，2013年には，ショートステイ利用日数の34.4％に個別リハビリテーションが提供されるようになった。老健のリハビリ専門職の配置（1名／100入所者）に制度設計上の問題があったことは前述したが，それでも2005年時点で老健のリハ職は2.4名／100人が雇用されていた。そしてリハビリテーションに関わる報酬の大幅な見直しにより，2009年は3.0名／100人，2013年には3.6名／100人と，配置基準を大きく上回る水準まで増加した。なお，2013年における増加は，後述する在宅強化型老健の創設による影響も大きいと思われる。

（2）　現在

2012年以降，老健は「在宅強化型」「在宅支援加算型」「従来型」という介護報酬上の類型で分類されるようになった。前者ほど在宅復帰・在宅支援機能や中重度者支援機能が高くなっているが，2015年時点では，老健の37.6％が強化型もしくは支援加算型になっている。さらに，2013年度全老健地域特性調査によれば，訪問リハビリテーションの延べ利用者数・通所リハビリテーションの利用実人数・ショートステイ利用実人数共に，従来型より支援加算型，支援加算型より強化型のほうがその実績がはるかに高いことが明らかとなった。訪問リハビリテーション・通所リハビリテーション・ショートステイという在宅支援のためのサービスを積極的に提供することが，強化型老健等への道筋であることが示されている。

前述した類型は，老健の入所機能を分けたものであるが，2015年には，通所リハビリテーション（デイケア）にも，「在宅支援強化型デイケア」と呼べるような機能分類が導入された。通所リハビリテーションの卒業率や，通所リハビリテーション利用者の回転率を問う「社会参加支援加算」や，中重度者の受け入れを評価する「中重度者ケア体制加算」が新設され，さらに，ICF（International Classification of Functioning：国際生活機能分類）の考え方を基に，リハビリテーションマネジメントの強化が求められることになったのである。

先に地域包括ケアシステムにおける国民の「覚悟」について述べたが，その覚悟を受け止め，在宅生活をサポートする仕組みづくりの中で，最も大きな役割を期待されているのが老健であることは，現在の介護報酬上の老健の評価をみても明らかである。

3　2025年に向けた老健の未来像

（1）　地域包括ケアシステムの拠点として老健がもつべき機能

まず，老健がもつべき機能を整理した上で，老健の未来像を示したい。機能としては，①リハビリテーションの充実，②認知症へのより高度な対応，③R4システムを基盤としたケアの充実，④医療の充実，の4点が挙げられる。

①リハビリテーションの充実

老健のリハビリ機能として，通所リハビリテーション，訪問リハビリテーション，ショートステイにおける個別リハビリテーション，短期集中リハビリテーション（身体），認知症短期集中リハビリテーションがある。通所リハビリについて2015年の報酬改定によりその機能強化が図られたが，これらのリハビリ機能をすべての老健が充分に活用しているとはいい難く，各々の算定率も低い。その中にあって，維持期を支える訪問リハビリテーションについては，直近の約10年間で老健の事業所数の伸び率が915％（2003～2013年）と，医療機関の事業所数の伸び率198％を大きく上まわっている。今後も多くの老健が訪問リハビリを手掛けることで，在宅療養の受け皿機能に大きく貢献することになろう[(1)]。

②認知症へのより高度な対応

認知症に関しては，非薬物療法に大きな期待がもたれている。非薬物療法の中でも，全老健によって開発された認知症短期集中リハビリテーションは，約10年間にわたる検証研究によって，その有効性に対するエビデンスが確立されている[(2)(3)(4)]。特に BPSD に対する有効性が注目を集め，2014年には医療保険においても認知症リハビリテーション料として評価されることとなった。筆者も，自施設の提供実態やその効果を報告している[5]。

もちろん認知症への対応は，拘束をしない，その声に耳を傾け人権を尊重する等の，適切なケアがその基本になければならず，それを前提に認知症リハビリ等の高度な対応が成立するのはいうまでもない。

③　Ｒ４システムを基盤としたケアの充実

全老健は，ケアの質の向上を目指して，2007年より新しいケアマネジメントシステムの作成に取り組み，2010年，老健に特化した斬新な「Ｒ４システム」を完成させた[6]。この中にはICFに基づいた，障害高齢者の評価法（ICFステージング）が搭載されており，この具体的内容についてはすでに2011～2014年にかけて３編の報告が公表されている[7][8][9]。

従来のアセスメントでは，介助の程度という観点から，「全介助」「一部介助」「見守り」等の評価指標を用いてきた。これらは，ICFの「障害があったとしてもここまでできる」という基本理念に合致しない。しかも「一部介助」や「部分介助」という指標は内容があいまいで，改善や悪化の変化を正しく反映するとはいい難い。これに対しICFステージングでは，排泄や入浴等の各項目ごとに，「○○を行っている」という視点で，５段階評価（ガットマンスケール）を用いている。この評価法が改善や悪化の変化に鋭敏であることも実証されており，ICFの理念の中でも特徴的な，社会参加や趣味活動といった項目も盛り込まれている。現在厚労省によって，介護サービスの質の評価という課題に対し調査研究が行われているが，その中でも，ICFステージングに準拠した調査項目が用いられている（厚生労働省第124回社会保障審議会介護給付費分科会）。

さらにＲ４システムにおいては，**図17－1**のようなドーナツ型の多職種協働が推奨されており，医療機関にみられる医者を頂点としたピラミッド型の多職種協働とは異なる特徴を有している。

④医療の充実

老健の医療は包括制であり出来高制ではない。入所者に新たな疾病等が生じると，包括制であるがゆえに医療機関へ転院することが多い。このことは，認

図 17－1　多職種協働（ピラミッド型・ドーナツ型）

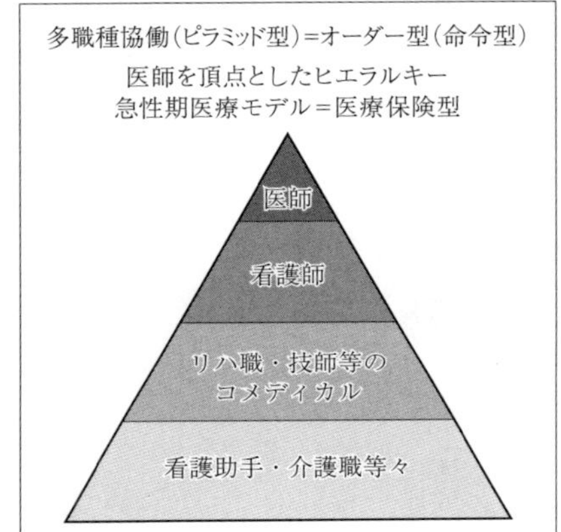

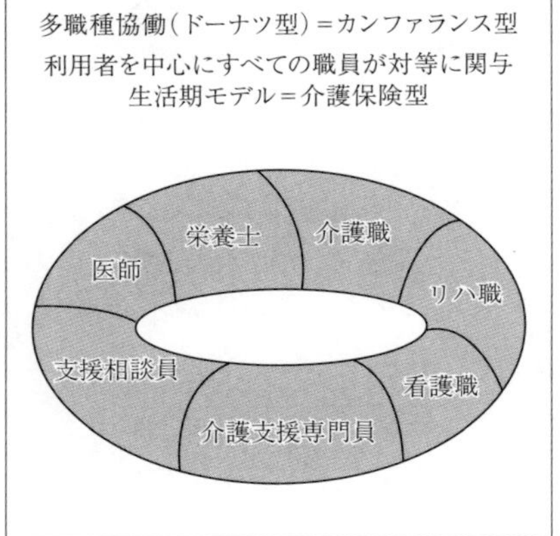

知症を合併していることの多い障害高齢者にとってあまり望ましいことではなく，家族にも負担になり，医療費の増加にもつながっている。

近年，老健創設時には考えられなかった老健での看取りが増加しており，約半数近い老健において看取りが行われている。また，全老健の調査では，老健で看取りを受けた家族の89％が満足であったと評価をしている（全老健「平成24年度　介護老人保健施設の管理医師の有効活用による医療と介護の連携の促進に関する調査研究事業」)。高齢者の多死時代を迎えるにあたり，今後老健での看取りの需要はさらに増すことが予想される。今後は，包括制を前提としても，老健に入所したままで適切な医療を受けることができるようにすべきであろう。

（2）　4つのモデル（図 17－2）

①在宅強化型（在宅支援特化型）

2012年に在宅強化型老健が創設され，当時3.1％にすぎなかったその数は3年後には12.6％にまで増加してきているが，まだ少数であるといわざるを得ない。在宅強化型については，「強化型とはいっても，短期間しか在宅生活をしていないではないか」，「在宅復帰率（50％超），回転率（10％以上），重度者要件のハードルが高すぎる」といった指摘もあるが，そもそも在宅生活期間は，その人の状態，介護力，家庭環境や家族の意向等により様々である。在宅生活支

図 17－2　老健施設の４つのモデル（未来型）

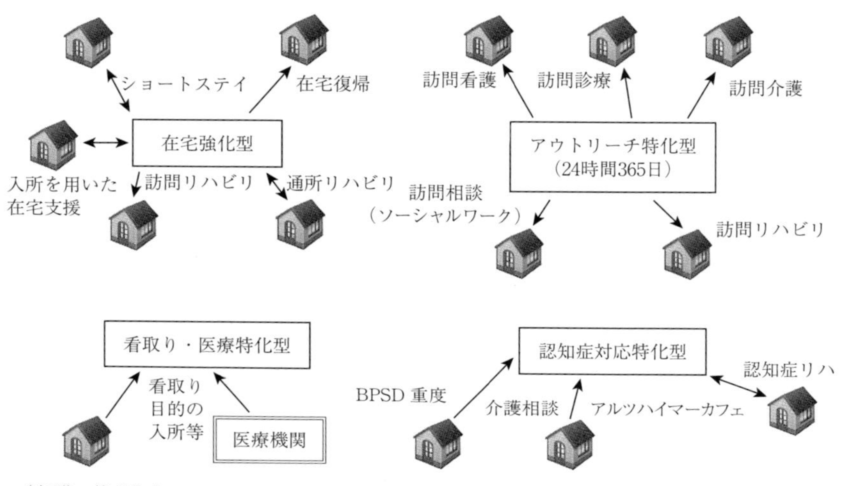

（出所）　筆者作成。

援とは，そのような様々な条件に対し適切なバランスをどうとっていくかということである。

在宅強化型老健へのハードルが高すぎるという指摘があることは確かだし，一部理解もできる。しかし，その在宅強化型老健が年々増加し，３年で４倍になっていることも事実である。在宅強化型を維持するには，人も要るし，手間もかかる。だからこそ高い報酬が設定されているのである。そのハードルを超えるためには，以下の３点が重要と考えている。

第一に，Ｒ４システムを活用し，老健利用目的の明確化と，リハビリやケアの質の見える化を行うことである。特に前述した ICF ステージングは，科学的根拠があることはもとより，在宅生活に直結する排泄・食事・更衣・入浴等々の項目別に，わかりやすい指標となっている。各々が５段階評価になっているため，改善・悪化等の変化にも鋭敏である。事実，強化型老健ほどＲ４システムを採用しているという実態もある。

第二に，要介護度が重度化しても在宅生活支援をあきらめないことである。障害が重度化し生活機能が悪化してきても，認知症が進行してきても，在宅支援の手段や期間を工夫することで対応が可能である。**図 17－3** にモデルを示す

図 17－3　老健施設の在宅支援の結果としての看取り

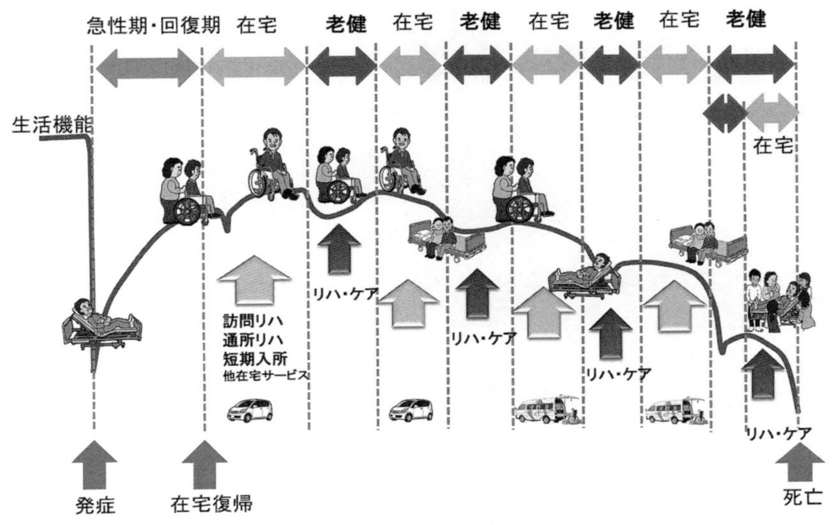

（出所）　野尻晋一氏（介護老人保健施設「清雅苑」副施設長）作成，提供。

ように，ショートステイの期間を延ばしたり，通所・訪問の回数を増やしたり，あるいは老健だからこそできる入所を使った在宅支援を行うことでそれが実現できる。その延長上に老健の看取りがある。実際，強化型老健ほど，通所リハビリで中重度者を支援し，入所ではターミナルケア加算を算定しているという実態がある。

第三に，老健の施設長・管理医師と，周辺の急性期医療機関の医師や開業医との間に，信頼関係が築かれていることである。老健で実施される看取りを含めた医療やリハビリ機能について，日常的に丁寧な情報提供を行っていくことがその鍵になる。老健の管理医師が，周辺の医師とコミュニケーションをとって良好な関係を築くことが医療と介護の連携を促すことに通じる。

②認知症対応特化型

最近，心身の状態を示す概念として「フレイル」という表現が使われている。フレイルとは，要支援になる前の段階のことで，「虚弱」とも表現されている。認知症についても，フレイル段階で察知し，早期に適切な介入を行うことが非常に重要になってくる。いわゆる「認知症の予防・早期発見・早期介入」である。全老健は，「介護予防サロン」事業としてこれを実施している。理美容店，歯科，眼科，皮膚科，整形外科等，高齢者がよく利用する機関と連携し，フレイル段階での認知症予備軍や，認知症を発症していても気づいていない人を，このサロンに誘導する。この介護予防サロンは，医師，看護師，リハビリ専門職，介護職，ケアマネジャーなど，老健が特色とする多職種チームで構成されており，多角的に評価し，最適に介入することができる。ここでも認知症短期集中リハビリテーションのノウハウが活きている。必要に応じて専門医療機関に紹介し，介護認定を促すなどする。

老健は，全国に4000カ所，中学校区ごとに配置されている。医療・看護・介護・リハビリの多職種もそろっている。多くの老健が介護予防サロンを開設し，アルツハイマーカフェ的な認知症に特化したサロン事業を実施し，認知症の重度化に対応したかけこみ寺的機能も充実させ，認知症短期集中リハビリテーションを提供することなどで，国家的課題である認知症対応に貢献することができる。

③アウトリーチ特化型

地域包括ケアシステムにおける生活支援・福祉サービスや医療・介護の連携において，老健の役割はどうあるべきであろうか。老健の多様な機能を発揮することで，老健が地域包括ケアの核となることもできるし，これらの機能の一部を提供することにより，地域包括ケアを側面からサポートすることもできる。

現行の介護報酬制度の下で老健が取り組むことのできる在宅支援のアウトリーチ機能は，訪問リハビリテーションのみである。仮に老健に訪問看護や訪問介護といった機能をもたせることができれば，地域包括ケアシステムの運用効率性をさらに向上させることができると考えている。

訪問看護ステーションやヘルパーステーションを老健とは別に開設することは，箱物の建築コストや人員を別に配置する必要があり，かなりの負担となる。ところが現行の老健の訪問リハビリと同じ仕組みで，訪問看護・訪問介護のアウトリーチ機能をもたせることにより，24時間365日定期巡回随時対応サービスの機能を補完できる。老健には看護師・介護職が常時当直している。昼間の訪問看護・訪問介護は既存のステーションで対応できるから，既存のステーションと提携し，夜間のニーズに老健が対応するという方法もあり得る。

老健の訪問リハビリの重要性はすでに述べたが，訪問リハビリにとどまらず，老健のリハビリ専門職（PT，OT，ST）は，地域ケア会議への参加，介護予防サロンへの参加，地域包括支援センターと連携・協力しながらの居宅への訪問・相談など，そのもてる機能を地域に提供していくべきである。特に，グループホームやサ高住など，リハビリテーション専門職が配置されていない介護空間への訪問・相談・指導で期待される役割は多い。

④看取り・医療特化型

前述のとおり半数近くの老健で看取りが実施されており，在宅強化型老健ほど看取りに積極的である。2018年の次期医療・介護報酬同時改定に向けて，老健における医療提供のあり方に関する議論が始まっており，今後，老健管理医師の役割がたいへん大きくなると思われる。

⑴PEG（胃ろう）造設の選択について

⑵状態悪化時，どこまで救命処置を行うのか

⑶急変・突然死の可能性

⑷自施設で提供できる医療の範囲

⑸看取り時，オンタイムの医師立ち合いができない可能性

などについて，本人・家族に丁寧に説明し，同意を得ておく必要がある。さらに，年齢・寝たきり度・認知症の程度・現疾患の状態（栄養・腎機能等の指標）などにより，投与すべき薬剤の種類や量は変わってくるし，いわゆる「老衰」の見極めも必要となってくる。本人の意思・人生観・身体の状況により，提供される医療の質と量が変わるのは当然であろう。「救命」「治療」の名の下に，どんな状態であってもできる限りの医療を提供する，という時代ではない。

老健管理医師の平均年齢は比較的高く，前職が耳鼻科や産科という畑違いの人も多い。筆者も以前は胸部外科医であった。そしてそのような背景を踏まえ，今後役割が大きくなる老健管理医師のために，2014年から，日本老年医学会主催による「老人保健施設管理医師研修制度」が始まった。まさに時流に適ったものといえよう。看取りを含めた老健の医療の充実のためにも，医療の質の担

保が重要であり，そのための管理医師の研修機会の充実も重要である。

最後に，老健管理医師として取り組むべき課題として，周辺の急性期をはじめとした医療機関や開業医との信頼関係の構築がある。自らの老健が，どの程度の医療を提供できるのか，看取りを行っているのか等々を開示し，情報提供書や電話連絡などで連携を密にし，常にコミュニケーションをとることにより，医者同士の信頼関係が生まれる。管理医師自らが先頭に立って老健利用者を獲得するというくらいの気概が望まれる。

注

(1)　東憲太郎（2014）「老人保健施設における在宅生活支援」『総合リハビリテーション』42（7），637-646頁。

(2)　全国老人保健施設協会（2008）「認知症短期集中リハビリテーションの実践と効果に関する検証・研究事業」平成19年度老人保健事業推進費等助成金報告書。

(3)　全国老人保健施設協会（2009）「認知症高齢者の状態像に応じた認知症短期集中リハビリテーションの効果的な実施に関する研究事業」平成20年度老人保健事業推進費助成金報告書。

(4)　Toba, K., et al., “Intensive rehabilitation for dementia improved cognitive function and reduced behavioral disturbance in geriatric health service facilities in Japan”, *Geriatr Gerontol Int.* 2013 May 6 [Epub ahead of print].

(5)　東憲太郎（2013）「認知症短期集中リハビリテーション――その効果の検証」*Geriatric Medicine*, 51（1），17-21頁。東憲太郎（2013）「介護老人保健施設における認知症短期集中リハビリテーション」『MB Med Reha』164，66-71頁。

(6)　全国老人保健施設協会編（2010）『新全老健版　新ケアマネジメント方式――R４システム』。

(7)　大河内二郎（2011）「ヘルスサービスリサーチ　国際生活機能分類の理念をいかにして施設ケアに取り込むか――『R４システム』のアセスメント方式作成を通して」『日公衛誌』58：555-559頁。

(8)　Okochi, J., et al., (2013) “Staging of mobility, transfer and walking functions of elderly persons based on the codes of the International Classification of Functioning”, Disability and Health, *BMC Geriatr* 13: 16.

(9)　大河内二郎・高椋清・東憲太郎他（2014）「要介護高齢者における余暇および社会交流ステージ分類の開発」『日本老年医学雑誌』11（6）。

第18章
「地域包括ケア」システム化の最適単位

本田哲三・本田玖美子

1 「高齢者協同企業組合」の登場

わが国は本格的な高齢・人口減少社会に突入し，都市部でも高齢化・過疎化現象が取り上げられている（PDF 東京圏高齢化危機回避戦略，日本創成会議，2015）。しかし地方ではすでに20年前より，深刻な高齢化が進行していた（松島・加茂，2003）。

高度経済成長時代の昭和30年代に若者たちが農山村から都市部へ流出し，地方に高齢者がとり残されたが，その後60年を経て，都市部に流入したベビーブーマー層の高齢化がいわゆる「2025年問題」を引き起こしている。

こうした高齢化への社会保障制度の備えとして，高齢者介護分野については，1989年に「高齢者保健福祉推進10か年戦略（ゴールドプラン）」が策定され，施設の緊急配備，ホームヘルパーの養成等が進められることとなった。これを展開させた「新高齢者保健福祉推進10か年戦略（新ゴールドプラン，1994年）」では，訪問看護ステーション5000カ所設置など在宅介護に一層の重点が置かれた。さらに，ゴールドプランのターゲットイヤーであった2000年には介護保険制度の運用が開始されている。介護保険制度では，利用者がサービス内容を選択し，それによってそれぞれの自立した生活のあり方を選択する仕組みが重視されることとなった。

さらに2006年の医療制度改革では，地域ケアの推進が掲げられている。2005年の介護保険法改正と一体となって，医療・介護連携による「地域包括ケア」の推進の時代へと向かうことになった。この枠組みでは，論理的には，地域ケア推進の地域単位としての自治体の自助的ガバナンスとサービス利用主体としての高齢者の自律や参加が，期待されることになる。

そのような政策の動きの中で，2007年６月，長野県下伊那郡泰阜（やすおか）村に高齢者有志による「高齢者協同企業組合泰阜」が発足した。社会福祉協議会や NPO 法人に委託された取組みではなく，住民が主体となった協同組合方式での地域ケアの試みとしてはわが国で初めてのものである。その原型は，スウェーデン・イエムトランド（Jamtland）県の高齢者活動である（高齢者協同企業組合泰阜，2013)。スウェーデンでも国の財政逼迫により，要介護状態の高齢者が住み慣れた村から遠いナーシングホームへの入所が余儀なくされた。この疎外感がもたらす悲しみへの共感が，地域住民自身による「高齢者協同企業組合」を設立させた。

筆者らは，発足当初より本活動に関与する機会をえた。本章では，過疎・高齢化が深刻に進み，高齢者の抱える日常生活・介護課題に対し，高齢者が自らが自発的に参加する主体となって必要な支援機能を組織的に創造・提供する４年６カ月にわたる取組みを紹介することで，「地域包括ケア」のシステム化を構想する場合の「地域」の単位のあり方について，新しい視角を提供したい。

2　泰阜村の状況と設立趣旨

泰阜村は，長野県伊那谷の南部に開けた，人口1764人，高齢化率39.8％（2014年現在）の自然豊かな山村である。この村は介護保険が始まる10年以上前から福祉先進自治体として知られてきた。

最初のきっかけは1984年に赴任した一青年医師が往診先で垢まみれで寝ている老人の姿を目のあたりにして，トラックに風呂桶を積んで訪問入浴を開始したことにある。これが村の訪問入浴事業の開始である。その後，村の診療所を核とした保健福祉グループ活動や村独自の手厚い在宅介護サービスへと発展していくことになる。

しかし，介護保険制度の運用開始に伴い，要介護４・５の人々に対する従来型の村独自の在宅サービス費用が月額120万円であったのに対し，介護保険制度によるサービス費用との間に月額で80万円余の差となることが明らかになった。介護以外の生活環境についても，コミュニティバスの廃止，JR 飯田線の間引き運転，JA・移動スーパーの撤退，商店の閉店が相次ぎ，高齢者の在宅生活を支える生活インフラが劣化した。そこで村は，村民の生活実態を正確に把握するために，全村民を対象とする調査を実施し（泰阜村，2007），その調査結果を踏まえて，身近に，便利に，機動的に，生活を支援する「暮らしのコンビニ・サービス」を構想した。その具体的な組織が「高齢者協同企業組合泰阜」である。

3　高齢者協同企業組合泰阜の実践

（1）　趣旨，施設および事業内容

本協同企業組合の趣旨は，住民自身が「住み慣れた地で最期まで安心して住みつづけるためには何が必要か」を考え，議論し，責任をもって実践してくことにある。参加型のガバナンスである。組合員には，入会金５万円と年60時間のボランティアが義務となる。加入は理事会（後述）の審査を経て承認される。理事（現在，理事長を含めて６名）は組合員総会で選出される。年１回の組合員総会に加えて，月例理事会が開催され，組合の具体的な活動内容の決定，活動成果の報告および入会希望者の審査が行われる。

活動の拠点は，村の施設である「地域交流センター悠々」に置かれている。以下，拠点の内容と活動概要に触れることとする。

①地域交流センター悠々の構造

地域交流センター悠々（以下，本センター）は，国土交通省「街づくり交付金」第１号として2009年５月に建設された，木造平屋191㎡の施設である（図18－1）。

建物の中心に交流センターがあり，地域柄を反映して掘りごたつの畳コーナーと薪ストーブを前にしたリビングルーム・スペース，その先に食堂コーナーを配置している。リビング周囲には図書コーナーがあり，漫画・雑誌・小説等がそろっている。施設全体がバリアフリー仕立てとなっており，リフター付き浴室と障害者用車いすトイレが設置されている。屋根のかかった「路地

図 18－1 「地域交流センター悠々」全景

図 18－2 悠々長屋（安心・安全設計）

裏」を模した通路の両側には，「悠々長屋」と呼ばれるケア付き１ＤＫの個室が10室並んでいる（図 18－2）。各個室はトイレ，システムキッチン，冷蔵庫，収納庫が設置されており，すべて庭に面し，床高42㎝と緊急脱出に配慮した設計になっている。交流センターのスペースとは格子戸で区切られているため，リビングでの交流の気配やキッチンからの匂いも自然に各部屋にただよっていく雰囲気である。

②暮らしのコンビニサービス

本組合では,「暮らしのコンビニ・サービス」として現在以下の事業を展開している。

ア）伝統行事の主催：絶えて久しい折々の地域伝統行事を住民と一緒に企画・実施する。例えば,１月のどんど焼き，８月の盂蘭盆会，12月の餅つき（図18－3），大祓い等である。

図18－3　餅つき大会後の食事会

イ）悠々ランチ：老々世帯で調理が困難な場合には，いつでも500円の実費で入居者・スタッフと昼食や夕食を共にできる。送迎付きで実施している。

ウ）住民だれでもショートステイ：体調がすぐれない，退院直後で在宅生活に不安があるなどの場合，希望があれば，いつでも5000円でケア付３食付で宿泊することができる。

エ）生活リハビリ教室：月１回足浴・超短波温熱療法と共にリハビリ医への生活相談による養生指導を受けられる。

オ）星を観る会：住民，小・中学生およびボランティアが集まり，小学校校庭で「星空観望会」を実施した。第２回目には48人の参加者をえた。組合員と地域の子育て世帯・子どもたちとの自然な交流の機会となっている。

カ）産地直送「幻の味シリーズ」販売：朝採り野菜，トウモロコシ，はざ架け米こしひかり，日本蜂蜜等の泰阜村の隠れた特産品の直売を行っている。

キ）介護実習の受け入れ：地元中学生の職場実習体験（キャリアディ）や福祉関係大学生・院生の実習を随時受け入れている。

ク）ケア付住宅：ケア付３食付き住宅の賃貸を実施している。家賃は１カ月15万5000円で，組合員優先ではあるが理事会の承認を経れば入居可能であ

表 18－1 「高齢者協同企業組合」4年間の流れ（通常総会資料より）

	第1回	第2回	第3回	第4回	第5回
開催日時	2008.11.5	2009.11.22	2010.11.23	2011.11.22	2012.11.17
組合員数（人）	29	53	62	61	62
悠々長屋					
短期入所（人）		3	2	3	3
永住入所（人）				6	7
交流センター					
貸会場（鍼灸マッサージ）（人）		60	135	55	6
理容・美容サロン（人）		3			14
生活リハ（人）		18	105	315	
月例会（人）		81		月1回交流会（会員数18）	
障害児の会（人）		13			
お試しお泊り（人）		51	180	84	33
ボランティア入所（人）		7			
悠々ランチ（食）			3600	6571	9057
特産物販売					日本蜂蜜70食
年間行事					67
特記事項				月1交流会発足 地域リハ補助金	

（出所） 高齢者協同企業組合通常総会資料。

る。入居一時金・敷金各1カ月で，主に退去時の個室クリーニング費用に充当する。すべて個室で，8戸が永住入居者用，2戸は民宿用で村民のショートステイ用である。入居者の生活は，三食の時間と午前午後のお茶を食堂で共にする以外はまったく自由である。重度認知症，精神障害や知的障害の方も受け入れている。

（2） 4年間の活動経過

本組合設立後4年間で，悠々長屋の永住入居者が徐々に増え，現在は7人にのぼっている（**表 18－1**）。**表 18－2** からわかるように，要介護認定を受けていなくても，あるいは，要介護度が比較的低い場合でも，自宅での日常生活の限界点を超え，入居の希望のある人であれば，だれでも受け入れる方針である。

本センターの様々な事業の試みの中でも，地域に最も受け入れられ，定着しているのが昼食サービスの「悠々ランチ」であり，2011年には年間9000食を超

表 18－2　現在の入居状況（2013年10月現在）

	性別	年齢	介護度	おもな併存疾患	入居後期間	その他
Aさん	女性	94	要介護4	両変形性膝関節症	3年9カ月	
Bさん	女性	91	要介護3	精神疾患	2年8カ月	
Cさん	女性	92	要介護1	神経症，手指変形性関節症	2年6カ月	
Dさん	男性	96	要介護3	認知症	2年	
Eさん	女性	87	要介護4	認知症，脳梗塞後遺症	1年8カ月	
Fさん	男性	96	未申請	脊柱管狭窄症・両変形性膝関節症	2カ月	ご夫婦
Gさん	女性	91	未申請	認知症（疑）	2カ月	

えていた。

（3）現状

発祥地スウェーデンでの「高齢者協同組合」はすでに安価な移民の労働力を駆使する介護事業者に取って代わられている。革新的な地域ケアの方法として，スウェーデンの「高齢者協同組合」と並んで注目されたデンマークの24時間在宅ケアサービスも，ケアサービスから全人的な生活支援の視点を薄め，効果の可視化されやすい医療的・身体機能的ケアを重視する方向に流れた。個人的な生活ニーズへの対応をどこまで公的負担で行うのかという伝統的な資源割りあての限界問題が改めて浮上し，公的負担によるニーズ充足の効果の可視化という考え方が強まった結果であった（本田，2012）。

こうした動向を傍観するにつけ，自分たちの地域にふさわしい地域包括ケアの可能性を，地域生活者の視点と参加で，具体的にデザインすることの重要性を認識する。日本国内にあっても，それぞれの地域にそれぞれの個性ある地域包括ケアがあるべきという目標の立て方は正しいと思われるが，同時にそれは，全国一律の医療・介護等の制度の仕組みを，地域内の資源の発見・活用と組み合わせながら，地域の知的創発として，最適解を発見することをいう。当然ながら，地域包括ケアをどのような空間的範囲にシステム化するかも，そうした最適解の中に含まれる。回避しなければならないのは，好事例の模倣やモデル探し，ガイドライン指向といった硬直的な没個性の政策指向なのである。

そのような観点で，本活動の特徴を整理しておきたい。

第一に，本活動は「協同企業組合」であって「NPO 法人」ではない。NPO

法人も同じくオープンな会員制の組織体であり，目的意識のある選択縁で結ばれた活動体であることでは「協同企業組合」と変わりないが，会員に「出資」という形でオーナーシップを付与している点で異なっている。NPO 法人も組織経営力や事業構想力が活動の核になるが，NPO 法人の提供するサービスを利用する側は受援者の立場に置かれやすく，サービス提供事業体の経営や運営への関心が薄くなる。これに対して協同企業組合組織は出資に基づく組合方式で運営されるため，組合員は出資に際し，当該組織や事業活動が自分たちの今後の生活のあり方や終の住処の確保といった利害を実現するための方法として主体的な選択を行っている。参加というレベルではなく，オーナーシップ（所有者責任）とステークホルダー・シップ（当事者責任）による自律の原理が期待されているのである。これは，社会イノベーションの要素として強調される協働創造（co-creation）の原理にも通じている。

第二に，「ケア付き高齢者専用賃貸住宅（以下「高専賃」)」との相違に特徴がある。高専賃では，入居費の水準や月額経費の高さは別にしても，サービスが介護保険制度の内か外かで提供されるサービスが裁断されることになる。保険外サービスの除外や上乗せオプション化の方法である。家族介護の延長としての社会的介護という観点やシームレスな介護の連続性の観点からは，協同企業組合方式による「よろず対応」方式のほうが優れている。

第三に，介護保険制度内サービスへの過度の負荷の軽減である。本事業では，深夜の見回り，入浴介助の補助（要介護３以上の入居者に対応）のみ介護保険制度サービスを用い，それ以外は生活支援も含めて協同企業組合の独自事業で実施している。高い高齢化率や人口減少で体力の落ちゆく自治体・保険者にとって，介護保険給付の適正化は共通の課題となっているが，どのような方法論を用いてそれを実施するかが知恵の出しどころということになる。単なる給付制限では，その人らしい自立した生活という介護保険制度自体の目標を，空洞化させてしまうことにつながりかねない。

4　活動継続への課題と今後の展望

本活動は，放置すれば活動の継続を脅かしかねない制約も抱えている。恒常的な人材不足である。現在，理事長と常勤介護職員３人，調理士１人体制であり，事務専任職員が確保できていない。人材の確保自体が，小さな地域社会の努力では難しいのである。日常の経理業務や煩雑な補助金申請業務は協同企業組合の事業安定化にとって不可欠であり，栄養・調理は，入居者の QOL に直結している。

ケアや生活支援のサービスの質は，実は，サービス提供側の事業体としての経営の質と直接関連している。単に，資金の確保ができるとか，住民が参加しているという次元とは異なる，経営の質に関わる事項が，地域包括ケアを支えるサービスのあり方を左右するのである。地方からの頭脳・技術ある人材の流出や協同企業組合員の高齢化が，活動の継続性に重い制約要因となっている。2025年を目途とする地域包括ケアのシステム化と同時に，2025年以降を見据えた長期継続性を担保する経営資源の地域的規模での育成，確保策が真剣に構想されなければならない。

もう１つ，地域住民には，伝統的地域であればあるほど，様々な村の事業活動（道路愛護，カーブミラー磨き，道路コンクリート打ちや芸能大会設営等）が存在する。「村役」と呼ばれてきた互助活動である。住民の全体的な高齢化の中で，それが，新たな事業へのボランティア活動の人材的余裕を乏しいものにしている。介護，高齢者・障害者生活支援といった少子高齢化，過疎化に伴って深刻化してきた比較的新しい社会構造問題を，伝統的な「互助」にどのような考え方と方法でなじませていくか，会員制の協同企業組合方式はその中でどのような据わりのよい位置をつくり上げることができるのか，そうした歴史文化的な検討課題もみえてきている。

開設後４年６カ月の歳月を経て，組合員の方々に様々な変化が現れてきた。日常的に季節の野菜が厨房に持ちこまれている。玄関・リビングにはご近所さんの心づくしで四季折々の草花が活けられている。仲間の月例会では「自分たちにはもうボランティア参加はできない」と自発的に「草むしり募金」が開始された。さらに「この仲間であと5年たったら（筆者注：平均年齢92歳）みな一緒に入所しよう。そのために今まで孫や子どもにあげていた小遣いを貯金する」といった話題が真顔で語られるようになった。

組合員以外の近隣の方々からも「悠々があるから安心，何かあったら悠々に頼んだら何とかしてくれる（夜間の緊急対応等）」といわれるようになった。

本組合事業が地域に次第になじみ，本活動も，介護保険制度のサービスと並んで地域包括ケアを支える主要サービスとして，会員制から始まったサービスではあるが公益性（コモンとしての存在感）を獲得しつつある。地域の絆＝ソーシャル・キャピタルが形成されている手ごたえを実感している。

筆者は，2013年8月に被災地宮城県K市を訪問し行政の方々に「高齢者協同企業組合」の理念と実践経験をご説明する機会があたえられた。さらにK市O地区住民の方々，当地で奮戦していらっしゃる NPO 法人理事長および市会議員の方にも直接懇親する機会をえた。皆さまはいずれも筆者の提案に熱心に耳を傾けられた。

本活動が少しでも被災地で奮闘されている皆様のお役に立てることを心より祈っている。

［付記］ 本章は，本田哲三（2013）「限界集落から考える人口減少社会の地域リハビリテーション（4）「高齢者協同組合」――新しい「共助」の提案」『地域リハビリテーション』8（11），に追加・加筆したものである。

参考文献

本田玖美子（2012）「北欧デンマーク福祉改革見聞録」『信州自治研』246，15-21頁。
高齢者協同企業組合泰阜 http://yuyu-yasuoka.com 2015年12月23日アクセス。
高齢者協同企業組合泰阜（2013）『スウェーデンモデル，悠々写真集～4年間の記録～』。
松島貞治・加茂利男（2003）「安心の村は自律の村――平成の大合併と小規模町村の未来」『自治体研究社』23-25頁。
日本創成会議：PDF 東京圏高齢化危機回避戦略（2015），http://www.policycouncil.jp/pdf/prop04/prop04.pdf 2015年12月27日アクセス。

泰阜村「一山村における生活満足度調査——泰阜村全住民に対する世代別生活ニーズ調査報告書」厚生労働省平成19（2007）年度老人保健増進等事業。

第19章
災害対応の国際的なガイドライン

小笠原浩一

1 「心理社会支援」と「統合的ケア」

2011年３月11日に発生した東日本大震災は，Quarantelli（2006）の分類に従えば，非常事態（emergency）や災害（disaster）をはるかに凌ぐ最重度のカタストロフィ（catastrophe：大惨事）に相当する。東日本大震災の場合，広範囲にわたる経済・社会機能の喪失にとどまらず，多くの人生の突然の途絶や環境の喪失による複雑な悲嘆が累々として長期に継続することになる心理文化災害でもある。加えて，原子力発電所事故や被災当事者の実感を反映しない性急な復興議論の進め方など自然災害の影響が人為的に増幅され，多くの指摘があるように，災害史上に稀な「複合災害」と化してしまった。

大規模被災の救済・復興過程における取組みは，既存の社会システムの転換を導く可能性が高い。現に，国際社会では，1990年代から続いた大規模事故・災害への取組みを通して，被災者の尊厳と自由の保障，当事者としての安全確保のための自律への個別的支援，不可欠生活物資の公正配分，それに生活定常性の回復に向けた参加型社会づくりといった基本機能を包括的に保障するための「心理社会支援モデル（Psycho-Social Support Model）」が構築されてきた。「心理社会支援モデル」は，東日本大震災の復興構想の立案過程でそれとして取り上げられることはなかったが，大規模災害に関するグローバル・スタンダードについて理解を深めることは，わが国の災害対策のあり方の検証にとって重要である。

「心理社会支援モデル」は災害対応の指針であることから，動員可能な限られた資源を迅速かつ効率的に統合運用するという原則が埋め込まれている。いわゆる「統合的ケア（integrated care）」の原則である。世界保健機構欧州地域事務所（WHO-EURO）が2001年に提言した「統合的ケア」には，WHO 自身が途上国におけるコミュニティ参加型予防健康増進運動を通じて確立してきた「選択的プライマリ・ヘルス・ケア（Selective Primary Health Care）」，アメリカで展開したクリティカル・パスの方法論としての「チームケア」，それに欧州で展開した慢性疾患性長期療養支援としての「統合的ケア」の３つの異なる文脈が流れ込んでいることが知られている(1)。「統合的ケア」のその後の理論的・臨床実践的展開や OECD が EU と共同で2008年に提言した「連携的ケア（co-ordinated care）」構想への展開(2)について，先進国における新たな社会保障資源運用の仕組みという視点で評価するのが通常であるが，この展開過程は，同時に，国連専門機関常設委員会（IASC）の「緊急事態における心の健康と心理社会支援〔Mental Health and Psychosocial Support in Emergency Setting（MHPSS）〕」（IASC, 2007）や国際赤十字・赤新月社（IFRCS）の「心理社会介入 Psycho-Social Interventions（PSI）」ガイドライン（IFRCS, 2009）といった代表的な国際公準が構築されてくる過程に符合している。

したがって，「心理社会支援モデル」とそこに埋め込まれている「統合的ケア」の原則とは一体的に理解される必要がある。本章では，その要点について整理しておきたい。

2　心理社会支援モデル

「心理社会支援モデル」は，「精神身体医学（psychosomatic medicine）」と同様に，社会の病理は人々の心理状態に影響されるとの前提に立つ。人々の心理的コミットメントなくしてはいかなる物理的復興プロジェクトも実を結ばない，という経験的仮説に基づいている。人々の心理状態への支援的介入や心の復興の重要性は，単に個々人のスティグマや心的外傷性のストレスを解消するためだけではないと考えられている。

このモデルは，2001年にブリュッセルで２次にわたり開催された「大規模緊急事態下における心理社会支援」国際会議の結論を，政策ガイドラインの形に取りまとめた「大規模事故・災害の被災者に対する心理社会支援の諸側面に関する欧州政策白書」(BMPH, 2001) が起点になっている。その後アフガニスタン，インドネシア・アチェ，東チャド，東チモールなど国際規模の災害や人道危機における臨床を通して体系化され，今日では，上記のとおり，IASC の MHPSS ガイドライン (IASC, 2007) や IFRCS の PSI ガイドライン (IFRCS, 2009) へと展開されている。

MHPSS および PSI は，扱われるべき問題の性格の特定について，災害事故そのものの性質や数量的に把握可能な被災現象に着目するのではなく，どのような生活文脈や生活構成のもとにある人々に，どんな特徴をもつ心理的影響がもたらされているか，そして，発災後の時間経過の中でどのような心理的変容を辿るのかに着目している。被災した人々の包括的な社会生態学的単位の生存条件に関する政策であることから，そこには，当該地域社会のもつ歴史的経路依存性や特有の集積的精神文化，産業経済や家族・教育などの実態が人々の生活構成に対しどのような心理的苦悩を及ぼしているのかが中心的に分析されることになる。

社会的性質の問題としては，低所得・貧困，雇用・産業経済開発の遅れ，政治的不利など災害以前にあった社会構造の問題，家族喪失，社会的紐帯の切断，地域の資源や信頼の消滅，犯罪・暴力などの増加など災害がもたらした社会問題，それに，日常生活を支えあう地域機構の崩壊など人々の相互支援の基礎条件に係る問題を取り上げる。心理的性質の問題としては，各種の疾患や中毒など災害以前にあった問題，喪失の悲しみ，うつ状態や不安症，PTSD など災害がもたらした問題，そして，情報の欠如や正確な情報を得られないことによる将来への不安，衣食住の欠乏による切望感など人間相互支援の基礎条件に係る問題を取り上げる。要するに，経路依存的で，環境感応的で，主体的な主導性や，回復力の所与性などに即した観点から，被災に伴うリスクを把握する。

リスク対応や被災からの回復に必要な資源も，年齢や性別，生活経路や職業的背景，保有資産，居住自治体や地域社会の状態などにより異なる。特に，心理的自律性の回復にとって重要な心の支えや相互支援，将来への見通しといった情報型資源において，大きな条件の相違が生ずることが想定される。このことは，被災の現状やリスクの特徴の把握と並んで，復興を支える資源の状態に関する分析・評価が重要であることを示唆している。

大規模災害の場合に，こうしたきめ細かな分析・評価は地域を熟知している健康・社会サービス分野の専門家の情報を収集・統合する以外に方法はない。したがって，最優先課題は，専門家の分散を防ぎ，情報のつながりを確保することに置かれている。

災害後の対策は，発災緊急時における「急性的対策」と復旧課題に対応する「包括的対応」とに分かれる。「急性的対策」は，緊急性，不可欠性・代替不可能性，確実な実施可能性の３点を趣旨とする「必要最小限の対応（MR：minimum responses）」から成る。MR は，次段階の「包括的対応（CR：comprehensive responses）」への道筋になるものでなければならない。災害急性期から落ち着きを取り戻し，復旧に向かおうとする初期段階で投入されるものである。MR が救急救命や医薬品確保，必要最低限の衛生管理や飲食料品の確保など人命生存の基本条件を充足するためのものであるのに対し，CR は，多くの部門・組織・当事者の連携調整された行動によって，生活の定常性の回復，恐怖や不安を生む心理的環境の緩和，復旧への参加環境の整備など，本格的復興へ向かうための生活心理的な環境整備を進めるためのものである。

CR が安定して実施されるために６つの原則がある。①人権保護と平等性の確保：救助・支援に従事する当事者たちが，年齢・性別や障害の有無，被災地域その他の文脈的属性や個別的条件の所与性などによる差別や格差的取扱いが生じないよう努め，受援における公正性を確保すること。②参画の重視：救助・支援活動から影響を受ける人々の行動構築・行動過程・行動評価への参画を最大限保障すると共に，現地においてローカルな支援力・受援力を構築し，自助的行動を支援し，既存の地域資源を強化するよう努めること。③被支援者を心理的に傷つけないこと。④活用可能な既存の資源や能力を基本とする支援の構築：外側から持ち込まれる支援プログラムは，不適切かつ継続性を欠く介入結果をもたらす可能性が高いことから，被災者一人ひとりやその家族・隣人・仲間の関係など被災地域社会がすでに保有する知識技能や潜在能力を引き出し，結びつけ，強めることを基本とすること。⑤統合的支援システムの構

図 19－1　MHPSS ガイドラインの構造

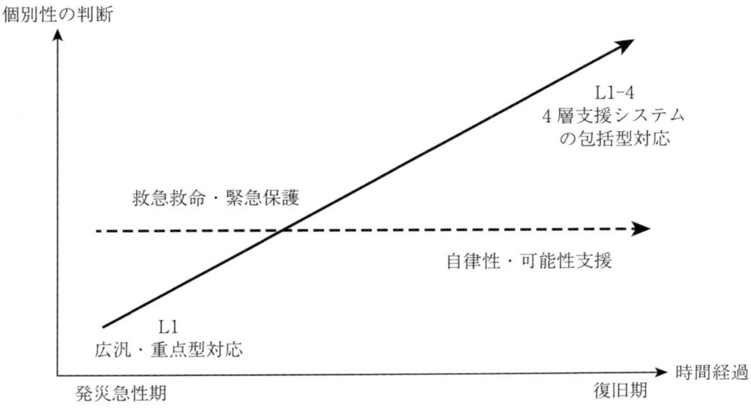

（出所）　IASC (2007) の pp. 9-13，21-29 の内容を基に筆者作成。

築：単発的なサービス活動が狭隘な目標のもとにバラバラに実施されることを避け，包括的内容をもつ支援システムへと統合すること。⑥重層的支援の構築：被災者は，様々に異なる経路・様相で被災しており，それに応じて支援の必要が多様であることから，支援は，基本的で生存の安全保障に関わる基盤確保から個別的で認知・情動に主軸を置いた高度な対応まで，階層的システムの考え方で組み立てられること(3)。

MHPSS ガイドラインの特徴は 2 点ある。①被災地域や被災者コミュニティの外側から持ち込まれる政策アクションやソーシャル・アクションは，被災者・被災地域側の自律的回復力や潜在可能性に対し外在的なものであってはならない。当事者の問題解決力の最大化を環境づけるのが被災支援活動の基本である。②実行期間は弾力的に想定されている。災害の種類，規模，深刻さ，内在的資源の規模や組織可能性のレベルなどにより，災害急性期の長さ，それに続く復旧初期の位置づけに時間的な幅を見込んでいる。

MPHSS ガイドラインは，**図 19－1** のマトリクスのように構成されている。災害危機管理や被災対策の本質は被災者の心理的健全性の確保にあり，被災地の復旧・復興の実効性は被災初期段階における心理社会支援のあり方に条件づけられるという視点から，現地・当事者の潜在可能性・自律性に信頼した支援方法論になっている。

3　国際赤十字・赤新月社（IFRCS）の「心理社会介入」モデル

MPHSS ガイドラインの公表から２年を経てまとめられた IFRCS の PSI は，支援の方法上の原則論に重点が置かれた MPHSS ガイドラインを展開させ，時間軸の明確化や支援人材育成などのマニュアルとして実践的性格を強めたものになっている。

PSI は，MPHSS ガイドラインで明確ではなかった「危機（crisis）」および「災害（disaster）」の定義を行っている。それによれば，「危機とは，影響を受ける人々の人生に重大な変容をもたらすような１つまたは一連の決定的な出来事を意味する。それは，自然災害（例えば洪水，地震，台風など）を原因とする場合もあれば，人為的な出来事（紛争，強制移動，大規模な事故など）による場合もある。」と定義される。これに対し,「災害」については WHO の定義（WHO, 1992）を援用し，「災害とは，個人の対応能力を遥かに超える，自然環境および心理環境上の深刻な途絶を意味する」とされている。「危機」を捉える視点は，「人々の人生」，その構成段階としての日常生活に置かれている。人生にもたらされる「重大な変容」は，人々の置かれた社会環境や境遇，文化文脈などにより異なることが含意されている。「災害」は「個人の対応能力」を超える環境上の途絶・崩壊を意味している。そのことから「災害」のマネジメントにとって最も重要な価値は，災害の影響を個人の対応能力の働く範囲・レベルまで縮減・緩和することに置かれることになる。

次いで，PSI は，充足されるべき「心理社会的ウェルビーング（PSWB：psychosocial well-being）」について，WHO 憲章の「人の健康（health）」の定義[(4)]を根拠としつつ，PSWB が,「人の能力（Human capacity）」「社会環境（Social ecology）」「文化・価値（Culture and Values）」の３つのドメインから定義されるべきだとする。「人の能力」は個人の知恵，身体力，技能など心身一体的な力量を示すものとされる。「社会環境」は，個人やコミュニティのつながりや支援システムのあり方を指している。「人の能力」は「社会環境」上の公正性に左右される。「文化・価値」は文化的規範や行動様式のことで，「人の能力」や「社会環境」の現在値や将来の可能性を左右する。３つのドメインは相互規定性を内包しており，日常の衣食住関連資源や身体的健康など外面評価可能なファクターとも結びついている。

PSI は，「コミュニティを場とするアプローチ（community-based approach）」を基本とする点で MHPSS ガイドラインと共通しているが，被災対象・ニーズの多様性に加えて，災害そのものの特性も考慮した支援介入の４つのモデルのオプションを重視している（IFRCS, 2009, p. 44）。災害発生後の経時段階に即して，支援プログラムの選択を弾力的に進めていくモデルである。次の４つのモデルの最適な選択は，ニーズ分析と被災経路分析の組み合わせで行われるが，モデル選択の必要性は，支援介入に係る人的組織，資金的担保，調整連携の度合い・頻度，統合性などについての判断と結びついている。

「個別的心理社会支援プログラム」モデルは，他の介入領域（特に医療臨床）とのぶつかりを避けるという意味での連携調整のもとで実施されるが，基本的に，担当スタッフに強い調整裁量を与え，自己完結的な効果の最大化を目指す方法論である。これに対し，「心理社会支援プラス」モデルは，衣食住はじめ基本的な生存確保のための支援プログラムと統合的に実施される包括的な方法論である。「統合モデルＡ」は，感染症予防や投薬管理，災害の物理的障壁の除去など他の一連の対応と一体的に組み立てられる心理社会支援であって，人的配置や資金措置といった実施体制も全体的・包括的な被災対策プログラムの一環に位置づけられる。「統合モデルＢ」は，心理社会支援を生活復旧や環境常態化に必要なその他の対策の入り口として位置づけるもので，心理社会支援がしっかり展開されることで，当該個人のみならず，その家族や小地域社会が，自分たちの主体的な情報発信や生活資材の自発的調達，居住環境改善への積極的取組みや地域再生計画への自律的参加へと促されていくことを期待するモデルである。

PSI は MHPSS ガイドラインに比べ個人の心理的健全性の確保に重点を置くモデルであって，臨床心理的支援技術の経験則を踏まえて策定されている。そのために，専門家の役割と一般支援者の役割の割り振り，包括的な支援を円滑に実施するための階層性を有する支援組織体制とその運営，解決すべき課題の専門性の度合いに応じた人材能力高度化の訓練などに関する一連の行動指針を伴っている点にも特徴がある。

4　災害対策における優先性と復興力

被災者・被災地のニーズ分析・評価や優先性のつけ方について BMPH (2001) が集約している。そこでは，ニーズの優先性を，医療的支援ニーズ，物的支援ニーズ，心理社会的支援ニーズのインデックスの経時変化に照らして，「緊急性」と「活用可能資源の欠乏度」という指標から順位づけする方法が提案されている。

医療的支援ニーズは発災急性期に最大化し，その後，慢性期対応へと低減していく。物的支援ニーズは，発災急性期と生活安定への移行期に経済的ニーズを中心に最大化するが，一過性の高まりで低減する。心理社会的支援ニーズは，発災急性期を経過した後の喪失感や悲嘆の増幅に伴い最大化し，その後の時間経過によっても，悲嘆状態の深刻な被災者群については低減しない。

ただし，BMPH は，「被災」とは，災害の形態，被災の経路，受けた心身の傷や喪失感，ニーズ表出や変化のタイミングおよびニーズの継続期間の長さなど，多様に複合したニーズの塊であるとしている。つまり，一般的想定としては，時間経過によりニーズ量が低減し要支援群の集約が進むが，ニーズの質の評価と発現経路についての正確な分析を誤ると，被災者の自律性や潜在可能性を押しとどめ，災害からの復興力を全体として低下させることにつながることが示唆されている。

5　「心理社会支援モデル」の応用

「心理社会支援モデル」は，支援ニーズのあり方に応じて，専門家による特定領域への集中的・組織的介入から，一般人による自主的な連携的活動や被災者の相互支援まで，被災社会のもてる力を最大化させる支援方法として構想さ

図 19－2　被災者支援の重層性

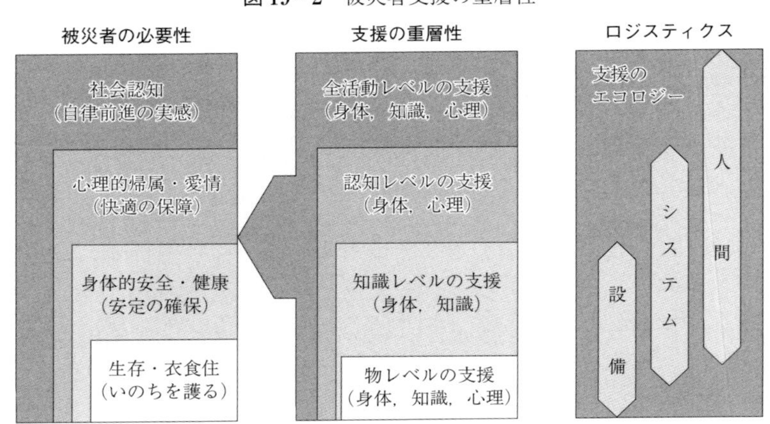

（出所）　Kameoka (2006) に必要性の解釈に関する筆者の修正を加えて作成。

れている。IFRCS（2009, p. 131）は，被災者の要支援ニーズを，生命の安全を維持するための一般的なレベルのものから心身複合的な高度に専門的で個別的な介入を要するものまで5階層に整理し，各階層のニーズ充足に必要な知識習得・臨床技能訓練を提案している。ニーズが特定性，固有性を有するほど必要な支援技術は高度なものになる。

これに対応する支援方法論を整理したのが**図 19－2** である。これは，ニーズ充足から得られる価値に着目し，支援サービスに必要なコミュニケーション・メディアならびにそれを最適に実施する支援技術のマトリクスである。このマトリクスは，マズローの欲求5段階と4種の支援技術を組み合わせた Kameoka（2006）のモデルを，①災害被災者心理に即して必要性を4段階に組み換え，②価値の相互関係を災害急性期からの時系列ニーズの変化に即して順次包含の関係に置き換え，③精神的支援の中身を被災者と支援者とのサービス過程における交感の域値の違いに即して心理的支援と感情的支援に分離し，修正したものである[(5)]（Ogasawara, 2011d）。

図 19－2のうち，基本的な生存や生命維持のための身体活動を介した支援や健康・安全などに関する正確な情報を解釈・整理して使いやすく提供する知的レベルの支援には，医療・介護関連や栄養関連の資格を有する専門家の能力が

求められる。他方，社会的つながりや前向きに生きる支えなど認知・情動面での支援については，臨床心理やソーシャルワークなどの専門家の関与に加えて，フォークセクターに多く存在する「資格と結びついていない専門主義」（小笠原，2011a；Ogasawara, 2011c）や社会組織に内在する「ポジションと結びついていないリーダーシップ」（小笠原，2011b）の役割が大きい。

専門機能面から組み立てられた IFRCS モデルも，充足される価値という面から提案されている小笠原モデルも，いずれも大規模災害対応のような多様な人材資源の多様な知識・工夫を組み合わせながら大きな群として行動を組織しなければならない事態においては，それぞれの専門家の保有する知識や技能をフォークセクターの専門主義・リーダーシップに迅速かつ効果的に移転する仕組みを必要とする。そのため，包括的な組織体制の枠組み内に自発的な協働の網を構築していくことが求められる。そうした包括的・組織的な協働を通じて，被災者の自律性や潜在可能性を保全・促進してはじめて，公的な災害復興プログラムが，被災地域・被災者の生活復興プログラムとして実効性をもつことになる。

この観点は，被災コミュニティ復興のエキスパートらも主張するところである。国連地域開発センター（UNCRD）の Bishnu Pandey と岡崎健二は，被災地域のローカルレベルの復興・新生プロジェクトが持続可能性をもつための条件として，当該地域の人々に「協働者としての立場（partnership）」「参画（participation）」「権能委任（empowerment）」「所有権（ownership）」が，個々人のレベルとしても，コミュニティのレベルとしても，確保されているかどうかにかかっていると主張する。彼らはこれを「コミュニティを基盤とする災害マネジメント（CBDM：Community Based Disaster Management）」と概念化している（Pandey and Okazaki, 2005, pp. 3-4）。

6　ケアの統合性と統合の中身

「心理社会支援モデル」は，被災当事者参画型の社会的・政策的資源の最適配分に関する構想であると共に，その実施過程において，被災した人々の異なる回復のペースや多様性ゆえに生じる回復の様相に寛容であることを求めるモデルでもある。この観点を離れて，外在的に持ち込まれる問題解決策などあり得ないというのが，このモデルの思考軸である。

大規模災害は，そのような自由への寛容性という視点から１つの社会が人の生命や安全の保持にどのような力量をもっているかを如実に浮き彫りにする。その力量は，扱われるべき問題の本質や特徴の把握，解決に向けた資源の動員，資源運用の方法・手順の設計，関係主体の役割の構築，解決の着地点と達成されるべき価値の特定，それら一連のプランニングにあたっての利害調整やコンセンサス形成の成熟度といった政策構想から臨床に至る包括的な枠組みで構成されている。目標的価値の観点からは，グローバルに共有されている「人間の安全保障」等の普遍的な人道規範と一体で運用されるべきものといえよう[(6)]。

同時に，被災者の生活自立へのニーズは被災に先立つ生活の所与性や時間の経過に応じて変化することから，普遍的な価値指針を課題変化に応じて具体的に行動化していくような，オープンで連続的なイノベーションが重要になる（小笠原，2011a）。例えば，国連大学環境・人間の安全保障研究所が，ブルネラビリティ評価と緊急性・深刻性の順位づけという新しいパラダイムにそって，被災対応フローをチャート化している（Sakulski, 2005）が，そこでは，支援過程で連続的に現れるリスク・ファクターを当事者と協働して持続的にマネジメントしていくような調整の仕組みが重視されている（IFRCS, 2009, p. 36）。

災害復興支援に「統合的ケア」の方法を埋め込むことは，まさに，この限られた資源の調整的運用のための機構づくりとして重要である。一般に，垂直的で計画的な資源運用の方法は超高齢社会を支える社会保障の仕組みとしては機能限界に達している。大規模災害では，希少資源を当事者の水平的なネットワークを通じて創造的・効果的に統合運用するということが鋭く問われることになる。イギリス国民健康保険連合は，国内外の統合的ケアの好事例の分析を通じて，統合的ケアにおいては行政主義的な機構の構造とガバナンスが問題とされがちだが，統合の編成・運用のプロセスと意識的変容のトータルなメカニズムのあり方に止目すべきであると主張する。そこでは，規範的統合性とルールの統合性，組織的統合性，機能的統合性，サービスの統合性，臨床チームにおける方法の統合性という６つの「統合（integration）」の要素が強調されている（NHS Confederation, 2006, p. 4)。日本の地域医療・介護ネットワークの好事例分析からも，当事者主義に沿った目標の統合的共有，関係するステークホルダーのそれぞれの専門主義に由来する自発性，達成成果の脱自利性が多くの異なる専門機能の統合性を担保する要素として解明されている（小笠原，2007)。

わが国の「地域包括ケア」は，生活支援機能を自助，互助，共助，公助の最適な複合セクターミックスへとシステム化するものとして構想されており，社会保障給付の中でも特に医療・介護給付の負荷を軽減する役割を期待されているが，多くの異なる専門機能や当事者役割が一体的に包括化されていくメカニズムについては，好事例の指摘にとどまっており，一般則となる工学的設計は今後の課題に残されている。「心理社会支援」モデルに組み込まれている統合的資源運用の経験則は，最高度の合理性と効率性をもった統合的資源運用が求められる大規模災害時におけるイノベーションの成果であるだけに，東日本大震災からの復興過程のみならず，わが国の次世代型地域包括ケアの開発に寄与するところが大きいと考えられる。

注

(1)　WHO-EURO (2003). Fifty-Third Regional Committee Session, EUR/RC53/Conf. Doc./3. EU 第5次枠組プログラム「生活の質と生活資源のマネジメント：高齢者と障害者」をきっかけに，WHO の「統合的ケア」は欧州における保健・医療・介護ケア・福祉サービス改革の構想へと展開した。通称 PROCARE プロジェクトの成果である Billings, J. & K. Leichsenring eds. (2005). *Integrating Health and Social Services for Older Persons*, Ashgate, や，通称 CARMEN プロジェクトの成果である Vaarama, M. & R. Piper eds. (2005). *Managing Integrated Care for Older Persons*, STAKES がその代表的成果である。

(2)　OECD, *Improved Health System Performance Through Better Care Coordination*, OECD DELSA/HEA/WD/HWP 会議（EU-OECD Conference on Improving Health Care System Performance Through Improved Coordination of Care), OECD DELSA/HEA/EEF(2008)3。

(3)　階層は，図19-1に示された L1-4のことで，第1層（L1)：人間生存の基本的ニーズ充足と安全確保，第2層（L2)：コミュニティならびに家族へのつながり回復的支援，第3層（L3)：目的限定的で個別性の高い支援，第4層（L4)：深刻な心理的・精神的混沌にある人々への高度専門的支援，となっている。

(4)「ひとの健康」について，WHO 憲章の形で，普遍的な構想が共有されてきた。よく引用されるフレーズとして，「健康とは，身体的，精神的，社会的に完全に良好な状態のことであって，単に疾病や虚弱ではないことをいうのではない」があり，もう1つ，あまり引用されることがないフレーズとして，「すべての人々が健康であることは，平和と安全の達成にとって不可欠であり，それは，すべての人々そしてすべての国々が真に十分に協力できるかどうかにかかっている（the health for all peoples is fundamental to the attainment of peace and security and is dependent upon the fullest cooperation of individuals and States)」というものである。つまり，WHO は，人々が「身体的，精神的ならびに社会的に」「達成可能な最高水準の健康を享受すること（the enjoyment of the highest attainable standard of health)」は，それなくしては平和と安全が充足されないような一種の基本権であって，国際社会が総力を挙げてその保障を目指すべきことを宣言している。災害・危機といった生存や人権の確保が最も深刻な局面に晒される事態においてこそ，この国際的規範の実効性を担保する社会機構のあり方が鋭敏に問われるというのがIFRCS の基本姿勢にある。

なお，筆者の Health 解釈（「生の健全性」）については，小笠原（2011a）の51頁の注(1)を参照願いたい。

(5) このモデルは，マズロー欲求5段階のうち最高次欲求である「自己実現」は，これを独立の価値インデックスとして扱うべきではなく，他の諸価値が充足された状態の総体を「尊厳」とか「自己実現」とか概念化すべきであるという考え方に基づいて作成されている。食糧や健康や人権の確保されない「自己実現」など語義矛盾に等しい。また，価値はそれぞれ個別の範域として存在するのでなく，例えば正しく解釈・解説された健康情報によって安心が確保されていて初めて元気に生きようという生活発展への意欲が嵩じるように，身体的・物理的支援で充足される価値を包含する形で知的・情報的支援を通じて充足される価値が成立しており，知的・情報的支援で充足される価値を包含しつつ心理的・認知的支援で充足される社会関係構築面での価値が成り立つといった具合に，順次包含の関係を成している。

(6) UNDP の政策提言（1994年）として出発した「人間の安全保障」概念が，国際法上の規範性や国際関係における位置づけなどをめぐり専門的なスクリーニングにかけられてきたことの経緯や概念の多様性，その政治的思惑や理論的可能性などについては，福島（2007，2010）；初瀬（2003）；庄子（2006）；上田（2010）などを参照願いたい。また，人道的な目的での個人の保護を価値的に優先する考え方に立って，そのための積極的な介入を主張するカルドー（2011）も参考になる。「人間の安全保障」は，今日では，国際法上の概念としての規範的有効性の検証段階に入っている（福島，2007；上田，2010；庄司，2011）。

参考文献

福島安紀子（2007）「いま新たに『人間の安全保障』を考える――『人間の安全保障』は21世紀のグローバル・ガヴァナンスの理念になるか」『慶應法学』8，1-74頁。

――――（2010）『人間の安全保障――グローバル化する多様な脅威と政策フレーム』千倉書房。

初瀬龍平（2003）「『人間の安全保障』論の方向性」『京都女子大学現代社会研究』4・5，81-95頁。

カルドー，メアリ／山本武彦・宮脇昇・野崎孝弘訳（2011）『「人間の安全保障」論』法政大学出版局。

小笠原浩一（2007）「第5章『地域包括ケア』の構造――ネットワーク・システムの視座から」小笠原浩一・島津望『地域医療・介護のネットワーク構想』千倉書房，119-137頁。

――――（2011a）「保健・医療・福祉・介護政策の「地域包括化」と社会イノベーション・パラドクス」『社会政策』3（1），ミネルヴァ書房，41-54頁。

――――（2011b）「リーダーシップ」田中滋・栃本一三郎編『介護経営のイノベーション』第一法規，第Ⅲ編第3章3節。

庄子真理子（2006）「国連における人間の安全保障概念の意義――規範としての位置づけをめぐって」『国際法外交雑誌』105（2）　http://subsite.icu.ac.jp/coe/icra/23syoji.htm　2011年7月18日アクセス。

上田秀明（2010）「『人間の安全保障』の発展」『産大法学』44（2），629-650頁。

Belgium Ministry of Public Health (BMPH) (2001). *European Policy Paper: Psycho-Social Support in Situation of Mass Emergency*, Brussels: BMPH.

Inter-Agency Standing Committee (IASC) (2007). *IASC Guidelines on Mental Health and Psychosocial Support in Emergency Settings*, Geniva: IASC.

International Federation of Red Cross and Red Crescent Societies (IFRCS) (2009). *Psychosocial Interventions*, Copenhagen: International Federation Reference Centre for Psychosocial Support.

Kameoka, A. (2006). *MOT and Service Innovation*, resource document. http://www.research.ibm.com/trl/projects/sis03_2006/materials/20060310_ServInnovSymp_MOT_Kameoka.pdf　2010年11月５日アクセス。

NHS Confederation (2006). *Building integrated care: Lessons from the UK and elsewhere*, NHS Confederation Distribution. http://www.nhsconfed.org/Publications/Documents/Building%20integrated%20care.pdf　2014年４月13日アクセス。

Ogasawara, K. (2011c). Keynote Presentation "Community Integrated Health and Social Care Complex and Managerialization of Voluntarism", International Week Conference on Promoting Welfare Service Innovations—entrepreneurship, voluntary work and third sector—, March 8, 2011, Laurea University of Applied Sciences, Tikkurilla Vanntaa, Finland. http://www.Laurea.fi/en/information_on_Laurea/International_Activities/Documents/international_week_2011_presentations/Koichi%20Ogasawara_Laurea%20International%20week.pdf　2011年９月５日アクセス。

———— (2011d). "User Driven Innovation and Knowledge Integration in Elderly Care Services—Community Integration Model—", in Helinä Melkas and Vesa Harmaakorpi eds. *Practice-based Innovation: Insights, Applications and Policy Implications*, Verlin: Springer-Verlag.

Pandey, B. & K. Okazaki (2005). "Community Based Disaster Management: Empowering Communities to Cope with Disaster Risks", *Regional Development Dialogue* vol. 26 no 2, Nagoya: UNCRD. http://unpanl.un.org/intradoc./groups/public/documents/un/unpan020698.pdf#serch='Bishnu Pandey and Kenji Okazaki'　2011年９月18日アクセス。

Quarantelli, E. L. (2006). "Catastrophes are Different from Disasters: Some Implications for Crisis Planning and Managing Drawn from Katrina", Understanding Katrina, SSRC, Jun 11. http://understandingkatrina.ssrc.org/Quarantelli/　2012年４月14日アクセス。

Sakulski, D. (2005). *Making Disaster Management Sustainable*, United Nations University-Institute for Environment and Human Security. http://home.hiroshima-u.ac.jp/heiwa/pub/31/shinoda.pdf#serch　2011年７月18日アクセス。

World Health Organization, Division of Mental Health (1992). *Psychosocial Consequences of Disaster—Prevention and Management—*, Geneva: WHO.

終章
地域包括ケアシステムは社会実験か，未来の社会についての解釈論か

栃本一三郎

1　既存枠を超え始めた地域包括ケア

わが国で，地域包括ケア，そして地域包括ケアシステムという言葉がここ数年，従来に比して飛躍的に広まってきたことには訳がある。もちろん，2008年から始まる地道な研究会における地域包括ケアについての有識者による検討は長く続いたし，源流を歴史の中で辿るならば，御調町の山口昇先生の取組みまで遡り，そのような積み重ねの中で広く流布したともいえる[(1)]。地域包括ケアと地域包括ケアシステムという２つの言葉は前者が1970年代後半から用いられた用語であるのに対し，後者がある程度公的に明確に定義されたのは2008年の研究会報告によってであるとされる。その上で，地域包括ケア史ということでは，2014年の「地域における医療及び介護の総合的な確保の促進に関する法律」の成立は大きな意味をもつ。第１章総則第２条においてはじめて「地域包括ケア」が法律上定義された。もちろん，この法律における重要なポイントは医療と介護の連携の強化や，これまた特筆すべきこととして消費税増収分を活用した基金の設置，そして医療法関係や介護保険法関係の具体的な中身にある。

本書の執筆者は政策立案者であれ，研究者であれ，事業者や実践家であれ，それぞれの時期において中心で活躍されている。介護保険制度にかかわる審議会や研究会のメンバー，全日病や全老健，国保診療所協議会，介護支援専門員協会，介護サービス事業者団体など介護保険制度のステークホルダーとして，いわば，政策というマクロレベルとメゾ，すなわち介護サービスの事業展開というマネジメントや地域でそれを実現するといったレベルの２つのレベルで，

地域包括ケアシステムの構想を実現しようとする立場である。さらには実際に事業の当事者として個々のサービスの提供というミクロのレベルで，個々の活動や事業そのものを行いその実情をつぶさに見ている。いわばパワーエリート層，中核である。

一方，「地域包括ケア」は，今や高齢者へのサービスに係る関係者や自治体の行政マンにとって１つの合言葉ともなりつつある。介護サービス事業者や介護保険施設の運営管理者にとっても，市区町村の社会福祉行政関係者，社会福祉協議会のコミュニティ・ソーシャル・ワーカーにとってもこの合言葉は，仕事上知っておかなければ，時代から取り残されてしまう。もはや，地域包括ケアという言葉は，一部の識者や政策形成ネットワークのイングループや各業界の指導者，そして自治体関係者だけで通用するジャーゴン（業界用語・専門用語）ではなく，「パラダイム」といいうるレベルに達している。

このように，地域包括ケアという言葉は，介護，看護，社会福祉関係者にとっての共通概念となりつつある。しかも，その共通概念は現場や関係者にとどまらない。

2　教育場面に及ぶ地域包括ケア

高等教育，すなわち大学や大学院におけるカリキュラム・ポリシーや教育目標に位置づけられ，地域包括ケアの実現を図るための人材を輩出するというディプロマ・ポリシーさえ出現するに至り，地域包括ケアは高等教育の領域にまで及ぶ概念となりつつある。

IPW（Interprofessional Work）や IPE（Interprofessional Education）といった専門職連携や専門職連携教育なども，単に，チームアプローチという次元での現場の連携や，それを実現するための素地を形成するための教育というインター・パーソナルな視野にとどまった連携から，地域社会という空間の中で全体的に統合されていくものとなる。すなわち，それぞれの専門性をコミュニティで発揮する，専門職連携，機関間連携を包括ケアシステムの中で考えていくということになり，そうなると今までの IPW とは異なったもの，語義矛盾的とはなるが，市民，本人，家族が関わり，加わらなければ地域包括ケアシステムにおける IPW とはならないものになってきている[2]。単に，専門家同士が連携してパーソンセンタード・ケアを行うということは，地域包括ケアシステムの中でなくとも従来から必要とされ謳われてきたことである。チームアプローチも同様である。今求められるのは，それらを地域包括ケアの中で位置づけるということである。別の言い方をすれば，地域包括ケアという上位のシステムのもとで，また地域包括ケアという理念の下で，多職種連携が行われていくということである。その場合，上で述べたように地域の市民や家族，そして本人も加わった新しい連携であるがゆえに，これまで念頭に置かれることのなかったソーシャルワークの機能がそこに必須のものとして加わることが必要となる。ただし，そのイメージは従来のソーシャルワーカー像とは異なったものであり，いわばコンシェルジェのような働き手となるのであろう[3]。

すでに，医学教育および卒後の研修のあり方においても新しい研修教育システムが試行され，従来の研修モデルにとって代わられるであろう。「総合診療医」が医学教育の中で，また地域において求められるのもこれらと軌を一にする[4]。

地域包括ケアという概念が，このように教育にまで及ぶに至ったということの意味に案外気づかないものである。現場のそれぞれの従事者が地域包括ケアの理念やシステムの中での役割を果たすということと共に，高等教育において地域包括ケアを担う人材育成・教育，そして研究を行っていくということは，地域包括ケアの持続的な定着にとって欠かせない条件となろう。現場だけの，行政をはじめとする関係者による「実践的知」を超え，「パラダイム」として定着していくには教育の変化は重要である。

3　人口減少による転換

産業化や都市化，メガ都市と地方都市，そして今日限界集落を多く抱える平成の大合併後の市町村は，それぞれ，時期の違いはあるものの，またその地域毎の規模は異なるものの人口減少に向かっている。地域の持続可能性について，東大医学部から転じ，７年にわたって国立大学法人政策研究大学院大学で「人口減少プロジェクト」を主導，推進した藤正巌氏は，緻密な地域ごとの人口推計を行った。その後松谷明彦氏に引き継がれたが，その成果の一端は『人口流動の地方再生学』（日本経済新聞社，2009年）で紹介されている(5)。

藤正巌氏の考え方は，松谷氏との共著『人口減少社会の設計――幸福な未来への経済学』（中公新書，2002年）で明らかなように，資本や活用可能な土地，人的資本などが増えることを前提にした経済学のモデルにその説明力として限界があるのではないかというものである。経済学による社会についての説明力，解析力はしばしば政策の解説や将来展望，さらには地域経済などに対しても用いられる。人口減少社会といっても現代経済はクローズドなものではなく，逆にグローバルな市場によって世界の隅々まで社会や国家，そして地域経済は影響を受ける。したがって，経済学のもつ説明力は依然として強力であり，むしろその力は逆に強くなっているとさえいえる。人口減少社会が単純に経済衰退につながるとは一義的にはいえず，松谷氏によれば，むしろ人口減少による経済衰退は生産年齢人口の高齢化による生産性の低下にあると論じている。一方，地域社会ということでいえば，やはり人口減少社会のもたらす地域経済へのダメージは大きい。国内市場規模が縮小し，人口が減少すると共に，人口６区分（児童期〔0～14歳〕，学習期〔15～24歳〕，労働期〔25～54歳〕，熟年期〔55～64歳〕，前期高齢期〔65～75歳〕，後期高齢期〔75歳以上〕）の構成が市区町村，そして集落・コミュニティでそれぞれの姿で高齢に寄った人口構成となる。資本主義経済における利潤の最大化を極端に推し進める企業とは異なる原理に基づく，地域に根差したコミュニティや地域の社会的経済，協働や協同組合的な活動，住民活動など，「家政経済」ともいうべき「地域包括経済」が，限界集落や地方の市部を除く地域においては，すでに欠かせないものとして役割を果たしつつある(6)。それらは地域の人口減少が底を打って，そのあとの恒常的な人口縮小した後の社会，恒常社会に移行した社会像や社会のあり方を先行して示しているともいえる。

人口減少地域で，地域社会や地域経済の存続とその持続可能性を拡大するための取組み，依存ではなく主体的な取組みに着手したところでは，地域のイノベーションが起きている。つまり存続のためにはイノベーションが欠かせず，そこには人と主体的な意識，ニューカマーの存在，ネットワークが見いだされる。これが人口減少プロジェクトの結論である。

4　人口減少の影響とヨーロッパにおける包摂・包括の意味

人口減少の中での経済，そして社会の変化というものについて過去の例をたどるなら中世末期にまで遡ることができる。社会史などで記述される当時のヨーロッパを覆った疫病や30年戦争は，歴史家の W. アーベルによれば集団廃村などをもたらし，ドイツ地域でさえ1620年当時人口が1600万人であったものが1650年には1000万人になったという（そしてようやく1740年に1800万人に戻ったといわれる）[7]。それ以外は大量破壊となる大戦，そして局地的ではあるが大災害となる。

人口減少によって，その社会がどのように変わっていったか，人の意識や考え方が変わったかは，ヨーロッパ社会の社会史研究ではかつて重要なテーマであった。身分社会の中世における極端な人口減少によって使用人や低階層の働く者が不足したために，今でいう「優遇」が使用人や低階層の者たちに対して行われ，「パターナリズム」が雇う側（主人）の責務となっていった（パターナリズムは後日，雇い主責任として労災の保険制度発足に引き継がれる）。R. ティットマスは，福祉のモデルの３つの類型（①北欧の制度的分配モデル，②ドイツ・オランダなどのヨーロッパの産業業績達成モデル，③アメリカ，近年のイギリスなどの残余モデル）として，エスピン・アンデルセンは，福祉資本主義の３つの類型（①北欧の社会民主主義的，②ヨーロッパの保守的コーポラティズム，③アメリカ等のリベラル）として，類型化した。ヨーロッパの「産業業績達成モデル」や「保守的コーポラティズム」は何も第二次世界大戦後の福祉国家の岐路の中だけで形成されたものではない。

ドイツ地域のツンフト・ギルドの伝統や，「アソシエーション」の重視，すなわち自治体市民や職能団体により，共助や自助のための地域や職能の金庫制度（保険制度），共同決定という考え方，あるいはフランス市民革命による自由・平等・博愛などは，イギリスとは違った福祉国家の今日のあり方の根っこの部分を形成している。保守的コーポラティズムや産業業績達成モデルといわれるものは，ヨーロッパ社会の歴史的形成体そのものである。

もう一点付け加えるならば，ヨーロッパにおける「包摂」という概念である。「連帯」と共に「包摂」という概念は，1988年９月16日の欧州議会の「EU における貧困との戦いに関する会議」において「社会的排除」問題への対応として取り上げられたのが最初といわれるが，その後2000年には EU において「インクルーシブなヨーロッパの建設」(2000年３月１日）として，ヨーロッパにおける社会政策のキー概念となっている。日本では，社会学者かつ社会政策学者である A. ギデンズが『第三の道』を著し，その中で社会的排除と社会的包摂について論じていることから，イギリスの理念のように受け止める向きがあるが，イギリスは EU の社会的包摂に基づく政策について批判的であり続けたわけで，そもそも包摂はイギリス的概念ではなく，上記のようにヨーロッパ的概念である[(8)]。

このように人口減少，特に働く者たちの減少によりその価値は高められ，かつそれがたとえ温情的なものであったとしても社会的方策として講じられた。俗な言葉でいえば，人が大切にされるようになったということである。

大量生産・大量消費を脱して，違う生産様式に移行するということは常々いわれたことである。画一化も同様である。使い捨てという発想とは異なるものに向かっているのである。

5　巨視的視点，社会政策からみた地域包括ケアの意味

現代社会における人口増加社会と人口減少社会は，大きな社会変動のプロセスであり，古典的巨視社会学の説明や仮説が参考となる。特に，これほどまでに大規模かつ急激な人口減少社会を経験する国は先例がない。したがって，わが国が，仮にこの急激な人口減少社会を通じて人口減少後の恒常社会にうまく移行できるなら，初めての成功事例になるといわれている。このこと自体が社会実験ともいえる。日本の社会そのものが，このような人口減少に移行する中，

東日本大震災の被災地域はその復興と共に人口の減少と移動を余儀なくされ，それまでの地域社会という器が破壊された。地域の再生が図られなければならない状況にある。

『孤独な群衆』で著名な社会学者であるD.リースマンは，「伝統志向型」「内部指向型」「他人指向型」といった社会性格的アプローチの類型を論じているが，その根底には人口変動に伴う社会的性格の変化という視点が置かれている。単純な産業化や工業化，産業化，大量消費社会への移行といった社会変動論ではない。同様に，P.ソローキンも，副題を「芸術，真理，倫理，法，社会関係といった主要システムにおける変動の研究」とした『社会文化的動学（Social and Cultural Dynamics）』において，人口の長期変動のもたらす文化，倫理，社会関係への影響を論じている。かつて論じられた『人口爆発』ではなく，脱産業化社会やグローバリズムとローカリズムといった共時的な趨勢の中で，極東の日本において人口の急激な減少がもたらす，社会，文化的動学について，巨視的な，文明史的な社会学的想像力から「絵解き」をすることも必要なのではないだろうか。

日本における地域包括ケアシステムは，従来の議論より広い観点，いわば巨視的な視点から解釈することによって，さらなる広がりと奥行き，そして社会政策的視点を獲得する。集団も社会的組織も，そして社会も高度化し，専門化し，機能分化していくと，逆にシステムの統合が必要となる[9]。機能分化と統合は対のもので，成長過程，すなわち成員の増加や組織の拡大は機能分化をさらに推し進め，成員の増加，そしてそれをコントロールするための統合がますます必要となる。成員は常に補充されることを前提に合理化される。この過程が人口減となるとどうなるであろうか。

わが国では，識者や介護保険制度をリードする研究者の理解では，地域包括ケアの包括をサービスの包括やシステムとその統合として垂直的統合や水平的統合について理論的に論ずることが主流であろう。しかし，「包括」を，サービスを包括的にといったことや地域における介護を中心としたサービスや関連サービスや市民の加わるシステムとして理解する限り，その射程は広がらないだろう[10]。また地域の問題は，いわゆる介護や医療にとどまるものではない。それは現代日本社会の社会問題を眺めれば理解できるし，ヨーロッパの取組みもそれを示している。例えば二極化や人口学的変化，地域再生，社会的弱者や高齢者，失業者，若者たち，そして移民の社会的包摂政策こそが，巨視的にみれば，そして社会政策からみれば重要なのであって，それへの理解なしに地域のインテグレーションなどはできない。社会的包摂という観念からの政策（ドイツでいわれる地域社会政策の意味であれ，国や EU の包摂政策であれ）によって，社会そのものの統合を図るということがポイントなのである[11]。そしてそれは人口減少社会で特に求められるものである。

人口拡大社会では，機能分化と統合の２つの要素によって，組織や社会の原理と運営が編成されるが，人口減少社会では通用しない。また，人口動態という巨視的な視点から地域包括ケアを考える，社会政策学的な地域包括ケアシステムの構想，インクルーシブな社会の実現という観点をもって求められるのではなかろうか。学問的な想像力をもって求められているのは統合ではなく，包摂である。

注

(1)　宮島俊彦（2013）『地域包括ケアの展望』社会保険研究所，14頁。

(2)　鏑木奈津子は博士論文（2015）「市民参加型の在宅緩和ケア体制——専門職と市民とのチームアプローチの可能性と条件」（上智大学）においてわが国で初めて専門職連携における市民の参画について実証的，かつモデル類型的に論じた。緩和期にあったとしても患者の QOL の維持にとって地域住民・知人のかかわりは欠かせない。

一方，一般的な意味での専門職連携，地域連携，従来的な意味での地域連携論について最もまとまったものとして，高橋紘士・武藤正樹（2012）『地域連携論——医療・看護・介護・福祉の協働と包括的支援』オーム社，がある。この中でインテグレテッド・ケア（integrated care）について論じているのが筒井孝子「地域連携方法論の開発と展望」である。連携の形式として，垂直的統合（Vertical integration）と水平的統合（Horizontal integration）に類別化している（30頁）。それ以外にも，「地域医療と介護のシステム化——尾道市医師会方式の理論と実践」「地域連携における役割」，そして猪飼周平の注目すべき終章論文「地域包括ケアシステムの展望へ」などが収められている。なお，総論で編著者の高橋は「本来は，障害者，子育て支援・児童の支援，さらには生活困窮者支援も包含しつつ，広く全生活領域にかかわる社会政策を包含するだけの豊かな概念」だとしている。これも卓見として注目すべき指摘である。ただし，本論で論じている包括政策という視点はない。

(3) コンシェルジェのような存在ということは常々指摘されており，多剤服用や複数の処方による不適切，過剰な服薬に対する調剤薬局におけるコンシェルジェ機能の議論からはじまり，地域再生などにおける地域マネジメントを行う人材，さらに生活困窮者の自立支援においても地域においてサービスコンシェルジェ的な人材が必要といわれる。例えば生活困窮者への支援は福祉事務所のケースワーカー，NPO団体の生活困窮者に対するプログラムを実施している担当者，社会福祉協議会や社会福祉法人の職員などが協力し，関係者が会議を行い，連携ネットワークを作ったとしても，実際には，一貫したサービスを提供できるようになるわけではない。コンシェルジェ的な役割を担う担当者が必要となる。またそのような人材は既存の伝統的なソーシャルワーカー像とも異なる。従来のコーディネーターともケアマネジャーとも異なるこのような新しい役割や人材が地域包括ケアシステムでは求められている。

(4) 文科省では，2013年から「未来医療研究人材養成拠点形成事業」に取り組み，A.「メディカル・イノベーション推進人材の養成」とB.「リサーチマインドを持った総合診療医の養成」の２つの柱で医学部において人材の養成に努めている。多くの医学部がこれに取り組んでいるが，総合診療医の養成の取組みは，地域において医師がどのような役割を果たすのか，医学部を中心としながらも社会福祉系大学との連携，新たな研修のあり方について全国の医学部で取組みが始まっている。また，地域全体の医療の質という観点から，人口減少社会における地域とともに歩む医療の実現といったテーマでの議論も行われている（「特集：人口減少社会に挑む地域医療」『週刊医学界新聞』第3156号〔2016年１月４日〕)。これらの議論も，人口減少社会を地域連携によって乗り越えようとするものであり，単なる医療や介護の専門職連携という次元とは異なる。

過疎対応を含めての取組みとして注目すべきものは，長崎大学医学部と長崎純心大学との連携による「未来医療研究人材養成拠点形成事業（テーマＢ：リサーチマインドを持った総合診療医の養成)」である。「学部教育における医学と福祉の相互理解を深める学生参加型の新たな教育連携（共修授業)」や「主体的な学びの展開―リサーチマインドの醸成」については，長崎純心大学医療・福祉連携センター発

行『未来医療研究人材養成拠点事業　事業報告書　平成27年３月-平成28年２月』に詳しい。

(5) 松谷明彦編著（2009）『人口流動の地方再生学』（日経新聞社）は，農林水産省の補助金等を活用して行ったプロジェクトをもとにして執筆された。筆者は第３章の２つの節，「2　地方は都市とは違う」，「3　変わり始めた人々の動き」を執筆した。近年になり，「地域再生」や「地域創生」「消滅都市」さらには CCRC（継続介護付リタイアメント・コミュニティ）といった議論が行われているが，2009年時点ですでにそのような議論を本書では行っている。ただし，その解決策として，中央からではなく，地方，「周辺」からの再生を説いているところに特色がある。したがって，コンパクトシティについても否定的である。なお，意見の一致を見なかったために『人口流動』となったが，筆者はあくまで「人口周流」であると考えている。人口流動と人口周流では全く意味が異なる。流動は流れ動くということであり，周流はその空間，構造の中で回り戻り，また回るということで，特に日本の場合島国として，島国内での周流ということになる。流動は流出・流入といわれるように一定地域を起点としての考え方であるとともに，単に人口の移動が起きればよいというような発想となる。近年の CCRC や地方移転もそのような発想といえる。周流は単なる人口移動ではない。パレードの論じる「周流」でわかるように，やみくもに流動することでは地方再生や活性化などできない。

(6) ヨーロッパでは社会的経済（Social Economy）や社会的企業（Social Entrepreneursihip）は社会政策の観点から論じられている（International Encyclopedia of Social Policy, Vol. 3 Q-Z, pp. 1247-1249）。社会的経済については栃本一三郎編著（2002）『地域福祉を拓く（第１巻）地域福祉の広がり』（ぎょうせい）の第３章「地域の経済と地域福祉」（川口清史）を参照願いたい。川口清史氏は多くの社会的経済についての論考がある。地域の包括経済についてはすでに上記の文献を含めて多く論じられているが近年着目すべきものとして，社会福祉団体（法人）の社会的経済としての役割がある。例えば Volker Brinkmann (Hg.) (2014) Sozialwirtshaft und Sozial Arubeit im Wohlfahartsverband Tradition, Oekonomisierung und Professionalisierung がある。また，分裂するヨーロッパ社会，地域再生や若者の就労などを含めてインクルージョンの重要性の指摘の中で新しいビジネスモデルが提起されている。Laura Michelini (2012) Social Innovation and New Business Models Creating Shared Value in Low-Income Markets, Springer を参照願いたい。

(7) 栃本一三郎（1983）「プロイセン近代化と社会行政」小山路男編著『福祉国家の

生成と変容』光生館，103頁。

(8) 濱口佳一郎（2006）「EU における貧困と社会的排除に対する政策」栃本一三郎・連合総合生活開発研究所編『積極的な最低生活保障の確立——国際比較と展望』第一法規，241頁。

(9) 近代化や産業などにより機能が高度化し，専門化すると分業と協働がいっそう図られるが，その時重要なのがシステム統合であるというのが教科書的理解である。そこではファンクションとしての機能分化と統合（を図るセクションや人材），そしてシンボリックな，つまり理念や共有価値をシンボルとする統合が必要となる。組織や集団等の構成人数が増えると当然，システム統合が必要となるし，組織マネジメントや組織の工夫が必要となる。それらは一般企業を見ればすぐに理解される。一方，異なる専門性や部局の人々に「共通した価値観」が共有されていなければ実際には組織は動かないし，コンプライアンスやガバナンスは低下し，達成水準も低水準に終わる。このレベルの象徴的な統合において「統合」という言葉を使っても，実際には象徴的な意味では統合されるものではなく，より上位の概念が必要となる。これが「包摂」である。人口減少社会や組織成員が減少した場合，すなわちダウンサイジングの時は，統合はそれほど重要ではなくなる。そして「包摂」，すなわちすべての人が参加しているということが重要となる。役割においても意識においても。

政策研究大学院大学の人口減少プロジェクトの客員教授であった7年間に，多くの限界集落を訪れた。今後6000集落が消滅するといわれる人口減少社会にあって「水源の里」といった最も山奥のところであっても維持されている集落がある。また，河口に至る河川の自然環境や生態系の維持にとって「水源の里」や山奥の森林，田畑の整備は欠かせない。6000集落の消滅はわが国の自然環境や生態系の破壊をもたらし，単に過疎地の問題ということではなく，都市住民の安全にもつながる連鎖の問題なのである。そのような集落において，たとえ人口が減少しても社会が維持されているところを見出すのがプロジェクトの大きな関心であった。単純に，一定の数値を当てはめ将来の「消滅都市」であるということは，警鐘を鳴らすという意味では重要といえるが，実際に踏査をしてみれば，人口が減少しても地域が維持され，しかも各省庁の補助金という生命維持装置によって維持されているのではなく（そのような地域は逆に衰退する），住民が主体的に，地域の今後についての認識をもって，世代横断的に，一人の無用な存在もなく，それぞれ役割を果たした生活を送っている地域があることに気づく。まさに全員参加型の地域社会が実現し，不必要な人は一人もいない。障害をもった人も生活困窮者も名辞でレッテルを張られるのではなく，ともに役割，いわゆる「はたらき」を果たしている。たとえ労働でなくとも。また地域の従来から住む人とともにニューカマーが加わることによってイノベーションが起こるのもそのような地域の特色である。

(10)　厚生労働省が2015年９月に発表した『新たな時代に対応した福祉の提供ビジョン』はこれを示している。そこでは「新しい地域包括支援体制の構築」が必要だとし，高齢者のみならず生活困窮者や，そのほかの人々を含めた「全世代・全対象型地域包括支援体制」の必要を論じている。そのメンバーの一人である熊木正人（前社会・援護局地域福祉課生活困窮者自立支援室室長）は「生活困窮者自立支援制度の創設と地域包括ケア」（『介護保険情報』2015年５月11日所収）において，地域包括ケアと自立支援制度との連携の必要性を論じている。しかしながら，新たな時代に対応した福祉の提供ビジョンの議論においてもいわゆる支援体制のシステムの議論にとどまっている。必要なのは「包摂」である。

(11)　求められるのは「包摂」概念のもとで各社会保障分野について「包摂政策」を展開することである。年金，生活保護，生活困窮者支援，社会福祉の各分野，健康，介護，教育，保育，あらゆる問題がバラバラのように見える。それらを取り結び，全体的視点でもって取り組むのが社会政策的視点である。つまり，所得・資産格差社会への対応であり，分裂・分解社会の再結合であり，地域格差社会への対応であり，年齢格差社会への対応であり，文化資本・社会関係資本の階層間の偏在への対応であり，そしてマイノリティを統合するための包摂である。それらが「包摂政策」ということになる。地域の雇用を含めて社会問題解決と地域再生・地域の持続可能性の維持のために包摂政策（Inklusionspolitik）が必要とされているのである。ヨーロッパのインクルージョン政策については，Stefan Bernhard Die Konstruktion von Euroaeischie Sozialpolitik aus soziologisher Perspekutive Campus Forschung 2010 を参照願いたい。

あとがき

日本介護経営学会（会長：田中滋・慶應義塾大学名誉教授）は，東日本大震災の年の2011年７月に東洋大学において「第１回　震災特別シンポジウム」を開催し，その後，石巻専修大学，立命館大学，東北福祉大学の順で毎年これを開催してきている。阪神・淡路大震災や中越地震の経験から，災害からの復興が地域介護のあり方を大きく変え，新しい介護サービスを生み出してきたことを実感している学会員が多かったことによる。学術シンポジウムであることから，被災地域において介護事業を通じて被災者の生活自立を支援し，創造的な事業再生に取り組んでおられるリーダーの皆さんから，リアルな情報を提供いただき，それを介護システムの進化の視点から理論的に意義づけ，政策的な含意を汲み取り，復興政策の当事者との対話のテーブルに乗せていくことを目的として実施してきた。幸いにして，研究者のみならず介護事業経営に携わる方々や行政の方々も多く会員になっていることに加えて，厚生労働省から協力をいただいて運営してきている学会でもあることから，目的どおりの成果をあげることができている。

本書は，第１回～第３回の成果を基に，これに学会として取り組んだ調査研究のレポートを加えて編まれている。シンポジウムには多くの組織・個人の協力を賜った。ご協力いただいたすべての皆さまが，津波で壊滅的な被災を体験された当事者であったり，急性期における被災者支援に昼夜分かたず奮闘された方々であったり，厚生労働省の対策本部で沿岸部要介護被災者の内陸部への緊急避難や福島県双葉・相馬地域への医療介護支援体制づくりに奮闘された方であったり，現地への支援の陣頭指揮を執られたり，支援活動への柔軟で効果的な公的援助に責任を負われた方々であったりする。中でも，厚生労働省の宮島俊彦老健局長（現，岡山大学客員教授），唐澤剛政策統括官（現，保険局長），厚生労働省東北厚生局，石巻市の亀山紘市長ならびに健康部，石巻赤十字病院の石井正先生（現，東北大学教授），石巻市立病院開成仮診療所・長純一先生（現，石巻市包括ケアセンター長），涌谷町町民医療福祉センター長・青沼孝徳先生，釜石のぞみ病院・髙橋昌克先生，福祉医療機構（WAM）・長野洋理事長（当時），全国老人保健施設協会・東憲太郎会長，全国介護事業者協議会（民介協）・馬袋秀男理事長（当時），日本作業療法士協会・土井勝幸常務理事（現，副会長，老人保健施設「せんだんの丘」施設長），ぱんぷきん株式会社・渡邊智仁社長，株式会社浜銀総合研究所，株式会社新生メディカル，NPO 法人全国コミュニティライフサポートセンター・池田昌弘理事長，釜石市平田仮設団地サポートセンター・上野孝子センター長，医療法人真正会には，ご協力に感謝申し上げる。東洋大学，石巻専修大学，立命館大学からは，学内会場の提供，開催経費の補助など組織的なご支援をいただいたことに感謝申し上げる。

本書は刊行までに，執筆を依頼させていただいたものの病気療養などでやむなく執筆を中断せざるを得なくなった方，役職変更に伴い執筆を交代する必要が生じた方が数名おられ，また，第1章をご担当くださった小山剛先生には，初校を待たずして天寿を全うされた。そのような特段の事情によって，執筆段階からの時間経過に伴う内容上の修正・補遺を行っていただくことになり，各章の著者各位にはご負担をおかけすることとなった。ご海容の程をお願い申し上げる。

株式会社ミネルヴァ書房の杉田啓三社長，編集部の梶谷修さんには，企画段階から趣旨をご理解いただき有益なアドバイスを多々くださった。心より感謝申し上げる。

最後に，本書は，特定非営利活動法人日本介護経営学会の編集協力による出版としては，田中滋・栃本一三郎編『介護イノベーション』（第一法規，2011年）に次ぐものである。学会活動の成果を公に問う意味もあることから，介護関連の各方面でご活躍の皆さまから，ご批評やご助言を賜ることを期待いたします。

2016年2月

小笠原浩一・栃本一三郎

索　引

た　行

な　行

は　行

ま　行

や・ら・わ　行

執筆者一覧（所属，執筆分担，執筆順，＊は編者）

＊小笠原浩一（東北福祉大学総合福祉学部教授；序章，第１章校正，第19章）

小山秀夫（兵庫県立大学大学院経営学研究科教授；第Ⅰ部 summary）

小山　剛（元社会福祉法人長岡福祉協会高齢者総合ケアセンターこぶし園総合施設長。故人；第１章）

高橋昌克（釜石市保健福祉部地域医療担当部長，釜石のぞみ病院医師；第２章）

今村あおい（株式会社新生メディカル取締役部長；第３章）

田中知宏（株式会社浜銀総合研究所地域戦略研究部主任研究員；第４章）

馬袋秀男（一般社団法人「民間事業者の質を高める」全国介護事業者協議会特別理事；第５章）

池田昌弘（特定非営利活動法人全国コミュニティライフサポートセンター理事長；第６章）

斉藤正身（医療法人真正会理事長；第７章）

工藤健一（東北福祉大学総合マネジメント学部講師；第７章）

土井勝幸（医療法人社団東北福祉会介護老人保健施設せんだんの丘施設長，一般社団法人日本作業療法士協会副会長；第８章）

加藤　誠（医療法人社団東北福祉会介護老人保健施設せんだんの丘統括部長；第８章）

＊栃本一三郎（上智大学総合人間科学部教授；第Ⅱ部 summary，終章）

長野　洋（前独立行政法人福祉医療機構理事長；第９章）

後藤　純（東京大学高齢社会総合研究科特任講師；第10章）

辻　哲夫（東京大学高齢社会総合研究機構特任教授；第10章）

石井　正（東北大学病院総合地域医療教育支援部教授；第11章）

青沼孝徳（涌谷町町民医療福祉センター管理者 センター長；第12章）

長　純一（石巻市立病院開成仮診療所長，石巻市包括ケアセンター長；第13章）

田中　滋（慶應義塾大学名誉教授，日本介護経営学会会長；第Ⅲ部 summary）

唐澤　剛（厚生労働省保険局長；第14章）

西田在賢（静岡県立大学経営情報学部教授；第15章）

宮島俊彦（元厚生労働省老健局長，岡山大学客員教授；第16章）

東　憲太郎（公益社団法人全国老人保健施設協会会長，介護老人保健施設いこいの森施設長；第17章）

本田哲三（飯能靖和病院リハビリテーションセンター長，高齢者協同企業組合泰阜理事；第18章）

本田玖美子（高齢者協同企業組合泰阜理事長；第18章）

《編著者紹介》

小笠原浩一（おがさわら・こういち）

1952年生まれ。日本介護経営学会副会長。東京大学大学院経済学研究科博士課程修了・経済学博士。埼玉大学経済学部教授を経て，東北福祉大学教授。日本介護福祉経営人材教育協会理事。主著『地域医療・介護のネットワーク構想』（共著）千倉書房，2007年。*Practice-based Innovation: Insight, Applications and Policy Implications*（共著）Springer, 2012.『小山剛の拓いた社会福祉』（共著）中央法規出版，2016年

栃本一三郎（とちもと・いちさぶろう）

1953年生まれ。日本介護経営学会副会長。上智大学大学院社会学研究科博士課程進学とともに社会保障研究所（現国立社会保障人口問題研究所）研究員となり，主任研究員を経て，上智大学総合人間科学部教授。この間，参議院厚生労働委員会調査室客員調査員，政策研究大学院大学・放送大学大学院客員教授を務める。主著『積極的な最低生活保障の確立』（編著）第一法規，2006年。『介護イノベーション』（編著）第一法規，2011年

《編集協力》

特定非営利活動法人　日本介護経営学会

介護経営のあり方を科学的に研究するべく，介護事業にかかわる経営学や経済学，社会福祉学，公衆衛生学など関連分野の総合的研究を進めるとともに，その成果を実務に応用することを目指して2005年３月に設立された。 http://www.kaigokeieigakkai.jp/

MINERVA 福祉ブックス④
災害復興からの介護システム・イノベーション
——地域包括ケアの新しい展開——

2016年７月10日　初版第１刷発行　〈検印省略〉

定価はカバーに
表示しています

編 著 者　小笠原　浩　一
　　　　　栃　本　一三郎
編集協力　日本介護経営学会
発 行 者　杉　田　啓　三
印 刷 者　坂　本　喜　杏

発行所　株式会社　ミネルヴァ書房
607-8494　京都市山科区日ノ岡堤谷町１
電話代表　(075)581-5191
振替口座　01020-0-8076

冨山房インターナショナル・藤沢製本

ISBN 978-4-623-07547-8
Printed in Japan